Die Heeresgruppe Mitte

28 deutsche Divisionen im Feuerhagel der sowjetischen Sommeroffensive
Witebsk - Bobruisk - Minsk 1944

Franz Kurowski

Dieses Buch ist 1969 im Erich Pabel Verlag Rastatt unter dem Titel BLUTIGES DREIECK erschienen.

Abbildung Titel vorne:

Strandgut des Krieges in vorderster Linie: ein abgeschossener sowjetischer Panzer

RÜCKBLICK:

Die „Operation Bagration", das Stalingrad der Heeresgruppe Mitte, das vergessen wurde, liegt nunmehr 57 Jahre zurück. Jener Titanenkampf, der zwischen den Eckpunkten Witebsk, Bobruisk und Minsk ausgetragen wurde, endete mit der Vernichtung einer ganzen Heeresgruppe. Er forderte annähernd 350.000 deutsche Soldaten an Toten, Gefangenen und Vermißten.
Diese russische Großoperation, die zum Cannae der Heeresgruppe Mitte wurde, endete erst vor den Toren des Deutschen Reiches. 28 Divisionen der Wehrmacht gingen in diesem Totentanz unter. Nur einigen wenigen kleinen Kampfgruppen gelang es - bis zu 500 Kilometer hinter der Front der Roten Armee - dennoch, sich zur eigenen Truppe durchzuschlagen.
Von ihnen und allen jenen, denen sie zur Flucht verhalfen - Freund oder Feind - ist in diesem Werk die Rede. Ihre selbstverständliche Einsatzfreude und Opferbereitschaft wird an dieser Stelle dokumentiert. Für alle aber war es ein Weg voller Bitternis und tödlicher Gefahren, eine Odyssee, deren ganzes Grauen zu beschreiben sich jedes Menschen Feder sträubt.
Hier zeigt sich auch unserer heutigen Jugend, wessen ihre Eltern- und Großelterngenerationen fähig war, was sie erlitten und erduldeten und, daß den meisten von ihnen der Weg in die Heimat verwehrt blieb, daß sie in den Weiten des russischen Landes, in dichten Wäldern und in den Flüssen ihr grausiges Ende fanden.
Ihrer aller sei in diesem Werk gedacht. Uns allen aber sei dies Erinnerung an eine Zeit, die sich nie wiederholen darf, weil jeder Krieg - wie auch immer etikettiert wird - weder nur Sieger noch nur Besiegte sondern nur Verlierer kennt.

Dortmund, im Herbst 2001

(Franz Kurowski)

PODZUN-PALLAS-VERLAG GmbH,
Kohlhäusersraße 8
61200 Wölfersheim/Berstadt
Telefon: 06036 / 9436 • Fax: 06036 / 6270
Internet-Shop: http://www.podzun-pallas.de

ISBN: 3-7909-0748-0
Satz, Layout: modellwelt-publikation • Gabriele Queißner
Tegernseeweg 45, 95445 Bayreuth
Druck: Kölle-Druck GmbH • 32361 Preußisch Oldendorf

Franz Kurowski

Die Heeresgruppe Mitte

28 deutsche Divisionen im Feuerhagel der sowjetischen Sommeroffensive 1944

Witebsk - Bobruisk - Minsk

PODZUN-PALLAS

INHALT

VORWORT

Am 22. Juni 1944 – dem dritten Jahrestag von »Barbarossa« – bahnte sich in Rußland eine Katastrophe unvorstellbaren Ausmaßes an. Die Rote Armee begann die Schlacht in Weißrußland, in deren Feuerofen die gesamte Heeresgruppe Mitte untergehen sollte.

Vier sowjetische Armeegruppen wurden angesetzt, um diese Operation »Bagration« durchzuführen.

Die Rote Armee stieß in einen panzerleeren Raum hinein, denn die Panzerverbände der Heeresgruppe Mitte waren kurz vorher nach Süden, in den Bereich der Heeresgruppe Nordukraine verlegt worden, wo die Sowjets einen starken Aufmarsch vortäuschten. Diese abgezogenen acht Panzer- und Panzergrenadierdivisionen fehlten, als der russische Generalangriff begann. Die deutsche Niederlage und der Untergang der Heeresgruppe Mitte basieren auf diesem fundamentalen Irrtum der obersten deutschen Führung.

185 sowjetische Divisionen mit insgesamt 2,5 Millionen Soldaten traten gegen die Heeresgruppe Mitte an, in der rund 500 000 Soldaten zusammengefaßt waren; davon standen 400 000 in der Front, die rund 1000 Kilometer lang war.

Im blutigen Dreieck zwischen Witebsk–Bobruisk–Minsk hielt der Tod reiche Ernte. Im Todeswirbel der 45 000 russischen Geschütze, im Bombenhagel der angesetzten 4500 Flugzeuge, unter dem stählernen Keil der 6000 Panzer und Sturmgeschütze ging eine ganze Heeresgruppe zugrunde.

Ein Schrecken ohne Ende war diese Schlacht, denn der Sturmlauf der Roten Armee endete erst rund 600 Kilometer weiter westlich, an der ostpreußischen Grenze. Unterwegs blieben sie liegen: jene 28 deutschen Divisionen, jene 350 000 deutschen Soldaten. Unsere Väter und Söhne, Brüder und Männer.

Rechtzeitige Umgruppierungen, das Aufgeben der »Festen Plätze« wurden von Hitler verboten und damit Hunderttausende geopfert.

Folgen wir jenen genannten und ungenannten Männern, die ihr Schicksal in die eigenen Hände nehmen mußten, als alles in Scherben fiel. Gehen wir mit ihnen jene endlose Straße, gepflastert mit Toten, genetzt mit einer Flut von Tränen. Gehen wir ihn, den Weg durch Hölle und Fegefeuer zugleich. Gehen wir den Weg mit, dessen ganzes Grauen ungesagt bleiben muß.

Der Autor
Franz Kurowski

I.

Die schwerste Niederlage, die der deutschen Wehrmacht im Zweiten Weltkrieg zugefügt wurde, bahnte sich am 22. Juni 1944 an, als die Rote Armee die Schlacht in Weißrußland begann. Daß der Beginn dieses Unternehmens zeitlich mit dem dritten Jahrestag von »Barbarossa« zusammenfiel, war kein Zufall; der Termin war vom sowjetischen Oberkommando bewußt so gelegt worden.

Von der Tatsache ausgehend, daß es den Sowjets gelungen war, die Heeresgruppe Mitte in einem etwa 1100 Kilometer weiten Bogen von Polozk bis Kowel zu umfassen, gab Generalissimus Stalin den Befehl, daß dieser belorussische Frontvorsprung zu beseitigen sei. Er dachte daran, dazu vier Armeegruppen einzusetzen.

Genau einen Monat vor Beginn der geplanten Sommeroffensive empfing Stalin im zweiten Stockwerk des STAWKA-Gebäudes (sowjetisches Hauptquartier) im Kreml die Befehlshaber dieser vier Armeegruppen. Unter ihnen den zweifachen Helden der Sowjetunion, Armeegeneral Rokossowski; ehemals Steinmetz und zaristischer Oberwachtmeister. Dazu Marschall Wassilewskij, Generaloberst Tschernjachowskij und Marschall Schukow. Als Vertreter des Hauptquartiers für die Fliegerkräfte erschienen Hauptmarschall der Flieger A. A. Nowikow und Marschall der Flieger F. J. Falalejew. Hinzu kam der Marschall der Fernfliegerkräfte A. J. Golowanow. Die Mitglieder der Kriegsräte waren ihnen beigegeben*.

Der stellvertretende Chef des Generalstabes der Roten Armee, Armeegeneral A. L. Antonow, erklärte, daß der Operationsplan mit dem Codenamen »Bagration« fertiggestellt und es das Ziel dieser Offensive sei, den Frontvorsprung der Deutschen im Raume Witebsk – Bobruisk – Minsk zu beseitigen und die Linie Disna – Molodetschno – Stolpce – Starobin zu erreichen**. Bei dieser Besprechung waren neben den Militärs auch Außenminister Molotow und Stalins rechte Hand, Malenkow, zugegen.

* Siehe: Gliederung der russischen Kräfte für »Bagration« (im Anhang)
** Siehe: IML Moskau, Nr. 9492, Bl. 263–266

»Sie haben die Aufgabe«, erklärte Stalin nachdrücklich, »die Befreiung Weißrußlands zu erkämpfen. Diese Befreiung wird am dritten Jahrestag des Überfalls der Deutschen auf unser Vaterland beginnen.«

Diese Erinnerung an Rußlands dunkelste Stunde sollte die Leidenschaften der Soldaten der Roten Armee aufs neue entflammen und sämtliche Rotarmisten zur Hergabe der letzten Kräfte antreiben.

Als man während der Beratung von General Rokossowskij verlangte, er solle aus seinem Brückenkopf am Dnjepr in einem einzigen Angriffsstoß vorbrechen, lehnte er das ab. Er hatte andere Pläne. Für ihn stand fest, daß ein Angriff mit allen Kräften aus so engem Raum nicht zum Erfolg führen könne.

Rokossowskij trug nun vor, wie er in den Besitz von Bobruisk zu kommen und dabei die deutsche Front aufzureißen gedachte. Er wollte mit einer Stoßgruppe nördlich Rogatschew und einer anderen südostwärts Paritschi die deutschen Stellungen durchbrechen, Bobruisk einschließen und erobern und im weiteren Verlauf Puchowitschi und Sluzk angreifen.

Dreimal wurde der Oberbefehlshaber der 1. Weißrussischen Front hinausgeschickt, um Stalins Vorschlag zu überdenken und — ihm zuzustimmen. Er blieb hart. Dreimal kam er zurück und sagte: »Njet.« Schließlich wurde Rokossowskijs Plan akzeptiert. Das sollte für die russische Führung der richtige Entschluß gewesen sein.

Als die Versammlung am 23. Mai 1944 nach dreißigstündiger Beratung auseinanderging, stand der endgültige Plan »Bagration« fest:

An sechs verschiedenen Abschnitten sollte die Rote Armee zu zeitlich kurz hintereinanderliegenden Großangriffen antreten. Dieser fast gleichzeitige Großangriff an sechs weit auseinanderliegenden Stellen sollte die deutsche Verteidigung aufspalten, ihre Kräfte zersplittern und ihr die Möglichkeit nehmen, alle verfügbaren Truppen geschlossen zur Abwehr der sowjetischen Angriffsstöße einzusetzen.

Neben den vier Sowjetfronten würden auch die belorussischen Partisanen, die Fernfliegerkräfte und die Dnjeprflotte an dem Angriff teilnehmen.

Am 31. Mai gab das sowjetische Oberkommando seine Direktiven heraus, in denen sämtliche Fronten, Schwerpunkte, Aufgaben, Angriffszeitpunkte und -ziele bekanntgegeben wurden. Gleichzeitig wurden sämtlichen Fronten erhebliche Verstärkungen zugeführt.

Die 1. Baltische Front wurde durch das I. Panzerkorps verstärkt; der 3. Weißrussischen Front wurden die 11. Gardearmee und das II. Garde-Panzerkorps zugeteilt; der 2. Weißrussischen Front wurde das 81. Schützenkorps eingegliedert. In den Abschnitt der 3. Weißrussischen Front verlegte das sowjetische Oberkommando außerdem noch seine eigene Reserve: die 5. Garde-Panzerarmee.

Den Löwenanteil an Verstärkungen erhielt jedoch die 1. Weißrussische Front General Rokossowskijs. Ihr wurden die 28. Armee, das IX. Panzerkorps, das I. Garde-Panzerkorps, das I. mechanisierte Korps und das IV. Garde-Kavalleriekorps allein für den rechten Flügel bei Rogatschew zugeführt. Zur Verstärkung der südlichen Stoßgruppe Paritschi wurden ihr ferner noch die 8. Gardearmee, die 2. Panzerarmee und das II. Garde-Kavalleriekorps zugeteilt.

Die auf der Krim nunmehr entbehrliche 2. Gardearmee und die 51. Armee wurden als Reserven des Oberkommandos in Richtung Weißrußland in Marsch gesetzt. Sämtlichen Fronten wurden vom russischen Oberkommando Panzer- und SFL(Selbstfahrlafetten)-Regimenter und -Brigaden zugeführt. Darüber hinaus noch Artillerie-, Werfer- und Pionierverbände.

Die Luftarmeen der Fronten wurden zusätzlich durch 11 Fliegerkorps und 5 Fliegerdivisionen verstärkt*.

Das sowjetische Oberkommando ernannte die Marschälle A. M. Wassilewski und G. K. Shukow, ferner Hauptmarschall der Flieger A. A. Nowikow und Marschall der Flieger F. J. Falalejew zu seinen Vertretern für die Koordinierung der Kampfhandlungen an den Fronten.

---

* Siehe Anlage: Die sowjetischen Streitkräfte für »Bagration« (im Anhang)

In der Nacht zum 20. Juni 1944 dröhnten an allen Abschnitten der 700 Kilometer breiten Angriffsfront und im deutschbesetzten Hinterland die Explosionen. 240 000 Partisanen in Weißrußland schlugen zu. Zehntausendfünfhundertmal krachten die Sprengungen zwischen Dnjepr und Beresina. Eisenbahnlinien, Funkstationen, Flugplätze und Brücken wurden lahmgelegt oder flogen in die Luft.

Alle Räder standen still. Der gesamte Führungsapparat des Generals des Transportwesens Mitte, Oberst i. G. Hermann Teske, war gelähmt. Als der Oberst am Morgen des 21. Juni 1944 mit dem Fieseler Storch die zerstörten Verbindungswege inspizierte, durchzuckte ihn eine böse Ahnung:

Wenn die Russen jetzt vorstießen, war das Chaos vollkommen.

Wie, so fragte sich Oberst Teske, sollte er die Verwundeten abtransportieren, die noch weit vorn in den Feldlazaretten lagen? Wie sollte er Verpflegung und Munition, wie den bei einer russischen Offensive notwendig werdenden Nachersatz nach vorn bringen?

Unmittelbar nach diesem Partisanenauftakt – am Morgen des 20. Juni 1944 – war die 104. sowjetische Panzerbrigade zum Vormarsch nach Westen – zur Front – angetreten. Die Tankisten warteten auf eine angekündigte Rede. Diese war anders beschaffen als sonst. Sie wurde von der Funkerin Vera Proschina in einem der Panzer gehalten. Sie sagte:

»Heute erfüllt sich mein Traum!
Aus einem Panzer die Hitleristen niederzumachen,
den Schmerz meines Volkes, mein eigenes Leid zu rächen.
Mutter und Vater haben die Faschisten mir erschlagen.
Ich werde sie deshalb mitleidlos vernichten.
Ich werde zeigen, wozu ein russisches Mädchen fähig ist.
Tod den verfluchten Eroberern!«

Hochgewachsen, mit langem flatterndem Haar, eine moderne Jeanne d'Arc, stand die Funkerin in ihrem Panzer.

Was sie sagte, das hämmerte auf die Männer ein, fraß sich in ihre Hirne und erfüllte sie mit wildem, alles zerstörendem Drang.

»Panzer, maarsch!«

Die Stimme des Brigadekommandeurs hallte durch die Stahlgiganten. Rumpelnd und dröhnend, mit flammensprühenden Auspufftöpfen setzte sich die stählerne Phalanx in Bewegung und rollte der Front entgegen.

Hitler und sein Planungsstab aber glaubten an jenem 20. Juni 1944 immer noch nicht an eine russische Offensive vor der Front der Heeresgruppe Mitte. Selbst als die Meldungen von Sprengungen und erkannten großen Truppenbewegungen zum OKW (Oberkommando der Wehrmacht) und OKH (Oberkommando des Heeres) gelangten, war man dort der Ansicht, daß es sich nur um einen Scheinangriff handeln könne.

In der Operationsabteilung des Heeres war man der Überzeugung, daß die Russen aus ihren Bereitstellungsräumen zwischen Kowel und Tarnopol gegen die deutsche Heeresgruppe Nordukraine antreten würden.

Das Feindbild nach Abschluß der Kämpfe im Raum südwestlich von Kowel im Winter und Frühjahr (bis Ende April 1944) zeigte zwar eine besondere Schwerpunktbildung in diesem Abschnitt vor der Heeresgruppe Nordukraine an. Doch dies war eine großangelegte Finte der Russen, die durch viele lange Leerzüge einen gewaltigen Eisenbahnaufmarsch in dieses Gebiet vorgetäuscht hatten.

So wurden aufgrund eines Vorschlages von Feldmarschall Model, OB (Oberbefehlshaber) der Heeresgruppe Nordukraine, die Lage im Raum Kowel durch einen starken Angriff zu bereinigen, starke Panzerverbände aus der Front der Heeresgruppe Mitte abgezogen und nach Süden verlegt.

Insgesamt acht Panzer- und zwei Panzergrenadierdivisionen sollten im Abschnitt der Heeresgruppe Nordukraine verhindern, daß der Gegner über Lemberg und Warschau nach Königsberg durchstieß und dadurch sowohl die Heeresgruppe Mitte als auch die Heeresgruppe Nord von hinten umklammerte und deren Verbindungs- und Versorgungswege abschnitt.

Doch die deutschen Militärs irrten sich. Marschall Stalin traute sich und der Roten Armee eine so weitgespannte Operation nämlich überhaupt nicht zu.

So wurden der Heeresgruppe Mitte durch eine falsche Lagebeurteilung fast sämtliche Panzer und ein Drittel der Heerestruppen entzogen.

Feldmarschall Busch, OB der Heeresgruppe Mitte*, erklärte daraufhin, daß ihm damit die Möglichkeit genommen sei, einer feindlichen Schwerpunktbildung vor seiner Front durch rechtzeitiges Verschieben seiner beweglichen Kräfte entgegenzuwirken.

Dazu bemerkte das OKH am 31. Mai 1944 durch seinen Chef des Generalstabes, Generaloberst Zeitzler, daß es sich hierbei nur um eine vorübergehende Maßnahme handle. Da mit Ausnahme des Raumes von Kowel sich zu dieser Zeit keine feindliche Schwerpunktbildung abzeichnete, war die Heeresgruppe mit dieser »vorübergehenden« Maßnahme auch einverstanden.

Sie wies in ihrer Feindbeurteilung vom 4. Juni 1944 jedoch darauf hin, daß »die örtliche Kräftemassierung vor der Ostfront durch die Verschiebung namhafter Feindreserven jederzeit vermehrt werden könnte. Es müsse damit gerechnet werden, daß der Feind sein im Winter praktiziertes Verfahren fortsetzen und an zahlreichen Stellen der Ostfront Angriffe mit wechselndem Schwerpunkt zum Zweck der Fesselung der deutschen Kräfte führen würde**.«

In der Feindbeurteilung des 19. Juni 1944 hob die Heeresgruppe die Zuführung starker feindlicher Reserven vor der Front der 9. Armee hervor, die durch die Luftaufklärung erfaßt worden waren. Ferner waren im Bereich der Autobahn und südöstlich von Witebsk Feindansammlungen erkannt worden. Die sowjetische 33. Gardearmee wurde bei Rjassna ausgemacht, die 11. Gardearmee an der Autobahn und das V. Garde-Schützenkorps an der Suchodrowkafront. Schließlich wurde noch gemeldet, daß sich die 5. Garde-Panzerarmee im Raum Smolensk befinde.

Dies alles deutete darauf hin, daß der Gegner nicht nur Fesselungsangriffe vor der Heeresgruppe Mitte durchzuführen beabsichtigte, sondern daß auch hier — oder n u r hier — mit »erheblich

---

* Siehe: Die Kräfte der Heeresgruppe Mitte am 22. Juni 1944

** Siehe: Gackenholz, Hermann: Zum Zusammenbruch der Heeresgruppe Mitte im Sommer 1944

weiterreichenden Operationsabsichten der russischen Führung gerechnet werden« mußte*.

Hinzu kam, daß die russische Luftwaffe vor der Heeresgruppe Mitte schlagartig auf 4500 Maschinen verstärkt worden war. All das ließ den Schluß zu, daß die Rote Armee ihre Sommeroffensive durch starke Angriffe auf Bobruisk, Mogilew, Orscha und Witebsk zu führen beabsichtigte – mit dem Ziel, den weit nach Osten vorspringenden Frontbogen der Heeresgruppe Mitte einzudrücken.

Diese Lage war der Feindbeurteilung des OKH entgegengesetzt. Noch bei der Besprechung der Heeresgruppen- und Armeechefs im OKH am 14. Juni 1944 brachte der Chef der Operationsabteilung, Oberst Heusinger, zum Ausdruck, daß man nach wie vor den feindlichen Hauptangriff bei der Heeresgruppe Nordukraine erwarte. Dort stünde zum erstenmal im Kriege gegen die Sowjetunion Schwerpunkt gegen Schwerpunkt. Die Vorstöße gegen die Heeresgruppen Südukraine und Mitte seien nichts als Neben- und Fesselungsangriffe, also Nebenoperationen. Am 20. Juni erklärte dann Feldmarschall Keitel auf einer NSFO-Tagung in Sonthofen vor Führungsoffizieren:

»Die Sowjets werden erst dann angreifen, wenn die Westalliierten mit ihren Invasionsstreitkräften in der Normandie einen operativen Durchbruch erzwungen haben. Und der Schwerpunkt des sowjetischen Angriffs wird dann weiter südlich, in Galizien, liegen.«

So stand die Heeresgruppe Mitte mit ganzen 38 Divisionen in einem weitgespannten, 1100 Kilometer langen Bogen ihrer Front in dünner Aufstellung.

Sechs Divisionen waren in den von Hitler kategorisch befohlenen »Festen Plätzen« zum Tode verurteilt:

In Witebsk – drei Divisionen;
in Orscha – eine Division;
in Mogilew – eine Division;
in Bobruisk – eine Division.

* Siehe: Gackenholz, Hermann: a. a. O.

Der große Sturm der Roten Armee — überraschenderweise in Weißrußland gegen die Heeresgruppe Mitte geführt — begann am 22. Juni 1944, dem dritten Jahrestag von »Barbarossa«. Mit einer Offensive weit überlegener russischer Kräfte gegen den deutschen Frontbogen zwischen Bobruisk und Witebsk, im Blutigen Dreieck zwischen Dnjepr und Beresina, wollte die Rote Armee die endgültige Entscheidung erzwingen.

185 russische Divisionen mit 2,5 Millionen Soldaten traten auf einem Frontabschnitt von 700 Kilometer Breite zum Angriff nach Westen an. Mit ihnen rollten 6100 Panzer und Sturmgeschütze als stählerne Stoßkeile.

45 000 Geschütze eröffneten die Offensive mit einem bis zu vierzehnstündigen Trommelfeuer.

7000 Flugzeuge, die gefürchteten Il-II-»Schlächter«, Fernbomber, Nachtbomber, Jäger und Stukas griffen in den Kampf ein. Noch niemals zuvor hatte der russische Kriegsschauplatz — an Superlativen reich — eine solche Massierung an Waffen und Menschen gesehen.

Diesem gewaltigen Aufgebot standen rund 500 000 deutsche Soldaten gegenüber, von denen sich 400 000 in den Verteidigungsstellungen befanden.

In dieser entscheidenden Phase fehlten der Heeresgruppe Mitte die Panzer und Sturmgeschütze, die nun in der Nordukraine standen. Es fehlten die schweren Waffen, die allein imstande gewesen wären, diese russische »Dampfwalze« zu stoppen. Das Unheil nahm seinen Lauf.

Im Sumpfgebiet zwischen Dnjepr und Beresina sowie in den »Festen Plätzen« gingen ganze Divisionen unter. Mit ihnen die Trosse, die deutschfreundlichen Zivilisten und — auch die Verwundeten in den Feldlazaretten.

Im Moor zwischen Beresina und Dnjepr verschwanden 350 000 deutsche Soldaten. Sie fielen im Feuer der Artillerie, unter den Bomben und im Bordwaffenbeschuß der Flieger, sie starben unter den Ketten der Panzer und im Todeswirbel der Salvengeschütze. Sie erstickten im Sumpf, wurden von Partisanen umgebracht oder gingen in den weiten undurchdringlichen Wäldern zugrunde, in die sie sich — verwundet, zu Tode erschöpft, am Ende ihrer Kraft — verkrochen hatten.

Die Beresina, schon einmal Todesfalle für eine große Armee, wurde in der blutigen Geschichte des Zweiten Weltkrieges aufs neue zu einer unüberwindlichen Barriere, an der sich die Trecks der Todgeweihten stauten.

Es kamen aber auch welche durch, Männer, die von dem unbeugsamen Willen erfüllt waren, es trotzdem zu schaffen und denen das Glück zur Seite stand.

Der Zusammenbruch der Heeresgruppe Mitte begann am 22. Juni 1944 zwischen Bobruisk und Witebsk und endete zwei Wochen später in Minsk. 28 Divisionen mit 350 000 Mann waren auf den Schlachtfeldern geblieben.

Diese Katastrophe wog — rein zahlenmäßig — fast doppelt so schwer wie die von Stalingrad. Die operativen Auswirkungen waren allerdings noch schlimmer.

Die russische Führung hatte jetzt nämlich die Möglichkeit, die Mitte der deutschen Front bis zur Weichsel aufzurollen und die ostpreußische Grenze zu erreichen. Damit waren die im Baltikum stehenden Kräfte abgeschnitten. Im Süden wurde der Zugang zum Balkan geöffnet.

Daß dieses Desaster nicht ins Bewußtsein der deutschen Bevölkerung eindrang, daß Umfang und Folgen dieser fürchterlichen Niederlage und dieses gewaltigen Blutopfers weitgehend unbekannt blieben, ist den turbulenten Ereignissen um die Invasion im Westen und dem 20. Juli 1944 zuzuschreiben. Nur diesen beiden Umständen verdankte es die oberste deutsche Führung, daß die Vernichtung der deutschen Kampfkraft im Osten weitgehend verheimlicht werden konnte.

Die von Himmler in den Parteiorganen verbreitete Version, daß »Verrat und Sabotage« an der Niederlage im Osten schuld gewesen seien, war völlig aus der Luft gegriffen. Himmler hatte in seiner Rede auf der Gauleitertagung in Posen, am 3. August 1944, erklärt:

»Bei diesem Zusammenbruch der Heeresgruppe Mitte müssen wir uns klar sein, daß hier etwas Ungeheuerliches vor sich ge-

gangen ist. Denn es ist allein mit normalen Mitteln nicht erklärbar, daß eine Heeresgruppe mit 28 Divisionen wie Sand und Streu auseinanderstieben.

Die Truppe war von der einen Seite durch die nicht vorhandene oder defätistische Hand der Führung, der Korps- und Armeeführung, andernteils auch durch die sich immer mehr verbreitende Sitte oder Unsitte, sich gefangen zu geben und bei Herrn Seydlitz und bei den Russen General zu spielen, im Innern absolut ins Wanken gekommen ...«

Wahrheit ist jedoch, daß die Schuld an dieser Tragögie allein bei der obersten deutschen Führung zu suchen ist; vor allem bei Hitler selbst.

Die zahlreichen Fehlbeurteilungen der Feindlage, die sich daraus ergebenden Entscheidungen u n d Hitlers Trend, an einmal gewonnenem Boden festzuhalten – sei es auch unter Verlust sämtlicher Kräfte –, haben die Entscheidung zugunsten der weit überlegenen Sowjets herbeigeführt. Rechtzeitige Umgruppierungen wurden von Hitler verboten, die eingeleiteten Rückzugsoperationen durch ihn kategorisch vereitelt.

Der Opfergang Hunderttausender deutscher Soldaten war die Folge davon.

II.

Klar und hoch stand die Nacht über dem Land. Gurgelnd rauschte die Hochwasser führende Lutschessa hinter den Stellungen der 197. Infanteriedivision vorüber. Für die Männer um Feldwebel Günther Possler war dieser Fluß seit Wochen zum Alptraum geworden. Die Sowjets hatten am Vortag bei ihrem rechten Nachbarn, der 299. ID, die vor dem Suchodrowkafluß liegenden Stellungen im Sturm genommen. Jeden Tag konnte es ihnen hier an der Lutschessa ebenso ergehen. Die U-förmige Biegung des Flusses lag nur zwei Kilometer von der Mündung der Suchodrowka in die Lutschessa entfernt.

»Hört ihr es?« fragte Stabsgefreiter Bernd Hintze und deutete nach Osten.

Die Männer in der Igelstellung der neunten Kompanie des Grenadierregiments 689 horchten auf. Dumpf röhrten irgendwo Panzermotoren; dazwischen die harten Schläge von Fehlzündungen.

»Der Russe stellt sich bereit«, warf Göllner ein und fingerte weiter an seinem Reserve-MG-Schloß herum.

»Morgen um diese Zeit hat er uns am Wickel!« knurrte Reutter, sein Schütze II.

»Er hat uns den ganzen Winter nicht am Hintern gehabt, obgleich er Witebsk zu gern kassiert hätte. Und er wird uns auch jetzt nicht kriegen!«

Feldwebel Possler, mittelgroß, stämmig, mit dunklem Haar und braunen Augen, erhob sich schwerfällig und ging zum Postenstand hinüber. Possler machte sich Sorgen. Gestern war er beim Regimentsgefechtsstand gewesen. Man erwartete dort einen russischen Großangriff auf Witebsk.

Er hatte den Postenstand noch nicht erreicht, als es im Osten aufblitzte. Eine breite dämonische Wand aus Feuer stob dort in den Nachthimmel empor. Es dauerte viele Sekunden, bis es heranröhrte. Dann begann ringsum die Erde zu beben. Mächtige Dreckkaskaden wurden hochgewirbelt, und Wolken von glühenden Splittern regneten auf die Männer der Neunten herab, die hier an der Nahtstelle zur Nachbardivision lagen.

Mit einem Satz sprang Possler in den Verbindungsgraben und rannte zum Zuggefechtsstand mit dem Fernsprecher.

»Das Bataillon!«

Der Unteroffizier kurbelte und gab den Hörer an den Feldwebel weiter.

»Herr Hauptmann, russisches Arifeuer! Stark, zu stark! Dazu Panzergeräusche in den Bereitstellungen!«

»Danke, Possler. Sichern Sie die rechte Flanke ab, damit keiner der Russen aus dem Brückenkopf zu Ihnen einschwenkt.«

»Was ist bei der 299. ID los, Herr Hauptmann?« fragte der Feldwebel, bevor der Bataillonskommandeur auflegen konnte.

»Die Division baut gerade eine Abriegelungsfront auf, Possler.«

Es knackte in der Leitung.

Wie im Raum südöstlich von Witebsk, eröffneten die Sowjets auch in den anderen Durchbruchsräumen der Roten Armee das vorbereitende Feuer. Aus 45 000 Kanonen, Salvengeschützen und Werfern krachten die Abschüsse. In der deutschen HKL (Hauptkampflinie) detonierten Granaten aller Kaliber und deuteten den unmittelbar bevorstehenden Beginn der Offensive an.

Beiderseits Witebsk, an der Düna und der Suchodrowka, die am Südrand der Stadt in die Düna mündet, traten die Divisionen der 5. russischen Armee erst am frühen Nachmittag mit mindestens vier Panzerbrigaden zum Angriff an. Ihr Stoß richtete sich gegen den linken Flügel der 256. ID und die gesamte 299. ID, die noch von den Angriffen der Vortage angeschlagen war. Aus allen Rohren feuernd, rollten die Sturmpanzer vor.

Es war Mittag geworden. Günther Possler lag im Postenstand. Die Gruppe Niermann hatte er vorgezogen. Sie beobachteten nach rechts hinüber, wo aus Dreckwolken und Korditqualm immer wieder flammende Feuerlanzen hervorzüngelten.

»Die russischen Panzer sind dort durchgebrochen, Herr Feldwebel!« rief Reutter.

Da tauchten aus dem Dunst auch schon drei, vier und noch ein fünfter T 34 auf. Zwei russische Sturmgeschütze folgten; auf jeder Flanke des Stoßkeils eines. Sie hielten und schossen. Die Granaten zischten zur eigenen Pak herüber, die daraufhin sofort das Feuer eröffnete. Kurz darauf platzte die Munitionsstelle der eigenen Pak in einem grellroten Feuerball auseinander.

»Gruppe Niermann, T-Minen und geballte Ladungen klar?«

»Klar, Günther!« versuchte Unteroffizier Niermann das Kampfgetöse zu überbrüllen.

Lauter, zermürbender und gefährlicher als das Feuer klang das Rasseln der Ketten. Rotarmisten tauchten hinter den Hecks der Panzer auf.

Thomas Göllner richtete sein MG 42 auf das Gewimmel. Der erste Feuerstoß spritzte aus der Waffe. Eine lange rauchende Schnur von Geschossen jagte dem Feind entgegen, riß die Gruppen auseinander und zwang die Überlebenden zu Boden.

Reutter legte einen neuen Gurt ein. Er sah ein paar weiße Flecke, Gesichter der anstürmenden Russen, und vernahm ihr Geschrei durch das Getöse der Abschüsse, Einschläge und Detonationen. Dann wieder das Rattern des eigenen MG. Aber die aufgerissenen Münder der Russen blieben stumm, ihre Schreie gingen unter; schwer stürzten die Rotarmisten reihenweise zu Boden.

Einer der vordersten Panzer ruckte auf seinen Gleisketten herum. Die Kanone senkte sich tiefer, bis ihre Mündung genau auf den Kampfstand der Gruppe Niermann zeigte.

»Volle Deckung!« brüllte Feldwebel Possler.

Göllner und Reutter tauchten gleichzeitig weg.

Mit peitschendem Knall jagte die Panzergranate über ihre Deckung hinweg und jagte dreißig Meter weiter entfernt in den Boden.

Dicker qualmender Brodem breitete sich aus und nahm die Sicht. Mit überraschendem Elan waren die ersten T 34 inzwischen herangekommen. Russen sprangen herunter. Andere tauchten hinter den Hecks auf. Feldwebel Possler sah, daß drei Rotarmisten bereits den rechten MG-Stand erreicht hatten. Er jagte ihnen zwei Feuerstöße entgegen, sprang auf, griff nach einer T-Mine und rannte los. Göllner gab ihm mit dem MG Feuerschutz.

Der Feldwebel erreichte den Spitzenpanzer gerade in dem Moment, als dieser erneut verhielt und der nächste Feuerstrahl aus seiner Langrohrkanone herauszischte. Er wuchtete die T-Mine unter den Hinterrand des Turmes, zündete, warf sich mit weitem Satz zur Seite und preßte sich in einen flachen Granattrichter. Sekunden später brandete die Druckwelle über ihn hinweg, preßte ihm fast die Luft aus den Lungen, ließ die Trommelfelle knacken und machte ihn für Augenblicke völlig taub.

Als er sich umblickte, sah er die Flammen, die aus dem Unterwagen des T 34 herausloderten. Sie hatten freie Bahn, weil der Turm durch die Gewalt der Detonation aus dem Drehkranz herausgerissen und auf den Boden geschleudert worden war.

Mehrere Russen stürmten jetzt auf ihn zu. Possler schnellte herum, lag flach am Boden, das Gesicht nach oben, sah sie anrennen, ihre Waffen heben und – schoß.

Die Garbe streckte zwei von ihnen nieder. Die beiden anderen schossen jetzt ebenfalls. Rechts und links von Possler spritzte Erde hoch. Eine Kugel aus den MPi der Russen durchschlug seine herumgerutschte Gasmaskenbüchse. Dann peitschte von links eine MG-Salve herüber und riß die Angreifer zu Boden.

Durch den Pulverqualm und den dunklen Dieselrauch der Panzer kam Unteroffizier Niermann mit seinen sieben Männern heran. Sie näherten sich dem dichten Panzerpulk, zündeten ihre Sprengmittel und gingen in Deckung.

Der Obergefreite Berger wollte gerade eine T-Mine unter die Kette des letzten Panzers schleudern, da peitschte aus dem Rohr der russischen 12,2-cm-Sturmkanone ein Feuerstrahl. Das Panzervollgeschoß traf den Obergefreiten und schleuderte ihn ein Dutzend Meter weit durch die Luft. Als er auf den Boden stürzte, knallte die Explosion der T-Mine, die er noch unter die rechte Laufkette hatte schleudern können. Auch dieser T 34 blieb liegen. Die Russen zogen sich zu diesem Zeitpunkt nach Südosten zurück.

»Sie brechen bei der 299. Idee* durch und schneiden uns ab!« schrie einer.

»Wir können immer noch auf Witebsk ausweichen, wenn wir es nötig haben«, beruhigte der Feldwebel die Männer.

Ein Melder kam zu ihnen herübergelaufen. Keuchend vor Anstrengung, Entsetzen in seinem jungen Gesicht, warf er sich neben Feldwebel Possler in Deckung.

»Herr Feldwebel, der Kompaniechef ist tot. Alle Männer im Kompaniegefechtsstand sind durch einen Sturmgeschütztreffer verschüttet. Die Kompanie ist führerlos.«

»Ich übernehme die Kompanie!« schrie Possler und dachte an den Chef, den kleinen sensiblen Gelehrten, der hier in Rußland eine Kompanie führen mußte, anstatt sich zu Hause der Forschung zu widmen. Und nun? – Aus und vorbei!

»Zugtrupp zu mir. Unteroffizier Niermann übernimmt die Führung des zwoten Zuges.«

---

* Landserjargon für »Infanteriedivision«

Die Stabsgefreiten Hintze, Göllner und Reutter krochen zu dem Feldwebel hinüber, während die russische Artillerie ihr Feuer noch verstärkte. An den Mündungsblitzen der russischen Panzer- und Sturmgeschützkanonen zur Rechten war zu erkennen, daß der Gegner bereits mehrere Kilometer tief in den Abschnitt der 299. ID eingebrochen war.

»Kommt, wir müssen drüben beim ersten Zug die Lage bereinigen.«

Der Feldwebel sprang hoch und rannte ein Stück über das freie Feld. Die drei Männer des Zugtrupps folgten ihm.

Als eine Lage Werfergranaten heranheulte, warfen sie sich in Deckung.

Friedhelm Reutter hörte das widerliche Geräusch, er sah die grellen Feuerschläge der in flachen Sprengkegeln weiter vorn auseinanderplatzenden Werfergranaten. Näher und näher kamen diese Einschläge. Die nächsten mußten mitten in ihrem Deckungsloch niedergehen.

Er stemmte sich hoch, wollte aufspringen, aber die Faust des Feldwebels hielt ihn nieder, sosehr er sich auch freizukommen bemühte.

Mit ohrenbetäubendem Getöse krachte rechts von ihnen die nächste Lage auseinander. Wenn Reutter vorhin aufgesprungen wäre, hätte es ihn wahrscheinlich zerfetzt.

Mit fahlem Gesicht blickte er zu Feldwebel Possler hinüber, wollte etwas sagen, seinen Dank aussprechen, aber der Feldwebel wehrte mit einer Handbewegung ab.

»Gruppe macht einen geschlossenen Sprung – auf, maaarsch!«

Wieder rannten sie los, hasteten sie durch MG-Salven und an detonierenden Werfergranaten vorbei. Sie erreichten den Kompaniegefechtsstand, als ihnen Russen entgegenkamen, die offenbar hinter dem weiter vorn stehenden Sturmgeschütz vorgegangen und in den Graben eingedrungen waren.

Hintze und der Feldwebel warfen Handgranaten. Göllner jagte im Laufen einen langen Feuerstoß aus seiner Spritze*. Reutter

---

* Landserausdruck für MG

schleppte MG-Munitionskästen. Dann waren sie im Graben, schlugen nach allen Seiten, schossen mit der Maschinenpistole und kämpften die eingedrungenen Gegner nacheinander nieder.

»Feuerschutz geben!« brüllte Possler.

Im nächsten Moment sprang er auf und rannte hinter dem russischen Sturmgeschütz her. Er erreichte es, als es erneut stoppte. Dann sprang er hinauf. Er klopfte hart gegen das Luk und hielt die MPi schußbereit. Der Trick gelang. Das Luk klappte auf. Possler schoß mit einem Feuerstoß das ganze Magazin leer und sprang anschließend sofort in Deckung.

Verwundet, blutend, booteten die Russen aus. Mit erhobenen Armen entfernten sie sich von ihrem Geschütz und liefen mitten in einen Granateinschlag hinein.

»Hierher, hierher!« brüllte Possler, nachdem die Detonation abgeebbt war.

Die drei Männer des Zugtrupps krochen zu ihm herüber.

»Einsteigen, wir drehen den Kasten um!«

Zuerst mußten sie den toten Fahrer aus dem Luk des Sturmgeschützes herausziehen. Hintze – der Autoschlosser – setzte sich hinter das Steuer. Er drehte mit ruckenden Bewegungen auf der Stelle herum und rollte langsam zurück.

»Fertig?« fragte der Feldwebel, der die Position des Kommandanten eingenommen hatte.

»Fertig!« schallte Göllners Antwort herauf, als er die erste Granate hinter dem Verschluß wußte und das Rohr richtete.

»Zu der Senke dort drüben vorfahren, Bernd!«

Hintze rollte weiter. Das Sturmgeschütz erreichte die Senke, von deren Rand einige Maxim-MG feuerten. Als Possler hinunterblikken konnte, sah er sich plötzlich mindestens einer russischen Kompanie gegenüber, die bis hierher vorgedrungen war und offenbar den nächsten Angriffsbeginn abwartete.

»Vorwärts, Bernd!«

Hintze gab Vollgas. Durch den schußsicheren Fahrerausblick sah er, wie die Russen gestikulierten. Noch glaubten sie, ihr eigenes Sturmgeschütz würde abdrehen. Bernd Hintze sah ihre weit aufgerissenen Münder, die ihm etwas zubrüllten. Dann sprangen sie auseinander. Aber mehr als zehn Männer konnten nicht mehr rechtzeitig zur Seite rennen. Sie wurden vom Bug des schweren Sturmgeschützes erfaßt und in den Boden gewalzt.

Alle im Sturmgeschütz spürten die Erschütterungen der Ketten, die über die Körper der Unglücklichen rollten.

Mit Vollgas jagten sie weiter, auf die jenseitige Höhe zu. Oben vollführte Hintze eine elegante Kehrtwendung.

»Feuer frei!«

Sie schossen in die Senke hinunter, wo die Sprenggranaten in die entsetzt auseinanderstiebenden Gruppen der Rotarmisten krachten und sie reihenweise niederstreckten. Es war eine wahre Höllenszenerie.

Und wieder rollte der stählerne 43-Tonnen-Koloß mit der kurzen 15,2-cm-Kanone hügelabwärts. Die Rotarmisten rannten nach allen Seiten auseinander. Sobald sie die deckende Senke verließen, fielen sie dem MG-Feuer zum Opfer.

Possler und seine Männer erreichten die eigene Stellung, hielten hinter dem Kompaniegefechtsstand, wo ein paar Kameraden des ersten Zuges mit ihren kurzen Feldspaten gerade den eingedrückten Gefechtsstand freischaufelten.

»Los, helfen wir!« sagte Possler rauh.

Sie beteiligten sich an der Arbeit. Die letzten Dreckbrocken und eine Balkenschicht beseitigten sie mit bloßen Händen.

Sie fanden den Kompaniechef inmitten seines Kompanietrupps. Dann auch den Melder und den Fernsprecher. Alle waren tot.

Mit weichen Knien schlurfte Bernd Hintze durch den schmalen Graben. Würgend übergab er sich. Ein Weinkrampf schüttelte ihn. Irgendwo in ihm war etwas zerbrochen. Er hörte immer noch die Geräusche, als er die Rotarmisten zermalmt hatte.

Feldwebel Possler faßte den Rest der Neunten zur Verteidigung des Stützpunktes zusammen und verteilte die Männer um die beiden MG-Stände seines Zuges.

»Die Russen sind an drei Stellen durchgebrochen!«

»Sie haben einen achtzehn Kilometer breiten und sechs Kilometer tiefen Abschnitt der 299. ID einfach zusammengewalzt!«

Kurz nacheinander liefen diese und ähnliche Schreckensmeldungen ein. Die Sonne, die mit sengender Glut vom Himmel strahlte, war bereits weit nach Westen hinübergewandert. Als ihr unterer Rand den Horizont streifte, brach auch auf der rechten Flanke der 197. ID die Hölle los.

Mit vor Entsetzen geweiteten Augen beobachteten die Männer um Feldwebel Possler, daß mindestens 40 Feindpanzer direkt auf sie zugerollt kamen.

»Die machen uns fertig, Herr Feldwebel!« ächzte ein Gefreiter.

»Überrollen lassen, dann Nahkampfmittel und 'ran!« sagte Possler mit verzerrtem Gesicht.

Die Panzer röhrten heran. Es rasselte, knallte und klirrte. Die beiden Pak (Panzerabwehrkanonen) der 14. Kompanie eröffneten das Feuer. Einige Kampfwagen blieben stehen, wuchteten ruckartig aus der Phalanx der Stahlkolosse heraus, bis sie die Pak auffassen konnten. Sie konzentrierten ihr Feuer zunächst auf das rechts stehende Geschütz. Nach der dritten Salve schwieg die deutsche Kanone.

Dem auf der linken Flanke stehenden Geschütz gelang es, einen der vier Panzer abzuschießen. In jenem Augenblick aber, als es auf den nächsten einschwenkte und den ersten Schuß löste, krachte ein dreifacher Trefferschlag zu Feldwebel Possler herüber. Er sah, wie Flammen emporleckten und einen Augenblick später alles in der Detonation der Bereitschaftsmunition auseinandergefetzt wurde.

Kurz darauf waren die anderen Panzer auch schon heran. Im Breitkeil rollten sie über die Gräben hinweg. Wer davonlief, wurde von Panzer-MG und Sprenggranaten gnadenlos niedergestreckt.

»Dünger wurden sie für die russische Erde«, wie einer der russischen Freiheitsdichter einmal geschrieben hatte. Hier waren die Worte blutige Wirklichkeit geworden.

Nur wenige Meter neben dem Feldwebel rollten rechts und links jeweils ein T 34 vorbei. Russische Infanterie folgte nach.

»Feuer!« brüllte Possler.

Sie schossen aus einer Entfernung von knapp zehn Metern und konnten den Ausdruck von Überraschung, Furcht und Entsetzen auf den Gesichtern der Todgeweihten deutlich erkennen.

Die russischen Panzer rollten weiter und hatten bereits den Bataillonsgefechtsstand erreicht, als die nächste, fast einen Kilometer breite russische Angriffswelle vorstürmte.

Braungekleidet, in dichter Formation, verbissen und zäh kämpfend, griffen die Rotarmisten an. Sie wollten Weißrußland befreien. Man hatte sie mit Flugblättern und Reden gefüttert und damit ihre Angriffslust hochgepeitscht. Und sie kämpften mit unvorstellbarer Tapferkeit.

Sie fielen zu Hunderten. Aber schließlich wurde auch die rechte Flanke der 197. ID von dem übermächtigen Gegner weggespült. Die Kompanie Possler rannte um ihr Leben.

In einem querlaufenden Bachtal sammelte Feldwebel Possler zwei Stunden später seine Kompanie. Siebenundzwanzig Männer kamen zusammen. Es war finster geworden, und der Himmel reflektierte die Röte der Brände und die flackernden Mündungsblitze des anhaltenden Artillerie- und Panzerfeuers.

»Wir sind überrollt. Wir müssen uns zum Fluß durchschlagen und durch die Furt gehen«, erläuterte der Feldwebel seinen Männern die Lage.

»Aber wie kommen wir durch den Iwan? Er sitzt doch ganz dick im Lutschessa-U.«

»Wir müssen es auf jeden Fall versuchen.«

Eine Stunde nach Mitternacht brachen sie auf. Bereits nach hundert Metern befanden sie sich inmitten eines Russenbiwaks. Einer der Posten erkannte sie und eröffnete das Feuer. Sie hasteten hintereinander weiter, warfen sich hin, robbten seitlich aus dem Kugelhagel heraus und sammelten sich wieder.

»Kein Kampf, einfach durch! So schnell wie möglich!« keuchte Possler.

Sie huschten geduckt weiter. Wo sich ein Gegner vor ihnen zeigte, eröffneten sie sofort das Feuer.

Von der rechten Flanke tackte ein Maxim-MG und warf vier der Männer zu Boden. Sie mußten sie liegenlassen, denn wer hier verhielt, der konnte sich gleich neben die Toten legen.

Nach einem Weg von genau drei Kilometern erreichten sie das Ostufer der Lutschessa. Die bekannte Furt war von Russen besetzt. Vom Westufer schossen mehrere eigene MG 42 in rasender Feuerfolge auf die Rotarmisten, die den Fluß zu überschreiten versuchten.

»Hier kommen wir nicht hinüber! Wir müssen weiter nach Norden ausweichen!« sagte Possler.

Sie schlichen durch das Gebüsch und kamen schließlich an die Stelle, wo die Lutschessa den nach Osten abknickenden Schenkel des U-Bogens bildete. Dort sahen sie sich einem russischen Stoßtrupp gegenüber, der gerade seine beiden Schlauchboote aufblies.

Sie schossen gleichzeitig mit dem MG und mehreren MPi. Dann stürmten sie auf die Gummiflöße zu, setzten sie ins Wasser und begannen mit den kurzen Paddeln zu rudern.

Mitten auf dem Fluß faßte sie ein Russen-MG auf. Ein Feuerstoß durchlöcherte das weiter zurückgebliebene zweite Schlauchboot. Feldwebel Possler spürte, wie es ihm unter dem Körper wegsackte.

»Ins Wasser! Wir schwimmen hinüber!« gellte seine Stimme über den Fluß.

»Ich kann nicht schwimmen!« klang der Entsetzensruf von Reutter durch den Gefechtslärm.

Alles sprang ins Wasser. MG-Salven schlugen in den Fluß. Kleine Geysire spritzten in die Höhe und überschütteten die Männer. Einer schrie getroffen auf, sackte weg, kam noch einmal hoch und blieb dann für immer verschwunden.

Reutter klammerte sich auch jetzt noch an das immer schlapper werdende Schlauchboot. Feldwebel Possler schwamm zu ihm zurück. Er griff nach oben, bekam das Fußgelenk des Gefreiten zu packen und riß ihn mit einem Ruck über Bord.

Reutter schrie, schlug verzweifelt um sich, wobei er die Nase des Feldwebels traf.

Da schlug Possler zu. Hart landete seine Faust an der Kinnspitze des von Todesangst erfaßten Kameraden. Reutter sackte zusammen und glitt unter die Wasseroberfläche. Der Feldwebel hatte damit gerechnet. Er tauchte ihm nach, erwischte ihn am Koppel und zog ihn wieder empor.

MG-Feuerstöße zischten über den Fluß. Vom Westufer her knallten eigene Waffen auf die Mündungsfeuer der russischen Gewehre.

Die ersten Männer der Kompanie waren mittlerweile am rettenden Westufer angekommen. Nach Atem ringend, von den vollgesogenen Kleidern und dem Gewicht des bewußtlosen Reutter behindert, schwamm Possler mit letzter Kraft auf das Ufer zu.

Hilfreiche Hände streckten sich ihm entgegen, nahmen ihm den schlaffen Körper ab und schleppten ihn zurück. Völlig erschöpft kroch der Feldwebel am Ufer hinauf.

»Abzählen!« krächzte er, nachdem er sich wieder etwas erholt hatte.

Die Rufe der Männer setzten sich fort, bis die Zahl »neunzehn« erreicht war. Dann meldete sich keiner mehr.

»Unsere Kompanie ist mit mir noch ganze zwanzig Mann stark«, meldete Possler eine halbe Stunde später dem Bataillonskommandeur.

Der Hauptmann nickte. Stumm reichte er dem Feldwebel die Hand. Er wußte: Wenn Possler, Träger des Deutschen Kreuzes in Gold, nicht gewesen wäre, dann hätte er wahrscheinlich keinen einzigen Mann der neunten Kompanie je wiedergesehen.

»Danke, Possler. Sie führen vorerst die Kompanie weiter.«

»Wie sieht es aus, Herr Hauptmann?«

»Wir sind auf der gesamten Breite des Lutschessa-U-Bogens über den Fluß zurückgedrückt worden. Es scheint ganz so, als wollten die Russen Witebsk einkreisen. Wenn ich nur wüßte, wie sich die Lage im Nordwesten von Witebsk entwickelt hat.« Der Hauptmann sprach leise und nachdenklich.

»Lassen Sie es mich wissen, wenn sich etwas Neues ergibt, Herr Hauptmann?«

Der Bataillonskommandeur sagte es zu.

Die Neunte grub sich, an die Achte angelehnt, auf dem Westufer ein. Als Reutter vom Verbandsplatz zurückkam, wurde er zu Bernd Hintze und Göllner, seinem Schützen I, eingewiesen.

Er spürte noch immer die Drohung des Todes, der ihm im Fluß so nahe gewesen war. Es würgte ihn noch immer, wenn er daran dachte, wie es ihn ins Wasser gerissen hatte. Aber er wußte nicht mehr, was dann passiert war.

»Wer hat mich denn aus dem Bach gefischt?« fragte er schließlich.

»Der Feldwebel«, erwiderte Hintze knapp.

Friedhelm Reutter, erst seit einem Vierteljahr bei der Kompanie, schluckte einige Male. Er mochte den Feldwebel nicht, weil Possler ihm zu kaltblütig und verwegen vorkam. Insgeheim hatte er sich immer vor diesem Mann gefürchtet. Jetzt aber spürte er nichts anderes als Dankbarkeit und den Wunsch, es dem Feldwebel in Zukunft recht zu machen.

»Morgen werden die Russen wieder angreifen«, durchbrach Göllner das Schweigen.

»Ja, Thomas. Es sieht ganz so aus, als würde es nichts mit dem Sonderurlaub zur silbernen Hochzeit deiner Eltern«, erwiderte Hintze.

»Deine Eltern feiern silberne Hochzeit?« fragte Reutter.

»Ja, am 30. Juni. Ich habe einen Urlaubsschein für den 25. Juni in der Tasche.«

»Verdammtes Pech«, murmelte Reutter, »und ...«

Sie duckten sich in die Löcher, als wieder eine Lage schwerer Granaten über ihre Köpfe hinwegorgelte und weiter hinten mit Donnergetöse krepierte.

»Und es sieht so aus, als sollte es in den nächsten Wochen überhaupt keinen Urlaub mehr geben«, fuhr Reutter an der Stelle fort, an der er kurz zuvor unterbrochen worden war. »Die Partisanen sollen die Bahnlinie nach Minsk an sieben Stellen gesprengt haben.«

»Wir werden es schaffen!«

Posslers Stimme klang zuversichtlich. Der Feldwebel schlüpfte neben Reutter in den schmalen Graben.

»Ich fürchte, daß wir diesmal die Hacken zeigen müssen«, widersprach Hintze. »Keine Panzer, keine Sturmgeschütze — und der Iwan hat alles in Massen.«

»Wir haben ihn im Dezember und Januar abgeschmiert und die erste Schlacht um Witebsk gewonnen. Wir haben die Russen auch in der zweiten Schlacht um Witebsk abgewiesen. Und vergeßt die Kämpfe im Suchodrowka-Abschnitt vor drei Monaten nicht!«

»Diesmal ist es anders, Günther. Diesmal kommen sie mit allem, was sie haben. Und unsere Panzer sind nicht hier. Sie allein haben uns bei allen früheren Unternehmen herausgehauen, wenn wir bis zum Hals im Dreck saßen.«

Göllner kramte in seiner Brieftasche und holte ein Foto hervor.

»Das sind meine Eltern!«

Sie duckten sich unter den Grabenvorsprung, und Hintze knipste die Stablampe an.

Reutter sah einen hochgewachsenen, breitschultrigen Mann, eine ältere Ausgabe seines Schützen I, und daneben eine zierliche Frau mit streng gescheiteltem Haar und gütigen Augen.

Das Licht der Taschenlampe erlosch.

»Ich wünsche dir, daß du doch noch zu diesem Fest daheim sein kannst, Thomas«, sagte er leise.

»Wenn ich nur wüßte, wie es im Norden aussieht!« warf Possler zweifelnd dazwischen.

Keiner wußte eine Antwort.

Im Nordwesten von Witebsk hatten die Sowjets ihre Offensive bereits im Morgengrauen des 22. Juni begonnen.

Dort, wo auf einer Frontbreite von 64 Kilometern das IX. AK mit der Korpsabteilung D und der 252. ID, mit einer schweren Artilleriebatterie, einer schweren Panzerjägerkompanie und einer Feldstrafgefangenen-Kompanie verteidigte, griffen acht Divisionen der 43. Sowjetarmee an. Dazu kam sehr bald die erste Division der 6. Gardearmee.

Armeegeneral I. Ch. Bagramjan, der Oberbefehlshaber der hier stehenden 1. Baltischen Front, hatte seinen Armeeoberbefehlshaber Generalleutnant A. P. Beloborodow angewiesen, mit der 43. Armee die deutsche HKL südwestlich Gorodok auf einer Breite von 25 Kilometern zu durchbrechen. Generalleutnant I. M. Tschistjakow hatte er befohlen, dazu eine Division seiner 6. Gardearmee als Verstärkung zur Verfügung zu stellen.

Teilkräfte der 43. Armee aber erhielten den Auftrag, im Zusammenwirken mit der 39. Armee der 3. Weißrussischen Front die deutsche Gruppierung beiderseits von und auch in Witebsk zu zerschlagen und die Stadt zu nehmen.

Die 3. sowjetische Luftarmee unter Generalleutnant N. F. Papiwin unterstützte mit ihren Schlachtfliegerverbänden diesen Angriff, indem sie die deutschen Artilleriestellungen angriff und ausschaltete. Ihre »Schlächter« dröhnten über die deutsche HKL hinweg und belegten alles, was schoß, mit Bomben und Kanonenfeuer.

Auf den Straßen zur Front türmten sich die liegengebliebenen, zerschossenen und brennenden Troßfahrzeuge. Immer wieder heulten die »Stormoviks« über das Gefechtsfeld hinweg. Einzelne wurden abgeschossen, aber dafür erschienen Dutzende weiterer Maschinen. Noch niemals zuvor hatten die deutschen Landser so viele russische Flieger in der Luft gesehen.

Mit den Angriffsdivisionen der Roten Armee rollten zwei Panzerbrigaden im Schwerpunkt des befohlenen Durchbruchsraumes vor. Die beiden Stoßkeile trafen den rechten und mittleren Abschnitt der 252. ID. Die Stellungen dieser Divisionen um Ssirotino wurden von den Sowjets dreimal erobert und mußten ebensooft wieder von ihnen geräumt werden. Hier standen auf jedem Kilometer Frontbreite nur 102 deutsche Soldaten.

Am Abend war die 252. Infanteriedivision dezimiert, und den Rotarmisten gelang der endgültige Einbruch in die Ortschaft. Eine halbe Stunde später wurde die beiderseits des Obol nur stützpunktartig besetzte Front auf einer Breite von acht Kilometern und in einer Tiefe von fünf Kilometern durchbrochen.

Die ganze Nacht hindurch kämpften russische Infanteristen verbissen um jeden Meter Boden; als die Morgenröte des 23. Juni 1944 heraufzog, brachen die Sowjets auf breiter Front über die Eisenbahnlinie Polozk—Witebsk nach Süden und Südosten durch.

Mit dem ersten Licht dieses 23. Juni begann erneut eine mörderische Aktivität der russischen Schlachtflieger. Hunderte von Jägern gesellten sich zu den »Schlächtern«. Sie stießen auf die deutschen Stellungen nieder und nahmen jeden Mann unter Feuer, der sich zeigte. Einzelne Kampfgruppen, schon umgangen und auch aus dem Rücken beschossen, hielten sich noch in verzweifelter Gegenwehr.

Gegen Mittag ging ein fürchterliches Gewitter nieder. In strömendem Regen zogen sich die Überlebenden auf die Tiger-Stellung in der Seenenge zurück. Die Feindverbände stießen sofort nach, und westlich von Schumilino gelang ihnen trotz verbissener deutscher Abwehr ein neuer Durchbruch. Die hier in der Tiger-Stellung im linken Abschnitt der 252. ID neu eingesetzte 24. ID wurde noch am Nachmittag ebenfalls um drei Kilometer zurückgeworfen.

Und nun ergoß sich ein Strom von sowjetischen Panzern, Schützenpanzern und Mannschaftstransportwagen durch die Seenenge. Es war nicht gelungen, den Feind – wie erhofft – hier zu halten. Die Rotarmisten stürmten weiter nach Süden, Südwesten und Südosten; in die letztere Richtung mit dem Ziel, Witebsk abzuschnüren und von seinen rückwärtigen Verbindungen zu trennen.

Am späten Abend des 23. Juni mußte das in Beschenkowitschi liegende Hauptquartier der 3. Panzerarmee, die in diesem Abschnitt führte, hinter die Düna zurückweichen und im Düna-Abschnitt zur Verteidigung übergehen. In Botscheikowo richtete sich das Panzer-AOK 3 am Morgen des 24. Juni ein; allerdings nur vorübergehend, denn am Abend dieses Tages mußte es erneut nach Westen ausweichen. Dieses Mal nach Borowka – der vormaligen Unterkunft des Armee-Oberquartiermeisters. Hier erst konnte die abgerissene Nachrichtenverbindung zur Heeresgruppe endlich wieder hergestellt werden.

Auf der einzigen noch befahrbaren Straße Beschenkowitschi–Botscheikowo–Lepel hetzten die Trosse in hektischer Eile nach Westen. Hierbei kam es zu blutigen Massakern, als dichte Verbände russischer Jäger und Schlachtflieger die Straße unter Feuer nahmen. Einige Jabos beteiligten sich ebenfalls an dieser Treibjagd. Lastwagen explodierten, Munitionsfahrzeuge gingen mit blaffenden Schlägen in Flammen auf, Spritwagen brannten mit qualmenden Feuerfahnen.

Am späten Nachmittag des 24. Juni 1944 trafen im Abschnitt des IX. Armeekorps Generaloberst Reinhardt, OB der 3. Panzerarmee, und Feldmarschall von Busch zusammen. Ihre Unterredung steigerte sich zu einem heftigen Wortwechsel, als Generaloberst Reinhardt von einer zu späten Hilfeleistung durch die Heeresgruppe sprach. Sein Antrag, Witebsk sofort zu räumen, um so wenigstens die dort eingeschlossenen Divisionen zu retten, wurde abgelehnt.

Erst am späten Abend dieses Tages ging vom OKH die Genehmigung ein, das LIII. AK, das im ostwärtigen Frontbogen um Witebsk mit vier Divisionen – der 4. und 6. Luftwaffen-Felddivision sowie der 206. und 246. ID – stand und zur Einschließung im »festen Platz« Witebsk bestimmt war, in die Ringverteidigung von Witebsk zurückzunehmen. Bis dahin hatte das LIII. AK ostwärts von Witebsk gehalten. Es war kaum mehr angegriffen worden. Noch während der Rücknahme erging ein Befehl, der die 4. Luftwaffen-Felddivision aus der Front löste und in den Raum südwestlich von Witebsk verlegte.

Am Morgen des 23. Juni 1944 hingen wieder düstere Regenwolken am Himmel. Es regnete pausenlos. Feldwebel Possler, der gerade vom Bataillon zurückkam, war naß bis auf die Haut.

»Wie sieht es aus, Herr Feldwebel?« fragte einer der Männer der Kompanie.

»Die Lage ist hoffnungslos, aber nicht mehr ernst«, ulkte Possler, obgleich ihm nicht danach zumute war. Was er nämlich im Gefechtsstand gehört hatte, war entmutigend genug gewesen.

Es war den Russen gelungen, einen Teil der 197. Division nach Nordwesten abzudrängen, während sie hier im Divisions-Südabschnitt lagen.

»Was ist denn eigentlich los? – Mensch, Günther, wo bleibt denn der Entsatz? Wir paar Männeken können den Iwan doch nicht aufhalten!« maulte Hintze.

»Die 95. ID steht hinter der Oboljanka und wird uns aufnehmen, wenn wir weiter zurück müssen.«

»Wenn!« explodierte Göllner. »Verdammt und zugenäht! Du hättest sagen sollen, daß wir hier schon beim ersten Angriff der Russen die Hucke vollkriegen.«

Sie äugten durch den Regen nach vorn. Eine Stunde verging. Es wollte nicht richtig hell werden. Aus dicken Wolkenbäuchen schüttete es wie mit Kübeln, und zuckende Blitze mit rumpelnden Donnerschlägen wüteten wie bei einer Schlacht. Nur allmählich hörte es zu regnen auf. Die Luft wurde klarer.

Urplötzlich war wieder die Hölle los.

Mit einem Schlag eröffnete die sowjetische Fernartillerie, zusammen mit Werfern und Salvengeschützen, das Trommelfeuer.

Hunderte von Geschossen gingen auf dem Westufer der Lutschessa und weiter rückwärts nieder, wühlten den Boden um, rissen zahllose Trichter aus der Erde und schleuderten glühende Splitter umher.

»Achtung, volle Deckung!«

Mit heulendem Kreischen, lange Feuerschweife hinter sich herziehend, kamen Salven russischer Katjuscha-Raketen herübergeflogen. Sechzehn Geschosse krachten, keine fünfzig Meter vor ihnen entfernt, auf der Uferbank auseinander. Der Luftdruck preßte sie an den Boden.

»Da sind sie!«

Durch die Furten kamen sie an vielen Stellen des Flusses in dichten Massen heran. Im Fluß und am Ufer wimmelte es nur so von Rotarmisten.

»Feuer frei!«

Schweres MG-Feuer prasselte auf, um den Feind zu stoppen. Vergebens. Die Massen überspülten das Land.

Urplötzlich waren auch die Schlachtflieger wieder da. Sie kamen in Gruppenstärke. Mindestens sechzig Maschinen nahmen den Abschnitt mit den Resten der 197. ID unter Beschuß.

Fünfzig-Kilo-Raketenbomben krachten auseinander. Gleichzeitig belferten MG und Bordkanonen. Wo Landser aufsprangen, um sich durch schnelle Flucht in Sicherheit zu bringen, wurden sie wie die Hasen gejagt und fast immer zur Strecke gebracht.

»Liegenbleiben!« schrie Possler und richtete sich halb auf. Er langte nach Klingners MG 42, riß es zu sich herüber und schoß auf die anfliegenden Maschinen. Rechts und links von ihm spritzten wie gesteppte Nähte Einschläge und Dreck hoch. Geschosse pfiffen an seinem Kopf vorbei. Schließlich hatte er einen der »Schlächter« im Visier. Er wußte, daß diese Maschinen vorn gepanzert waren und es nur wenige Stellen gab, an denen sie verwundbar waren. Er schaffte es.

Eine kurze zuckende Flamme brach aus der Kanzel des aufgefaßten Schlachtflugzeuges. Sie wurde größer und größer. Der »Schlächter« drehte sich auf den Kopf und jagte immer schneller der Erde entgegen. Einen halben Kilometer hinter den Stellungen wühlte er sich mit einem tosenden Aufschlagbrand in den Boden.

Jetzt eröffneten die weiter hinten liegenden vier Zwozentimeter-Flak das Feuer.

Zwei Dutzend Schlachtflugzeuge stießen herunter. Sie stürzten unbeirrt in den achtfachen Feuerstrahl hinein. Zwei von ihnen bezahlten dieses kühne Manöver mit der Vernichtung. Die anderen aber schossen aus allen Waffen. In dem dichten Feuerhagel hatten die Flak-Bedienungen keine Chance mehr.

»Zurück! – Absetzen!«

Verfolgt von den Russen, jagte die auf ein paar Mann zusammengeschmolzene Kompanie Possler durch ein Bachtal und dann an einem Wald entlang, der das Westufer der Lutschessa flankierte.

Sie stießen auf eine Lkw-Kolonne, die eben in Richtung Orscha aufbrach, schwangen sich auf zwei der Wagen hinauf und konnten endlich aufatmen.

Ungefähr zehn Kilometer weit wurden sie durch das Gelände geschaukelt, bis von der Straße Witebsk–Orscha russische Panzer und Sturmgeschütze auf sie zugerollt kamen.

Schon die ersten Kanonenschüsse ließen das Spitzenfahrzeug in Flammen aufgehen. Dann krachte es auch an den beiden Wagen, auf denen Feldwebel Posslers Männer saßen.

»Deckung in den Gräben!« schrie Possler.

Sie sprangen herunter und warfen sich in die Löcher. Göllner zerrte sein MG nach vorn und richtete es auf die Feindinfanterie. Reutter lag bereits neben ihm.

Rotarmisten stürmten auf die Straße, den Lastwagen entgegen, von denen sie Gepäck und Verpflegung herunterrissen.

»Feuer frei!« überschrie Possler das Getöse.

Die vier MG der Kompanie eröffneten schlagartig den Beschuß. Hektisch hämmerten die Salven, Schreie gellten. Die inzwischen weitergerollten Panzer drehten, kamen zurück und walzten eine MG-Bedienung in ihrem Loch zusammen. Dann schwenkten sie auf Possler zu.

Der Feldwebel bündelte vier Handgranaten und sprang auf. Er unterlief das MG-Feuer des Panzers, erreichte ihn unbehelligt und schob das Handgranatenbündel auf dem Heck unter den überstehenden Turmrand. Die Sprengkörper explodierten mit lautem Getöse, aber dem Stahlkoloß schien dieser Schlag nichts ausgemacht zu haben. Er rollte unbeirrt weiter, genau auf das MG-Nest von Göllner zu.

Als er nach sechzig Metern endlich stehenblieb, rannte Possler hinterher, erreichte ihn, zog sich hinauf und hämmerte gegen das Luk.

Wider Erwarten öffnete es sich einen Spaltbreit. Possler jagte einen Feuerstoß aus seiner MPi in den Panzer hinein. Das Luk schlug wieder zu, und der Panzer drehte auf rasselnden Ketten, um den sowjetischen Angriffstruppen entgegenzurollen.

Mit einem langen Satz sprang Possler ab. Er stürzte, raffte sich hoch und rannte weiter. Von MG-Salven verfolgt, erreichte er die Deckung einiger Kusseln und hastete weiter in Richtung Kompanie.

Zwei Maxim-MG eröffneten erneut das Feuer auf ihn. Die Salven rissen das Buschwerk in etwa einem Meter Höhe ab und fetzten es ihm um die Ohren.

Possler ging zu Boden, kroch ein paar Dutzend Meter zur Seite und sprang dann wieder auf. Kopfüber tauchte er wenig später im MG-Nest unter.

»Wir müssen uns absetzen«, sagte er, nachdem er wieder etwas zu Atem gekommen war. »In den Wald hinein! Sonst haben sie uns bald im Sack. Auf den Flanken sind wir schon überrollt.«

»Wohin sollen wir denn, Günther?«

»Richtung Orscha! Dort wird die Front noch halten.«

Sie liefen um ihr Leben, umheult von Tieffliegern und Jabos, beschossen von Panzern und MG, von kreischenden Raketensalven gejagt. Jeder Schritt wurde zur Qual, und der so nahe Waldrand schien kilometerweit entfernt zu sein.

Thomas Göllner merkte, wie das MG schwerer und schwerer wurde. Plötzlich spürte er einen harten Schlag in den Rücken und stürzte vornüber.

Jetzt bist du erledigt! dröhnte es in ihm. Jetzt kommen die Panzer und quetschen dich in den Dreck . . .

Keuchend landete Reutter neben ihm. Er trug vier MG-Munitionskästen und hatte noch Gurte um Hals und Schultern hängen.

»Was ist, Thomas?«

»Es hat mich erwischt! Hinten im Rücken!«

Reutter beugte sich über ihn, suchte nach einem Einschuß. Dann lachte er glucksend und befreit auf.

»Nichts, Thomas! Die Gasmaskenbüchse ist im Eimer. Sonst ist alles heil. Kein einziger Kratzer zu sehen.«

Schlagartig verschwand die Lähmung, die Göllner gepackt hatte.

»Wo bleibt ihr denn? Vorwärts!« schrie Feldwebel Possler vom Waldrand her und ruderte mit den Armen.

Sie sprangen hoch, hasteten weiter und erhielten von hinten Feuer, das sich immer dichter auf sie konzentrierte.

In diesem Augenblick ratschten vom Waldrand zwei MG ihre Salven in die vorgehenden Rotarmisten und zwangen sie in Dekkung.

Als die beiden in den Wald taumelten, sich auf den nassen Boden warfen und schwer atmend nach Luft schnappten, konnten sie auf der Ebene noch ein paar Dutzend Landser erkennen, die vor den russischen Panzern nach Westen davonliefen.

»Abhauen, in den Wald!« brüllte Possler ihnen verzweifelt zu.

Doch im Getöse der Waffen und im Lärm der krachenden Panzerabschüsse gingen seine Rufe unter. Die Männer wurden nacheinander niedergeschossen oder von den Panzern eingeholt und in den Boden gewalzt.

Von Feldwebel Possler angeführt, rannten sie weiter in den Wald hinein. Sie sahen noch, daß eine Russengruppe in Zugstärke ihnen zu folgen schien.

»In Reihe und keine überflüssigen Geräusche!« warnte der Feldwebel. Er blieb auf der Seite stehen und ließ die anderen passieren. Seine Lippen bewegten sich lautlos; er zählte bis dreizehn.

Mit ihm waren es vierzehn Überlebende – vierzehn von 120!

Sie hatten drei MG 42 gerettet und dazu noch das, was sie auf dem Leibe trugen.

Sie liefen sechs Stunden lang durch den Wald nach Süden. Wenn sie Lichtungen erreichten und Flieger über sich hörten, schlugen sie einen Bogen und gingen durch dichtes Farn- und Brombeergestrüpp weiter.

Dornen rissen den Grenadieren die Uniformen in Fetzen. Die nach dem Regen im Wald herrschende Schwüle trieb ihnen den Schweiß aus allen Poren. Zu allem Unheil gerieten sie auch noch in ein Sumpfgebiet. Dem Moor konnten sie – wenn auch mühsam – ausweichen, nicht aber den Myriaden von Stechmücken. Zu Tausenden fielen die sirrenden Blutsauger über die Männer her.

Immer wieder schlugen die Landser um sich, aber es half alles nichts. Der Wald war für sie eine einzige Folterkammer.

»Wir müssen einen größeren Bogen machen, Günther«, sagte der Stabsgefreite Hintze.

»Können wir nicht eine Rast einlegen?« rief vom Schluß der kleinen Schützenreihe der Obergefreite Diekmann nach vorn, der ein halbes Dutzend MG-Munitionskästen schleppte.

»Aber nicht hier, wo die Mücken uns auffressen!« stöhnte einer.

Wortlos schwenkte der Feldwebel etwas ein. Er übernahm Göllners MG und trabte weiter. Sie hatten alles überflüssige Zeug weggeworfen, sogar ihre Gasmasken.

Auch Friedhelm Reutter war am Ende seiner Kraft. Die MG-Kästen hingen wie Bleigewichte an ihm. Aber er schwor sich, nicht schlappzumachen. Nicht jetzt, nachdem ihm das auf dem Fluß passiert war. Er wollte zeigen, daß er mithalten konnte. Sein Mund war wie ausgedörrt. Seine Beine zitterten, sooft die Kolonne stehenblieb, um zu sichern, wenn irgendwo verdächtige Geräusche zu hören gewesen waren. Die MG-Kästen wurden immer schwerer.

Wenn jetzt der Russe käme und sie ein paar Gurte verfeuern könnten, würde es für ihn leichter werden. Fast wünschte er es sich.

Sie gingen noch eine Stunde, bevor Possler eine Rast einlegte. Wo sie gerade stehenblieben, sanken sie auf den Boden.

Reutter drehte sich auf den Rücken. Er hatte den Kopf auf einen der Munitionskästen gelegt und starrte auf das Blattgewirr hoch über sich. Aus den wippenden Zweigen, von der Sonne mit gelben Strahlenbündeln überflutet, tauchte die Vision eines Gesichtes auf: ein Mädchengesicht, von langem blondem Haar umrahmt — Ingrid.

Ingrid Willmann!

Jemand schüttelte ihn an der Schulter.

»Aufstehen, Friedhelm!«

Es war Göllner, der ihn rüttelte. Reutter rührte sich nicht. Er spürte, daß ihm alle Knochen weh taten.

»Mach keine Dummheiten, wir müssen hier abhauen, sonst überkarren uns die Panzer!«

Die Wirklichkeit kehrte zurück. Das, was er im Halbschlaf für das Rauschen eines nahen Baches gehalten hatte, waren also Panzergeräusche gewesen. Er fuhr auf, horchte mit angehaltenem Atem und blickte der Reihe nach auf die Gesichter der Kameraden. Bange Sorge drückte sich darauf aus, und er hörte von ihnen, daß die Russen sich mittlerweile zwischen sie und Orscha geschoben hatten.

»Hier, trink einen Schluck!«

Feldwebel Possler hakte die Feldflasche ab und gab sie ihm. Der Tee war lauwarm, aber er erfrischte trotzdem.

»Du darfst nicht schlappmachen, wir haben heute nacht noch einen langen und gefährlichen Weg vor uns, wenn wir uns durch die russischen Verbände schleichen wollen, um nach Orscha zu kommen.«

Reutter richtete sich auf und griff nach den Munitionskästen.

»Laß sie stehen, die übernehme ich«, meinte Hintze. »Ich bin jetzt an der Reihe.«

Inzwischen war es finster geworden. Sie schleppten sich weiter durch den Wald. Schließlich gelangten sie an eine Straße, sahen die Auspuffflammen der Panzer, hörten das Röhren der Motoren und das Klirren der Gleisketten.

»Das ist ja eine ganze Armee!« rief Hintze entgeistert aus.

Es war tatsächlich eine ganze Armee, deren Spitzengruppe auf dieser Straße rollte, um Orscha von Norden und nach Süden eindrehend abzuschnüren. Teile der 11. russischen Gardearmee – der südlichen Stoßgruppe der 3. Weißrussischen Front – waren hier aufgetaucht. Generaloberst I. D. Tschernjachowski hatte sie von Norden auf Orscha angesetzt, während seine 31. Armee von Süden her in einem kurzen Bogen westlich der Stadt nach Norden einschwenkte. Sie sollte sich mit der 11. Gardearmee vereinigen, Orscha einschließen und die Besatzung vernichten*.

Die 5. Armee unter Generalleutnant N. I. Krylow hatte von Norden her, aus dem Raum südlich von Witebsk, nach Boguschewskoje durchzustoßen, während der Großteil der 11. Gardearmee von Süden auf diese Ortschaft angesetzt war. Nach Gelingen dieses Planes würden sämtliche deutschen Kräfte in diesem Dreieck vernichtet werden – einschließlich der im Raum Witebsk stehenden Divisionen der 3. Panzerarmee.

Nachdem so die Lutschessa auf der gesamten Breite überwunden war, sollte die Kavallerie-mechanisierte Gruppe unter Generalleutnant N. S. Oslikowski diesen Erfolg ausbauen und nordwestlich von Borissow Übergangsstellen an der Beresina erobern.

Nach vollzogener Einnahme von Orscha sollten auch die Teile der 11. Gardearmee und die 31. Armee unter Generalleutnant W. W. Glagolew entlang der Minsker Fernverkehrsstraße auf Borissow vorstoßen.

Die bewegliche Gruppe der 11. Gardearmee und das 2. Garde-Panzerkorps unter Generalmajor A. S. Burdeiny erhielten die Weisung, den Erfolg der Armee zu erweitern, die Verbindungswege der gegnerischen Kräfte bei Orscha abzuschneiden und im Raum Tschernjawka zur Beresina vorzustoßen.

Am Abend des 24. Juni 1944 war das Schicksal von Witebsk bereits entschieden. Die sowjetischen Armeen waren beiderseits der Stadt in die Tiefe des Raumes vorgedrungen. Am Nachmittag die-

---

* Siehe Übersichtskarte: »Der russische Generalangriff«

ses Tages hatten russische Panzer Boguschewskoje besetzt und waren sofort weiter nach Süden und Südwesten vorgeprellt. Die Tiger-Stellung bei Chodzy, wo Reste der 197. ID und Alarmeinheiten die Seenenge besetzt hatten, durchbrach der Feind mit der Wucht einer gewaltigen Lawine und stieß anschließend nach Westen und Südwesten vor.

Das LIII. AK war im Großraum Witebsk abgeschnitten und hatte keine Verbindung mehr zum VI. AK. Zwischen diesem und dem IX. AK der 3. Panzerarmee klaffte eine vierzig Kilometer breite Lücke, durch die sich ein ununterbrochener Strom von sowjetischen Panzern und Infanteristen ergoß.

Am frühen Morgen dieses Schicksalstages für die Divisionen des LIII. AK war Generaloberst Zeitzler vom Führerhauptquartier nach Minsk gekommen, um sich bei der Heeresgruppe über die Lage an der Front zu informieren. Anschließend flog er sofort zum Obersalzberg, um Hitler von der nicht mehr abzuwendenden Katastrophe zu unterrichten. Um 15.20 Uhr fragte er noch einmal vom Obersalzberg aus bei Generaloberst Reinhardt an, ob er die von ihm beantragte Aufgabe von Witebsk weiterhin für wünschenswert erachte. Generaloberst Reinhardt schilderte daraufhin die Lage wie folgt:*

»Das LIII. AK ist bereits lose eingeschlossen. Die letzte Minute ist angebrochen, um noch einen erfolgreichen Ausbruch befehlen zu können. Mit jeder Viertelstunde zieht sich der Ring russischer Truppen westlich Witebsk enger um die Stadt.«

Als Generaloberst Zeitzler erwiderte, der Führer habe Bedenken, die Aufgabe von Witebsk sofort zu befehlen, weil dann zuviel Proviant und Munition verlorengehe, erwiderte Generaloberst Reinhardt:

»Sofort! Bei einer endgültigen Einschließung gehen nicht nur Munition und Verpflegung, sondern das ganze LIII. AK mit seinen fünf Divisionen verloren.«

Noch einmal ging Generaloberst Zeitzler zu Hitler. Um 15.28 Uhr meldete er sich wieder bei der 3. Panzerarmee mit der lapida-

---

* Siehe Heidkämper, Otto: »Witebsk«

ren Feststellung, Hitler habe befohlen, daß Witebsk zu halten sei. Nach weiteren Hiobsmeldungen und einigen Funksprüchen und Telefonaten ging schließlich vom FHQ ein Funkspruch bei der 3. Panzerarmee ein. Darin hieß es:

»LIII. AK kämpft sich, unter Belassung einer Division als Besatzung in Witebsk, mit den übrigen Divisionen nach Westen zu den eigenen Linien durch. Der Name des Divisionskommandeurs ist zu melden. Er ist durch Funk als neuer Kommandant des Festen Platzes Witebsk zu verpflichten. Diese Verpflichtung ist von ihm zu bestätigen.«

Von der 3. Panzerarmee erging daraufhin der Funkbefehl, daß die 206. ID unter Generalleutnant Hitter in Witebsk bleiben und die Stadt bis zum letzten Atemzug verteidigen sollte, während die übrigen Divisionen des LIII. AK auszubrechen hätten. Es sollte allerdings noch bis zum Morgen des 26. Juni dauern, bevor die Divisionen des LIII. AK zum Ausbruch aus dem inzwischen vollständig eingeschlossenen Witebsk antreten konnten.

Der Kampf um Orscha dauerte am 24. und 25. Juni 1944 an. Die 11. russische Gardearmee kam an diesen beiden Tagen nur zwei bis drei Kilometer weiter. Die 31. Sowjetarmee kämpfte erfolglos. Fels in der Brandung bei der Verteidigung von Orscha war vor allem die 78. Sturmdivision. Armeereserven der 4. Armee wurden zusätzlich nach vorn gebracht.

General von Tippelskirch, der OB der 4. Armee, beantragte am 24. Juni die Zurücknahme auf die Dnjepr-Schutzlinie. Die Heeresgruppe lehnte dies ab.

Damit waren auch Orscha und die 78. Sturmdivision verloren.

Ein versuchter Einbruch in die Stadt wurde abgeschlagen. Orscha hielt sich noch, während russische Panzer schon fünfzig Kilometer westlich der Festung die Rückzugswege der deutschen Truppen blockierten.

III.

Der Angriffsplan, den der Oberbefehlshaber der 1. Weißrussischen Front, Armeegeneral Rokossowski, ausgearbeitet und Stalin gegenüber durchgesetzt hatte, sah vor, daß seine nördliche Angriffsgruppe mit der 3. Armee unter Generalleutnant A. W. Gorbatow und der 48. Armee unter Generalleutnant P. L. Romanenko beiderseits von Rogatschew antreten sollten. Erst nach dem Durchbruch der Infanteriedivisionen sollte das 9. Panzerkorps der 3. Armee unter Generalmajor B. S. Bacharow eingesetzt werden, zügig in den Raum Bobruisk vorstoßen und die deutschen Verbindungswege abschneiden.

Die südliche Stoßgruppe der Armeegruppe — mit der 65. Armee unter Generalleutnant P. I. Batow und der 28. Armee unter Generalleutnant A. A. Lutschinski — sollte auf Paritschi vorprellen, den Beresina-Übergang erzwingen und mit den schnellen Verbänden weiter nach Westen vordringen, während die Infanterie, unterstützt durch Panzerverbände, aus dem Rücken auf Bobruisk einzudrehen hatte.

Der 1. Weißrussischen Front wurde auch die Dnjeprflottille unter Kapitän z. See W. W. Grigorjew unterstellt. Sie erhielt die Aufgabe, den Angriff der südlichen Gruppe der 1. Weißrussischen Front durch Artilleriefeuer und das Anlanden von Truppen im Rücken der deutschen Verteidigung zu sichern und das Übersetzen der 48. Armee auf das Westufer der Beresina zu gewährleisten. Ferner sollten vom Fluß aus die deutschen Übergangsstellen beschossen werden.

Die 16. Luftarmee unter Generaloberst S. S. Rudenko sollte insbesondere die nördliche Stoßgruppe unterstützen. Hier wurden auch zwei Nachtbomber-Divisionen eingesetzt, um in Nachtangriffen die wichtigsten Widerstandsnester lahmzulegen.

Während die deutschen Soldaten im Verteidigungsraum von Paritschi nach Norden horchten, blieb es vor ihren Stellungen immer noch ruhig — von dem üblichen Störfeuer abgesehen.

Der Abend des 23. Juni senkte sich bereits über das Sumpfgelände ostwärts von Paritschi. Oberleutnant Richard Brückner, Chef der 3. Kompanie des Infanterieregiments 87, verließ seinen Gefechtsstand. Er wollte zum vordersten Stützpunkt gehen, der direkt gegenüber dem breiten Sumpfgürtel lag und durch diesen von der russischen HKL getrennt wurde. Im Vorraum stieß er auf den Stabsgefreiten Böse, der hier wartete.

»Böse, Sie gehen mit mir und nehmen die Post für die Kompanie mit«, entschied er mit einem Seitenblick auf den Stabsgefreiten. Dieser war vor einer Stunde vom Troß zurückgekommen, wo er eine Armverletzung ausgeheilt hatte.

Böse gab eine Antwort. Der Oberleutnant überhörte das Stottern, denn er war seit 1941 an diese Sprechweise des Stabsgefreiten gewöhnt, der übrigens einer der zuverlässigsten Stoßtruppführer seiner Kompanie war.

Stabsgefreiter Böse nahm den Postsack auf und folgte dem Oberleutnant, der das Ritterkreuz am Halsausschnitt trug, ins Freie. Der dumpfe Donner aus Norden wurde deutlicher.

»Da geht es schaurig rund«, knurrte Böse.

»Gehen wir!« erwiderte der Offizier.

Sie nahmen den alten Paßweg durch die Weidenbüsche, von denen viele durch russische Artillerie dicht über dem Boden weggrasiert worden waren. Ein paarmal mußten sie in Deckung gehen, wenn die herüberorgelnden Granaten in der Nähe einschlugen und haushohe Schlammfontänen emporbliesen. Schließlich erreichten sie den mittleren vorgeschobenen Stützpunkt mit den beiden schweren MG, der direkt vor dem Sumpf lag.

Feldwebel Meixner wollte melden, doch der Kompaniechef winkte ab. Er haßte diesen Firlefanz. Hier war so etwas unnötig. Seine Männer waren eine aufeinander eingeschworene Gemeinschaft, die durch nichts aus der Fassung zu bringen war.

»Die Post, Meixner! Verteilen Sie!«

Während der Feldwebel die Briefe, Kilo-Päckchen und die sattsam bekannten Hundertgramm-Päckchen ausgab, setzte sich Brückner zu Kneisel, dem wuchtigen Westfalen, der gleich ihm aus Paderborn stammte.

»Nun, Gustav, wie sieht es aus? Viel Post von daheim? Alles klar mit dem Baby?« fragte er, als er sah, daß Kneisel mindestens ein Dutzend Briefe erhalten hatte.

Kneisel riß zuerst den Brief mit der Sütterlinschrift seiner Frau auf. Ein engbeschriebenes Blatt Papier und ein Foto fielen ihm entgegen. Er nahm das Bild in die Hand. Der Kopf seiner Frau war darauf zu sehen, daneben ein runzeliges Kindergesicht mit dunklem Haarflaum.

»Ein Junge, Richard! Es ist ein Junge!« stammelte Kneisel.

Oberleutnant Brückner sprang auf.

»Alles mal herhören: Gefreiter Kneisel ist Vater eines Jungen geworden!«

Und schon hagelte es Glückwünsche. Die Männer umringten den frischgebackenen Vater. Selbst die beiden vorn beim MG stehenden Posten kamen – nachdem sie kurzfristig abgelöst worden waren – zu Kneisel herüber.

»Jetzt mußt du aber einen springen lassen, Gustav, sonst wird es nichts mit dem Stammhalter!«

»Alte Nassauer!«

Kneisel öffnete grinsend das vorsorglich vorbereitete Paket, dessen Inhalt er seit Monaten zusammengesammelt hatte. Es kamen ein Stück Schinken zum Vorschein, ein echtes Schwarzbrot und zwei Flaschen Steinhäger.

»Auf das Wohl der Mutter, des Vaters und des Stammhalters!« rief der Oberleutnant.

Gemeinsam kippten sie den in die schwarzen Feldbecher gegossenen Schnaps hinunter.

Kneisel setzte sich in einen Winkel und las die wenigen Zeilen auf der Rückseite des Bildes:

»Dies ist unser kleiner Gustav-Georg, der sehr auf den Besuch seines Vaters wartet. – In Liebe, Hildegard.«

Danach las er den Brief. Das, was seine Frau ihm schrieb, versetzte ihn sofort nach Hause zurück. Auch das Grummeln der HKL weiter rückwärts an der Beresina störte ihn nicht dabei. Er stellte sich vor, wie er am ersten Morgen in der Heimat in den Stall gehen würde, zusammen mit seinem Sohn ...

Mit dem etwas hilflosen Lächeln des frischgebackenen Vaters ließ er alle Anzüglichkeiten über sich ergehen und schnitt bereitwillig den Schinken und das Schwarzbrot auf.

Eine Stunde später lösten er und Zeller die Posten ab. Inzwischen war es völlig finster geworden.

Sie standen im Postenstand, und Kneisel drehte die Feinstellung des Nachtglases etwas nach. Er suchte die Buschgruppen im Sumpf ab.

Nichts war zu sehen. Alles blieb still, während weiter im Norden erbittert gekämpft wurde.

»Glaubst du, daß die Russen schon bei Witebsk durch sind, Jupp?«

Jupp Zeller, der kleine vitale Rheinländer, grunzte verächtlich.

»Nichts als russische Propaganda, die uns weichmachen soll«, erwiderte er endlich.

»Ich habe ein verdammt ungutes Gefühl, Jupp. Es sieht so aus, als wollten es die Russen diesmal genau wissen.«

»Auf jeden Fall spüren wir noch nichts davon und ...«

Der Gefreite verstummte und horchte angespannt nach vorn.

»Hörst du sie? – Scheint die übliche ›Nähmaschine‹ vom Dienst zu sein (U-2-Doppeldecker altväterlicher Bauart)!« erwiderte Kneisel, nachdem auch er das Flugzeuggeräusch vernommen hatte.

Das Motorengeräusch der ersten Maschine wurde klarer. Dahinter aber, noch weit entfernt, war ein dumpfes Murren wie von Hunderten von Flugzeugmotoren zu hören.

Die einzelne Maschine war nun schräg über ihnen. Plötzlich erstrahlte der Himmel im Licht eines breitgefächerten Kranzes aus Leuchtkugeln.

Weiter rückwärts an der Brücke eröffneten die beiden 3,7-cm-Vierlingsgeschütze der Brückensicherung das Feuer. Aber die Spitzenmaschine drehte bereits wieder ab.

Nördlich der Stellungen vor Paritschi erreichten die Fliegerverbände zu diesem Zeitpunkt die deutsche HKL. Flak-Abschüsse und die grellen Sprengpunkte der auseinanderkrachenden Granaten waren zu erkennen. Dann heulte es wild und gellend. Dutzende grellroter Flammen sprangen aus dem Boden empor, wurden immer zahlreicher. Es knallte und dröhnte pausenlos. Schwere Druckwellen fauchten heran.

»Sie kommen hierher!«

Ein ganzes Geschwader schwenkte auf die Stellungen des Infanterieregiments 87 ein, das rings um Paritschi lag und in kleinen Stützpunkten die vermeintlich sichere Front hielt.

»Volle Deckung!« brüllte Oberleutnant Brückner, der soeben nach vorn gekommen war.

Sie preßten sich gegen die Grabensohle, drückten sich an die Wände und wurden halb taub vom infernalischen Getöse der einschlagenden Bomben. Es war die Hölle.

Der Kampfstand der Gruppe Weißler fiel einem Volltreffer zum Opfer. Von den sieben Männern, die mit dem Flanken-MG auf Wache gestanden hatten, wurde nichts mehr gefunden. Alles war durch die Explosion der Bombe atomisiert worden.

»Das ist der russische Großangriff!« stellte der Stabsgefreite Böse fest. Diesmal stotterte er nicht.

»Alarmstufe I!«

Dieser Befehl vom Regiment kam eine Viertelstunde nach den ersten Bombenwürfen. Immer noch zogen Fernbomber und andere Kampfmaschinen der 16. sowjetischen Luftarmee über die vordersten deutschen Stellungen hinweg. Sie flogen bis Bobruisk, Mogilew, Sluzk und Stolpce. Tausende von Bombentonnen rauschten zur Erde herab.

Als der Donner der Motoren verhallt war und die 3190 Einsätze der sowjetischen Luftarmada ihr Ende gefunden hatten, setzte schweres Artilleriefeuer ein.

In den Schützenlöchern, hinter den MG und den wenigen Pak bei und in Paritschi hockten die Landser und warteten auf den Morgen des 24. Juni 1944.

Langsam wurde es hell. Vom Feind, den sie in der Nacht während der kurzen Ruhepausen im Moor und jenseits davon des öfteren gehört hatten, war immer noch nichts zu sehen. Zum Teil war der künstliche Nebel daran schuld, der von den feindlichen

Stellungen jenseits des Sumpfes in dichten Schwaden zu ihnen herübergeblasen wurde und sie erkennen ließ, daß irgendwo drüben beim Gegner eine größere Aktion bevorstand.

»Panzergeräusche!« meldete der Gefreite Zeller gegen 5.55 Uhr.

»Blödsinn!« erwiderte Feldwebel Meixner, der sich gerade im MG-Stand befand. »Die können doch nicht durch den Sumpf!«

Genau fünfzehn Sekunden später sahen die Männer, wie sich aus dem jenseits des Moores gelegenen Wald die ersten Sowjetpanzer herausschoben und das Feuer eröffneten. Grellrot sprangen die Mündungsflammen aus den nachwippenden Langrohren der Panzerkanonen.

»Die kommen nicht weit, die ersaufen im Morast!« stellte der Oberleutnant fest, der vor kurzem ebenfalls in den vordersten Stand gekommen war.

»Sturm fünf-fünf-fünf!«

Dieses russische Signal, von deutschen Funkern aufgenommen, brachte die bereitstehenden Panzerverbände der 65. Sowjetarmee in Bewegung. Nacheinander walzten sie durch das Buschwerk, auf den hier über 500 Meter breiten Sumpfgürtel zu.

Oberleutnant Brückner beobachtete durch sein Fernglas, wie die ersten Panzer den Sumpf erreichten.

Jetzt! Jetzt mußten sie einsacken, tiefer und tiefer sinken und dann in der blubbernden schwarzen Brühe verschwinden!

Doch nichts dergleichen geschah. Die Landser glaubten ihren Augen nicht trauen zu dürfen.

Die Panzer versanken keineswegs, sondern rollten weiter. Durch sein Glas sah der Kompaniechef, daß sie auf künstlichen Wegen – auf breiten Knüppeldämmen – dahinschaukelten, die während der letzten Nacht und später im Schutz des künstlichen Nebels von russischen Pionieren verlegt worden sein mußten.

So war es auch. Nach einer elenden Schinderei war es den russischen Pionieren gelungen, bei Nacht und Nebel vier Straßen über den Sumpf zu legen. Sie waren mit Lastwagen in die Durchfahrtsschneisen eingefahren, hatten die vorgefertigten Dämme angebracht und waren dann wieder verschwunden.

Und nun schoben sich die sowjetischen Panzer in vierfacher Kolonne auf schwankendem Untergrund über den Sumpf. Es grollte und brüllte, die Luft war mit dem Gestank verbrannten Öls verpestet.

»Pak nach vorn!«

Der Ruf erreichte die beiden einzigen 7,5-cm-Pak, die jetzt im Mannschaftszug nach vorn gezerrt wurden.

Die ersten Panzer erreichten zu dieser Zeit bereits die vorgeschobenen deutschen Stellungen.

»Überrollen lassen!« befahl Oberleutnant Brückner. »Nachfolgende Infanterie niederkämpfen und dann 'ran an die Panzer!«

Näher und näher rasselten die Stahlkolosse heran. Die Ketten klirrten. Dazwischen patschten die Abschüsse der nachgezogenen Werfer. Ihre Geschosse fauchten steil über die Panzer hinweg. Einige schlugen beim mittleren Kampfstand ein und überschütteten Oberleutnant Brückner und die anderen mit Dreckfontänen. Gleich darauf krachten die Abschüsse der Panzerkanonen. MG-Feuer warf einige Männer der Pak zu Boden. Andere sprangen hinzu und füllten die entstandenen Lücken.

Die Pak-Bedienung richtete den ersten Feindpanzer an. Der Abschuß krachte. Die Granate schmetterte zwischen Bug und Unterwagen in den T 34 hinein und setzte ihn in Brand.

Weiter rechts hatten die Stahlkolosse den Sumpfgürtel bereits überwunden. Sie schwärmten aus und schossen, was aus den Rohren herausgehen wollte.

»Da, die Russen!« brüllte Feldwebel Meixner.

Sie starrten ungläubig in das Gebrodel aus Pulverdampf und aufspritzendem Morast, sahen, wie die Russen auf einer Art von Lappenschneeschuhen zielstrebig über den Sumpf glitten und rasch näher kamen. Hinter ihnen kamen lange Schlitten mit aufmontierten schweren MG in Sicht, die neben den Ziehenden herschossen.

»Sauerei!« brüllte Böse. »Sieh dir das an, Otto! Sie kommen einfach durch den Sumpf!«

»Feuer frei!« hallte der Befehl von Oberleutnant Brückner durch den Höllenlärm.

Die leichten MG und das eine noch intakte schwere MG feuerten auf die nun in breiter Formation durch den Sumpf laufenden Russen. Reihenweise fielen die Gegner und stürzten in das Moor, dessen Brühe sich schmatzend um sie schloß und sie für immer in sich hinein sog.

Doch es wurden immer mehr, und schließlich waren die ersten Panzer auf der rechten Flanke bei der 1. Kompanie schon an den Gräben und Kampfständen angekommen. Sie blieben auf den halb eingedrückten Löchern stehen, bliesen ihre Abgase hinein, um die dort in Deckung liegenden deutschen Soldaten wie Ratten zu vergiften.

»Zug Meixner, fertigmachen!«

Sie packten ihre Waffen. Bis auf etwa dreißig Meter waren die Panzer inzwischen herangekommen. Schon war die Erschütterung des Bodens deutlich zu spüren, der auch hier noch unter dem Gewicht der russischen Tanks erbebte.

»Sprengmittel bereithalten!«

Der Ruf drang schon nicht mehr durch das alles übertönende Rasseln und den Donner der Motoren. Dennoch sah Richard Brückner, wie seine Männer zu den T-Minen griffen und die geballten Ladungen zu sich heranzogen.

Er selbst sprang Sekunden später hoch, hetzte – das Feuer der Panzer unterlaufend – nach rechts, sprang kopfüber in ein Loch und schrie den hier liegenden Unteroffizier an:

»Die Panzerfäuste!«

Unteroffizier Görges griff nach einer der Panzerfäuste und reichte sie an den Oberleutnant weiter. Brückner lugte aus seinem Loch, sah einen Panzer, der soeben in knapp dreißig Meter Entfernung anhielt, ihm die Flanke zeigte und auf die Pak feuerte.

Der Oberleutnant hob das Rohr über die Schulter.

»Schieße mit Panzerfaust!« warnte er die hinter ihm liegenden vier Männer, die ebenfalls je eine Panzerfaust in den verkrampften Händen hielten, sich aber nicht trauten, die Deckung zu verlassen.

Richard Brückner zielte und zog den Abzug.

Der Sprengtopf wurde mit dem blaffenden Schlag der Abschußladung nach vorn geschnellt. Eine vier Meter lange Flamme stob über seine Schulter zurück, und noch ehe der Sprengtopf in die Flanke des Panzers hineinschmetterte, schwenkten drei, vier MG und Schnellfeuerwaffen auf ihn ein.

Er duckte sich, hörte den dumpfen Aufschlag und dann lange Sekunden nichts. Schließlich dröhnte eine harte, krachende Explosion. Er glitt vorsichtig höher, sah, wie eben aus dem Innern des getroffenen Panzers eine Flamme herausstob und gleich darauf die gesamte Bereitschaftsmunition des Panzers mit rummsenden Schlägen hochging und den Stahlgiganten zerschmetterte.

Jetzt schossen auch die anderen. Aber sie mußten bereits auf die Hecks der durchgerollten Panzer halten. Drei, vier Panzer blieben getroffen stehen. Aber mindestens vierzig weitere rollten durch.

Wieder hetzte der Oberleutnant durch das Kampfgetümmel. Er schoß mit der MPi auf urplötzlich vor ihm auftauchende Rotarmisten, entging durch einen langen Hechtsprung dem Feuerstoß, der ihm galt, und kam in den Hauptkampfstand zurück, vor dem die nachfolgende Feindinfanterie liegengeblieben war.

»Alle MG geben Feuerschutz. Alles andere mir nach!«

Sie rannten hinter dem Oberleutnant her, genau der zweiten Panzerwelle entgegen, die soeben auf der linken Flanke die Gräben erreichte. Die T 34 walzten sie – mit einer Kette darüberhinlaufend – einfach zu.

Karlheinz Böse schleppte zwei Tellerminen. Er hörte das Pfeifen der Geschosse, sah die rauchende Leuchtspur und auch den Oberleutnant, wie er mitten in den Pulk der eben den Sumpf verlassenden und vorpreschenden zweiten Panzerwelle hineinsprang.

Der Stabsgefreite folgte, wuchtete die erste T-Mine unter den Rand des Turmes und zündete den eingebauten Brennzünder.

Dann warf er sich mit der zweiten Mine in einen Trichter.

Es donnerte laut, und der tonnenschwere Panzerturm mit der langen Kanone torkelte durch die Luft und krachte auf das Heck des vorausgelaufenen Panzers nieder.

Böse rannte weiter, erreichte das Loch, in dem der Oberleutnant lag, sprang hinein und versuchte Luft zu bekommen. Dann sah er, daß auch Kneisel, der wuchtige Westfale, dabei war. Plötzlich sprang Kneisel hoch, rannte in das Kreischen des Stahls, erreichte einen Panzer, wuchtete die T-Mine unter die rechte Kette, huschte zur Seite und sprang in einen Trichter.

Der Panzer zog an. Mit ohrenbetäubendem Getöse ging die T-Mine hoch. Sie riß dem T 34 die Kette herunter und sprengte die Panzerwanne wie eine Eierschale auf.

Die Besatzung büchste aus. Einer der Tankisten sprang genau in das Loch, in dem Kneisel lag.

Der Westfale hielt ihm den Lauf der MPi unter die Nase, und der Russe hob die Hände. Der Rest der Besatzung fiel beim Ausbooten im Feuer der hektisch schnatternden MG 42.

Eine Panzergranate zischte über ihre Köpfe hinweg, und der Tankist duckte sich tiefer herunter.

»Aufhören!« schrie er auf russisch. »Aufhören, aufhören!«

Und nun brüllten Detonationen. Panzer blieben stehen, Rotarmisten booteten aus, manche von oben bis unten brennend. Sie fielen alle im deutschen Abwehrfeuer.

Dies hier, so ging es Gustav Kneisel blitzartig durch den Sinn, dies hier ist der wahre Krieg. Nicht die Version, die man in den Wochenschauen vorgesetzt bekam, wo das glorreiche Soldatentum beschworen wurde.

Dies hier, der verdammte Dreck, der Pulverdampf und das Blut der Kameraden, die schrecklichen Panzergeräusche, das Geknalle und Geröhre der Waffen und die Schreie, die auch jetzt wieder durch den Dunst drangen und gegen sein Trommelfell paukten:

»Hilfe! Sanitäter! – Sanitäääter!«

Ein Panzer kam direkt auf sie zu. Aus dem Bug-MG spritzten Flammen. Die Salven zischten dicht über den Trichter hinweg.

Er wird uns überrollen! ging es Kneisel durch den Kopf.

»Hildegard!« stammelte er mit zuckenden Lippen. »Hildegard!«

Der Junge! Er hatte ihn noch nicht gesehen. Der Hof und die Pferde. Mit »Trabant« war er in Warendorf Sieger geworden beim letzten ländlichen Reiterfest. Er wollte nicht hier vor die Hunde gehen.

»Los, 'raus hier!« schrie er dem Russen zu.

Der Mann wehrte sich verzweifelt. Er hatte bisher in einem Stahlkasten gesessen und geschossen. Jetzt lag er selbst draußen und wurde beschossen.

Mit einem Satz schnellte sich Kneisel der Länge nach aus dem Loch hinaus. Die rechte Kette des Panzers mahlte keine zehn Zentimeter neben seinem Oberschenkel entlang. Das Getöse machte ihn taub.

»Liegenbleiben!« rief er sich selber zu, als der Panzer stehenblieb und ein Feuerstrahl aus seiner Kanone zuckte. Im Rückstoß wippte der Koloß.

Plötzlich kam der Tankist aus dem Loch hoch. Er stand keine fünf Meter vor dem Panzer. Beschwörend hob er beide Arme.

»Brüderchen, ich bin doch der Gorbatschew!« brüllte er.

Kneisel konnte es trotz des Gefechtslärms hören.

Aber der russische Panzerfahrer sah seinen Kameraden überhaupt nicht. Er sah nur die zweite Pak, die immer noch feuerte. Die mußte er erledigen; dort mußte er hin.

Und so zog der Stahlkoloß wieder an. Der Bug packte den mit ausgebreiteten Armen dastehenden Rotarmisten, drückte ihn zu Boden. Und als der Panzer vorüber war, als man seine tief eingegrabene Doppelspur in der weichen Erde sehen konnte, war von dem russischen Tankisten nicht mehr zu sehen als ein heller Fleck auf dem dunklen Untergrund.

Kneisel wurde beschossen, er rollte in das Loch zurück, und hier schluchzte er in schüttelnden Stößen vor sich hin.

Über den toten Russen? Über den Krieg oder über die verzweifelte Hoffnungslosigkeit? Über das offenbar werdende Unvermögen, das Schicksal, das er in dieser Sekunde deutlich greifbar vor sich sah, zu wenden?

Rechts und links brachen die Panzer durch. Es fehlte den Landsern an schweren, panzerbrechenden Waffen. In direktem Stoß prellten die Panzer bis vor den Ortsrand von Paritschi durch. Paritschi selbst mit dem Regimentsstab und einem Reservebataillon der 36. ID (mot.) hielt sich noch, um die weiter vorn überrollten und zurückgebliebenen Grenadiere aufzunehmen.

Durch Moor und Urwald, über Straßen und Äcker rollte die russische Panzerlawine nun auf einer Gesamtbreite von 700 Kilometern, als die Rote Armee auch hier im Südteil der Heeresgruppe Mitte, bei der 9. deutschen Armee, angetreten war. Deutsche Verbände wurden überflügelt und eingeschlossen. Sie erhielten zwar den Befehl zum Rückzug, aber dazu war es schon zu spät; sie kamen nicht mehr durch.

In vier Reihen nebeneinander fluteten die Trosse und Einheiten der noch ostwärts Paritschi stehenden Divisionen zurück. Ihr erstes Ziel war Paritschi, wo noch eine Brücke über die Beresina freigehalten wurde. Ihr nächstes Ziel war Bobruisk, wo sie starke eigene Verbände wußten, denen sie sich anschließen konnten und von denen sie sich Sicherheit erhofften. Eine trügerische Sicherheit, wie sich herausstellen sollte.

Immer wieder gellte in diesem Großabschnitt der Verzweiflungsruf durch den Tag:

»Tiefflieger!«

Schon waren die »Schlächter« heran, die Jabos folgten. Fünfzig-Kilo-Raketenbomben prasselten auf die Kolonnen herunter. MG- und Kanonensalven rissen breite Lücken in die Heerwürmer der Verzweiflung.

Leichte deutsche Flak scherte aus den Kolonnen von der Straße weg und nahm den Kampf gegen diese Übermacht auf. Drei, vier, zehn, zwanzig Flieger wurden abgeschossen, zerschellten mit schwarzqualmenden Aufschlagbränden auf dem Boden Weißrußlands oder platzten in grellen Flammenrosetten in der Luft auseinander.

Aber neue Formationen kamen, stießen auf die Flak nieder, belegten sie mit Bomben, jagten aus Hunderten von Läufen und Rohren glühenden Stahl in die Stellungen und brachten – eines nach dem anderen – die Geschütze zum Schweigen.

Ostwärts von Bobruisk, auf der Hauptrollbahn nach Rogatschew, stauten sich die Kolonnen. Schnelle Flitzer verließen die Straße, tauchten in den Wäldern unter und – fielen den Partisanen in die Hände. Die Insassen wurden erbarmungslos bis zum letzten Mann niedergemacht.

Auch auf der Straße von Rogatschew her rumpelten die ersten T 34 nach Westen. Was den Fliegern und der Artillerie entkommen war, das wurde von den Panzern ereilt und niedergewalzt.

»Dünger sollen sie werden für unsere russische Muttererde!« hatte einer der sowjetischen Kriegsdichter geschrieben.

Und so grauenhaft wurde es hier in Weißrußland wahr.

Die Panzer waren an den noch die Stellung haltenden Grenadieren der 36. ID (mot.) vorübergebraust, und die russische Infanterie hatte den Hauptstützpunkt ostwärts Paritschi ausgespart.

Nur einige Gruppen Rotarmisten versuchten, die Stellung mit Granatwerferbeschuß doch noch sturmreif zu schießen.

»Wir sitzen im Sack, Herr Oberleutnant!« bemerkte einer der Zugführer bei der kurzen Besprechung.

»Wir werden uns zur Brücke durchschlagen. Sie soll noch in unserer Hand sein«, erwiderte Brückner. Er zündete sich eine Zigarette an, sog den Rauch tief ein und blickte auf die Karte, die auf einem Kistenstapel lag.

Sein Zeigefinger fuhr am Sumpfrand entlang.

»Hier entlang werden wir zurückgehen und dann von Norden – am Fluß entlang – auf die Brückenstelle einschwenken. Wenn wir direkt am Flußufer entlanggehen, müßten wir es schaffen.«

Ein Krad kam angebraust und hielt in der Senke beim Kompaniegefechtsstand. Der Melder taumelte auf den Oberleutnant zu. Er blutete aus einer Schramme an der Wange. Der Ärmel seiner Feldbluse war dunkel vom Blut einer Armwunde.

»Was ist, Gröbner?« fragte der Oberleutnant und gab dem Sanitäter einen Wink, sich um den Verwundeten zu kümmern.

»Überall Russen, Herr Oberleutnant! Ich bringe den Befehl vom Regiment, daß Sie mit der Kompanie über die Brücke zurückgehen und sich jenseits der Beresina neben der Ersten einrichten sollen!«

»Danke, Gröbner! Ich glaube, Sie bleiben jetzt bei uns. Mit dem Krad werden Sie nicht mehr durchkommen.«

Gröbner nickte.

»Nur zwei Streifschüsse«, meldete der Sanitäter, nachdem er den Kameraden verbunden hatte.

»Hier, nehmen Sie einen Schluck aus der Pulle. Das stärkt Sie!«

Gröbner trank. Er mußte husten.

»Was ist das denn?« fragte er entgeistert. »Affenpisse?«

Oberleutnant Brückner grinste.

»Wodka, von einem Kolchosbauern selbstgebrannt. Das ätzt einem zwar die Därme durch, muntert aber mächtig auf.«

»Meixner«, wandte sich der Kompaniechef eine Minute später an den Feldwebel, »lassen Sie die Kompanie hierher in die Schlucht zurückgehen. Gruppe Böse bildet mit den beiden leichten MG die Nachhut und markiert Kompaniefeuer!«

Der Feldwebel verschwand.

In den nächsten zehn Minuten schossen die beiden MG-Bedienungen der Gruppe Böse aus sechs verschiedenen Scheinstellungen, um das Vorhandensein des gesamten Verbandes vorzutäuschen, während die Kompanie schon in der Schlucht sammelte.

»Letzter Feuerstoß, Gustav!« sagte Karlheinz Böse zu Kneisel, als er sah, daß Feldwebel Meixner den Arm dreimal hochstieß.

Gustav Kneisel schoß. Während er den Gurt methodisch in kurzen Feuerstößen durchjagte, baute das Nachbar-MG bereits ab.

Dann blickte Kneisel zu Zeller hinüber.

»Alles klar, Jupp?« Der Rheinländer grinste.

»Klärchen!« sagte er und packte die Munitionskästen.

»Dann auf und los!«

Sie sockten zurück und erreichten die Senke, bevor das schwere Maxim-MG auf sie einschwenken konnte. Nach Luft schnappend, kamen sie bei der Kompanie an.

»Mensch, ist das der ganze Haufen?« fragte Zeller, als er die fünfunddreißig Männer erblickte, die sich jedesmal am Hinterhang zusammenduckten, wenn eine Lage Werfergranaten zu ihnen herüberorgelte und krachend mit grellem Feuerwerk auseinanderplatzte.

»Fertigmachen! Waffen und Gerät aufnehmen und folgen!«

Als letzte kamen die Pioniere aus dem Kompaniegefechtsstand und schlossen sich der Kompanie an, die in Reihe durch die Schlucht wetzte.

»Wie lange werden sie nichts merken?« fragte Zeller, der dicht hinter Kneisel lief, den Kameraden.

»Ein paar Minuten, denke ich.«

Sie erreichten die Biegung und verschwanden dahinter. Ein paar Sekunden darauf detonierten die Sprengladungen im verlassenen Gefechtsstand und rissen alles, was von Wert war, in Fetzen.

»Jetzt wissen sie es, daß wir abgebaut haben!«

»Gruppe Böse übernimmt die Nachhut!«

»Wer wohl sonst?« sagte der Stabsgefreite trocken. »Wer wohl sonst als der bekloppte Böse! – Immer der Böse!«

Dennoch war der Stabsgefreite stolz darauf, daß ihm die Dekkung und Sicherung der gesamten Kompanie übertragen wurde. Sie erreichten die Stelle, wo die Schlucht nach Norden bog und sie diese natürliche Deckung verlassen mußten, um zur Brücke zu gelangen.

»Durch die Kusseln, Männer!«

Nach den ersten Schritten erhielten sie aus den Häusern von Paritschi Feuer. Im Weiterlaufen sah Gustav Kneisel dichte Gruppen anderer Landser, die versuchten, durch das Dorf zu kommen, um die Brücke noch in letzter Sekunde zu erreichen. Und er sah auch, wie einer nach dem anderen zu Boden stürzte, manchmal noch ein Stück weiterkroch, um dann endgültig liegenzubleiben.

»Durch das Dorf geht es nicht, Herr Oberleutnant!« rief der Melder. »Dort stehen die Russen!«

»Dann geht es nur durch den schmalen Sumpfstreifen zwischen Dorf und Fluß!«

Sie schlugen einen Bogen und sahen sich plötzlich einem russischen Stoßtrupp gegenüber, der aus dem Dorf herausgekommen war.

Die MG schnatterten. Drei Männer fielen, der Feindstoßtrupp wurde aufgerieben.

»Weiter, weiter, weiter!«

Sie erreichten den Sumpf. Die Buschinseln boten ihnen geringe Deckungsmöglichkeiten. Ab und zu sackten sie bis zum Bauch in den Miasmen brütenden Schlamm ein.

Von hier ab mußten sie sich schrittweise vorarbeiten. Oftmals sackte der Boden bis zu einem halben Meter weg. Jeder Schritt wurde zur Qual. Und immer wieder blitzte es aus Bäumen und von den Dächern aus dem Dorf her auf.

»MG erwidern das Feuer!«

Sie schossen die auf den Bäumen hockenden Russen aus ihren luftigen Sitzen herunter. Aber auch bei ihnen gab es Verwundete und Tote.

Plötzlich erhielt Oberleutnant Brückner einen heftigen Schlag gegen den linken Oberschenkel und stürzte in den Sumpf.

Böse hatte das aufblitzende Mündungsfeuer aus der Krone der nur etwa einhundert Meter entfernten Pappel gesehen. Er riß seine MPi hoch und streute die Baumkrone mit drei Feuerstößen ab.

Der russische Scharfschütze stürzte — das Gewehr voraus — durch das Blattgewirr hinunter in den Sumpf.

Feldwebel Meixner bemühte sich mit dem Sanitäter um den Oberleutnant. Sie zogen ihn aus dem Sumpf. Der Sani schnitt einfach die Hose auf, um den Oberschenkel verbinden zu können.

»Es geht schon!« knurrte Brückner durch die zusammengebissenen Zähne.

Nicht aufgeben! rief er sich selber zu. Du darfst die Kompanie nicht aufhalten! Und: Du darfst auch nicht liegenbleiben!

Er ging weiter, verbiß den einsetzenden Schmerz und ging an der Spitze seiner Kompanie wie in den Jahren vorher.

Wenig später erreichten sie einen dünnen russischen Infanterieschleier, der sich um den dicht bei der Brücke verteidigenden deutschen Brückenkopf zog.

Aus diesem Brückenkopf schossen zwei 2-cm-Vierlinge in die angreifenden Wellen braungekleideter Rotarmisten. Diese beiden Flakgeschütze waren es, die den Brückenkopf hielten.

»Durchbruch!«

Sie stürmten vorwärts. Brückner spürte den stechenden Schmerz. Gleich würde er stürzen und liegenbleiben.

Da war auf einmal Kneisel mitten im Feuer an seiner Seite, stützte ihn, und so schafften sie es doch noch. Wo aus dem Grün die teigigen weißen Flecken der Gesichter auftauchten, dahin peitschten die Salven der MPi und die Abschüsse der Karabiner. Dann waren alle Männer, die noch laufen konnten, durch; sie waren in der Mitte ihrer Kameraden und in Sicherheit.

Von den fünfunddreißig Grenadieren hatten neunzehn die rettende Brücke erreicht. Auf einem Schützenpanzer wurde Oberleutnant Brückner zusammen mit anderen Verwundeten zum Heeres-Verbandsplatz zurückgefahren. Granaten der russischen Artillerie hämmerten links und rechts in den Boden. Sie versuchte auch, die Brückenbesatzung und die Bedienung der beiden Flakgeschütze auszuschalten; es war vergebens.

Auf dem Heeres-Verbandsplatz legte ein Stabsarzt Oberleutnant Brückner einen Notverband an und gab ihm eine Spritze.

»Wir werden Sie nach Bobruisk fahren. Das Hauptlazarett wird durch Ju 52 auf dem Luftweg evakuiert werden«, versprach der Stabsarzt, als der Sanka losfuhr.

Aber der Sanka kam nicht weit. Die Russen waren bereits südlich an Bobruisk vorbeigestoßen und blockierten die Straße.

Wenig später hatte sich Oberleutnant Brückner mit zwei anderen Verwundeten zu seiner Restkompanie durchgefragt, die bei Ugly an der Beresina lag.

»Wir können über die Brücke bei Bobruisk in die Stadt gelangen, Herr Oberleutnant!« meldete Feldwebel Meixner. »Dort ist noch alles frei!«

»Gut, dann nichts wie hinüber!«

Sie überquerten die Beresinaschleife westlich Ugly und fanden auf der anderen Seite einen fahrtüchtigen Lkw, der von seiner Besatzung verlassen war.

»Aufsitzen!«

Zunächst ging es in flottem Tempo in Richtung Bobruisk und Beresinabrücke.

Aber noch bevor sie sie erreichten, sahen sie den unabsehbaren Strom der sich hier stauenden Menschen und Fahrzeuge.

»Da kommen wir niemals durch, Herr Oberleutnant!« meldete Gröbner, der den Lkw fuhr.

»Dann gehen wir eben zu Fuß weiter«, warf Kneisel ein, »und wenn wir unseren Chef tragen müßten!«

»Es wird auch so gehen, Gustav!« wehrte Brückner ab.

Entlang des Bahndammes erreichten sie die Brücke, vor der ein paar Lokomotiven unter Dampf standen.

»Was ist los? Worauf wartet ihr denn noch?« riefen die Grenadiere den Lokführern zu.

»Die Brücke steht bereits unter Panzerbeschuß!«

»Das hören wir. Macht endlich Dampf auf und los!«

Die Loks blieben jedoch auch nach dieser Aufmunterung beharrlich stehen.

Die Landser fluchten, was das Zeug hielt.

»Seht euch die an! Die wollen den Fluß durchschwimmen!«

Noch war es hell genug für die Rotarmisten, die auf der anderen Seite des Dammes lagen, um die im Wasser schwimmenden Männer einzeln abzuschießen. Immer wieder riß einer der Schwimmer die Arme hoch und verschwand mit einem letzten verzweifelten Wirbeln der Hände von der Wasseroberfläche.

»Wir kommen nur über die Brücke, wenn es dunkel genug ist!«

»Also müssen wir hier warten!«

»Und wenn der Iwan früher auf der Brücke ist als wir?«

»Dann müssen wir eben dem Iwan ein Schnippchen schlagen.«

»Also schön, warten wir!« entschied der Oberleutnant.

Durch sein Fernglas sah Richard Brückner, daß deutsche Flak aus Bobruisk vorzog und die am weitesten vorgeprellten Feindpanzer jenseits der Beresina unter Feuer nahm.

Im Krachen der 8,8-Einschläge gingen nacheinander neun T 34 und zwei sowjetische Sturmgeschütze in Flammen auf.

»Der russische Vorstoß ist gestoppt. Jetzt schaffen wir es!«

Am Ufer machten Pioniere ihre Schlauchboote und Sturmboote klar für den Fall, daß nicht alle Landser über die Brücke kamen.

Es wurde langsam dunkel. Noch einmal griffen sowjetische Schlachtflieger die dichten Kolonnen der Landser an, so daß sie wie Spreu auseinanderstoben.

Dann war es soweit.

»Vorwärts, Männer! Dicht hintereinander bleiben, nicht abhängen lassen! Wir müssen zusammen bleiben!«

Otto Meixner gab Kneisel einen Wink und nahm ihm das MG ab.

»Paß auf, Gustav! Wenn der Alte schlappmachen sollte, dann krallst du ihn dir.«

»Gemacht«, versprach der hünenhafte Westfale und hängte sich dicht hinter den Oberleutnant.

Sie gingen neben den Fahrzeugen her, die sich im Schrittempo über die Brücke schoben. Von rechts krachten Abschüsse russischer Salvengeschütze. Einzelne Raketengeschosse hämmerten in die Lkw hinein. Die meisten aber schlugen in den Fluß, wo sie keinen Schaden anrichteten.

Auf der Brücke erreichte Oberleutnant Brückner einen Panjewagen. Wie durch ein Wunder hatten die beiden Pferde den Beschuß überstanden und trotteten weiter, als seien sie unverwundbar.

Doch im gleichen Augenblick, als Brückner dies dachte, war es auch schon vorbei. Eine Panzersprenggranate heulte heran und traf die Pferde genau in der Flanke. Der Wagen wurde zur Seite geschleudert. Ein halbes Dutzend Gestalten kamen von dem ramponierten Gefährt herunter. Zuerst eine Russin im Arztkittel, dann ein deutscher Sanitätsfeldwebel und zwei Rotkreuzschwestern und schließlich eine kleine, verhutzelt aussehende Russin, die einen jungen Mann mit abgeschossenen Beinen auf den Armen trug.

Schließlich halfen die beiden Schwestern noch einem Grenadier vom Wagen herunter. Er trug eine Binde, die den ganzen Kopf bis auf Mund und Nasenspitze einhüllte.

»Los, packt mal an!« rief der Oberleutnant.

Kneisel rannte auf die Russin zu und wollte ihr den beinlosen Körper abnehmen. Aber die Frau wehrte sich mit Entschiedenheit. So stützte Kneisel den Grenadier mit dem Kopfverband.

Weiter hasteten sie – die deutschen Soldaten und die Fracht des Grauens, die der Panjewagen ausgespien hatte.

Sie stolperten durch eine Hölle platzender Granaten und Bomben der russischen Nachtkampfverbände, die versuchten, die Brücke zu treffen, um die deutschen Soldaten östlich der Beresina zu kassieren.

Schreie paukten auf sein ein, Menschen stürzten. MG-Salven zwitscherten ihnen um die Ohren. Splitter kreischten, und der Schein von Leuchtbomben hüllte sie in kreidige Helle, so daß sie sich wie auf einem Präsentierteller vorkamen. Nahm die Brücke denn überhaupt kein Ende?

Schließlich waren sie drüben. Keuchend schleppten sie sich hinter die ersten Häuser, ließen sich dort zu Boden fallen und versuchten, wieder zu Atem zu kommen.

»Woher kommt ihr?« fragte Oberleutnant Brückner den Sanitätsfeldwebel vom Panjewagen.

»Wir sind vom Divisionslazarett in Shlobin. Sechste Infanteriedivision — vom Arsch der Welt!«

»Und ihr wollt auch nach Bobruisk?« mischte sich Böse ein.

»Dort haben wir ein Divisions-Erholungsheim und Fahrzeuge, mit denen wir zurück können.«

»Wo ist das?« fragte der Oberleutnant weiter.

»Ich kann euch hinführen!« meldete sich eine der Schwestern.

»Na, dann wollen wir mal!« rief Kneisel.

Sie gingen los, schleppten sich durch die Unmasse der Soldaten und erreichten schließlich das Erholungsheim am Südwestende der Stadt.

Von seiner dritten Kompanie waren jetzt noch elf Männer bei Oberleutnant Brückner. Vier von ihnen waren verwundet. Sie wurden versorgt, und während sie den heißen Kaffee schlürften, während sich die flatternden Nerven beruhigten, hörten sie die Geschichte des Lazarett-Trecks der 6. ID von Shlobin nach Bobruisk. Und jetzt erst wußten sie, was Verzweiflung hieß und tödliche Bedrohung. Jetzt erst, als der Feldwebel mit brüchiger Stimme die blutige Odyssee ihres Trecks nach Bobruisk berichtete.

IV.

Der Abend des 24. Juni 1944 war angebrochen. Beim Divisionslazarett der 6. ID bei Shlobin waren ein paar Panjewagen vor den Hinterausgang gefahren. Die beiden Divisionsärzte und die Schwestern trugen, zusammen mit den gehfähigen Verwundeten, die Schwerverwundeten hinaus und betteten sie auf die Strohschütten.

Ein Fenster klirrte und wurde quietschend geöffnet. Der bandagierte Kopf eines Schwerverwundeten beugte sich hinaus.

»Nehmt uns mit, Schwestern! Laßt uns hier nicht verrecken, Herr Oberstabsarzt!« gellte die Stimme des Mannes in den Hof hinunter, ehe sie wie zerklirrendes Glas brach.

»Was sollen wir tun, Herr Oberstabsarzt?« fragte Schwester Lore den neben ihr stehenden Chefarzt.

»Auf den rüttelnden Fahrzeugen halten die keine Stunde durch, Schwester!«

»Aber wir können sie doch nicht einfach zurücklassen!«

Eine halbe Minute dachte Oberstabsarzt Dr. Heinrichs mit gerunzelter Stirn nach.

»Packt sie auf den Apothekenwagen!« befahl er dann. Seine Lippen preßten sich nach dieser Weisung, die er wider besseres Wissen gab, zu einem scharfen Strich zusammen.

Olanka Rowna, die russische Hilfspflegerin, die auf dem Bock des Apothekenwagens saß und die Zügel hielt, preßte ebenfalls die Lippen aufeinander. Hinter sich hörte sie das Stöhnen der vier Schwerverwundeten, die ursprünglich – ebenso wie die hier im Lazarett liegenden Russen – hätten zurückbleiben sollen.

»Alles fertig?« fragte Stabsarzt Dr. Berger, der zweite Divisionsarzt.

»Fertig, Herr Stabsarzt!« rief Sanitätsfeldwebel Berke vom Tor her. Schon wollte Dr. Berger das Zeichen zum Aufbruch geben, als die Tür zum Lazarett noch einmal aufschwang.

Heraus kam Maria Magierowna, die russische Küchenhilfe. Sie trug etwas auf dem Rücken, das wie ein überdimensionales Bündel

Wäsche aussah. Dann aber erkannte Berger, daß es der Partisan war.

Igor Magierowno wurde so genannt, weil er beim großen Partisanenüberfall vor vier Wochen auf eine Mine gelaufen und mit abgerissenen Beinen liegengeblieben war. Er war noch ein Junge. Siebzehn Jahre alt und schon ein Krüppel.

Sie hatten ihn ins Lazarett geschafft und versorgt. Drei Tage darauf war Maria Magierowna gekommen.

»Es ist mein Sohn«, hatte sie gesagt. »Ich will für euch arbeiten, damit ihr ihn versorgen könnt.«

So hatte es angefangen. Und jetzt kam sie daher und wollte mit ihm zurück. Warum?

»Sagen Sie ihr, daß sie wie alle anderen Russen zurückbleiben muß. Ihre Leute werden ihnen doch nichts tun.«

Irina Perewitsch, russische Ärztin und als Hilfsärztin seit Februar bei der Division, wandte sich der Mutter zu, die ihren Sohn auf dem Rücken trug, weil er allein nicht mehr laufen konnte. Sie sprach ein paar Worte zu ihr.

Die Russin, noch keine vierzig, aber ausgemergelt, klein und wie fünfzig aussehend, fiel auf die Knie. Sie starrte den Stabsarzt an. Und über ihre Schulter hinweg starrte ihn auch das Gesicht des Jungen an.

Fragend, bittend, anklagend.

»Pan Doktor will Igor Beine aus Stahl und Holz machen!« rief die Russin.

Irina Perewitsch brauchte es nicht zu übersetzen. Dr. Heinrichs wußte nur zu gut, was er versprochen hatte.

»Packt ihn zu den anderen auf den Apothekenwagen!« befahl er. Also wurde der Junge hinaufgehoben. Die Mutter kletterte behende hinterher. Dann setzte sich der lange Zug des Elends in Bewegung und fuhr in die beginnende Nacht hinein.

Sie waren noch nicht weit gekommen, als die Detonationen hinter ihnen herhallten, mit denen die Anlagen gesprengt wurden.

In rascher Fahrt rollte der Treck auf der Straße parallel zur Bahnlinie Shlobin—Bobruisk nach Nordwesten. Die Trosse schlossen sich ihnen an.

Es ging durch die Nacht, die von allen Seiten durchgellt wurde vom Krachen explodierender Granaten und dem Wummern der schweren Artillerie. Rundum lohten die Flammen am Horizont.

Es ging unablässig weiter. Auf dem Apothekenwagen wandte sich einer der Verwundeten an die Schwester:

»Bitte geben Sie mir eine Spritze! Ich halte das nicht mehr aus!« keuchte er.

Schwester Lore zog eine Morphiumspritze auf und schenkte dem Verwundeten für ein paar Stunden Ruhe.

Wortlos, mit weitaufgerissenen Augen, starrte Igor die Schwester an. Ebenso wortlos blickte seine Mutter auf die beiden anderen Soldaten. Sie kroch zu ihnen hinüber und wischte ihnen den Schweiß aus den fieberheißen Gesichtern.

Plötzlich krachte halblinks vor ihnen der Abschuß einer einzelnen russischen Pak. Dann fielen zwei weitere Pak in das Feuer ein.

Mit mächtigen Trefferschlägen gingen weiter vorn zwei Wagen des Divisionsstabes in Flammen auf und erhellten die Straße.

Wieder krachte es laut, und ein dritter Wagen brannte lichterloh.

Sanitätsfeldwebel Heinz Berke griff zum Karabiner und sprang vom Wagen.

»Wo wollen Sie hin, Berke?« fragte Oberstabsarzt Dr. Heinrichs, der mit schußbereiter MPi nach rechts sicherte.

»Ich komme gleich wieder, Herr Oberstabsarzt!«

»Paß auf, Heinz!« rief Irina Perewitsch vom Wagen herunter. Der Feldwebel kam noch einmal zurück. Im Schatten des Wagenaufbaues strich seine Rechte leicht über ihre Wange. Sie haschte nach seiner Hand, aber da war er schon nach links im Gebüsch verschwunden.

Heinz Berke arbeitete sich geduckt vorwärts. Er sah die aufzuckenden Mündungsblitze der Pakgeschütze, die weiter in die Troßkolonne schossen und nun bereits auf den ersten Wagen mit den Verwundeten einschwenkten.

Die Granate heulte auf den vordersten Panjewagen zu und schmetterte in dessen Flanke hinein. Bretter und menschliche Leiber wirbelten durch die Luft. Schreie gellten durch die Nacht.

Jetzt hatte Berke den Richtschützen der ersten Pak im Visier seines Karabiners. Er schoß, lud durch und schwenkte auf den zweiten Russen ein, während der erste getroffen vornüber sackte.

So schoß der Feldwebel Mann für Mann die Besatzungen der drei Feindpak nieder. Der Weg war frei. Die Kolonne umfuhr die brennenden Wagen und rollte weiter nach Westen.

Schließlich erreichten sie nach einer fast endlosen Fahrt bei Krupitschi Bereg die Dobyssna. Die Brücke über den Fluß war noch intakt. Sie fuhren hinüber und atmeten erleichtert auf, denn sie wähnten sich in Sicherheit.

»Kommen wir durch, Schwester Waltraud?« fragte einer der Verwundeten im siebenten Panjewagen.

»Sicher kommen wir durch. Morgen abend um diese Zeit sind wir in Bobruisk im Divisions-Erholungsheim.«

»Da war ich vor acht Wochen, Schwester«, sagte Grenadier Leppas. »Vielleicht werde ich dann Schwester Bettina wiedersehen.«

Es trieb Schwester Waltraud das Wasser in die Augen. Der junge Grenadier, der hier von einem Wiedersehen sprach, würde nie wieder sehen können. Seine beiden Augen waren infolge eines Querschusses durch den Schädel erblindet. Er würde Schwester Bettina nie wieder sehen. Was auch unterwegs geschehen mochte, dieses eine stand bereits fest.

Sie beugte sich über ihn und deckte ihn zu. Ihre Hand glitt in seine, die sich suchend vorreckte.

Der Grenadier umschloß die zarte Hand mit festem Griff.

»Wenn ich Sie nicht hätte, Schwester ...«, flüsterte Leppas.

In acht Panjewagen fuhren die Schwerverwundeten der 6. Infanteriedivision durch die Nacht. Eine Fracht, die das Fließband der Schlacht in das Lazarett befördert hatte. Eine Fracht, die mehr als alles andere das Grauen und die Sinnlosigkeit des Krieges sichtbar werden ließ.

Sie fuhren weiter, erreichten den nächsten Fluß.

Die Nacht war immer noch durchtost vom Dröhnen der Feindartillerie und den knallenden Schlägen der Panzerkanonen. Dazwischen hallten die dumpfen Detonationen von Sprengungen. Verirrte Soldaten kamen, fragten nach ihren Einheiten und verschwanden wieder im Dunkel.

Als der Morgen des 25. Juni heraufzog, stand die Masse der 6. ID im schweren Kampf vor und hinter der Ola im Zuge der Straße Shlobin—Bobruisk.

Generalmajor Heyne tauchte bei der Lazarettkolonne auf.

»Wir stoßen weiter nach Nordwesten durch, überschreiten die Straße Bobruisk—Rogatschew und haben es dann geschafft!« sagte er zuversichtlich.

Der OI der Division, Rittmeister Franz, blieb bei der Kolonne zurück, um Verbindung zu halten. Der Treck nach Nordwesten ging weiter.

Hintereinander rollten die Wagen durch eine Geländefalte. Plötzlich tauchte vor ihnen wieder gegnerische Pak auf.

»Bleibe hier, Heinz!« flehte Irina Perewitsch.

Feldwebel Berke beugte sich rasch zu ihr hinüber. Sein Mund streifte kurz den ihren. Dann rannte er gebückt los. Er erreichte das Waldstück, das sich bis zu der Pakstellung hinzog, und wenig später peitschte der erste Karabinerschuß. Wieder schoß Heinz Berke für alle den Weg frei. Als er zurückrannte, wurde er von einem Russen in den Rücken getroffen und blieb liegen.

Die Russen, die in einem Hinterhalt gelegen hatten, stürmten jetzt auf den Lazarettkonvoi zu; dabei wurden sie alle von den beiden Ärzten und den kampffähigen Verwundeten niedergeschossen.

Als der Treck weiterrollte, sprang Irina Perewitsch vom Wagen. Sie rannte in die Waldbürste hinein und fand den Sanitätsfeldwebel.

Auf ihrem Rücken, wie sie es von der russischen Mutter gesehen hatte, trug sie den Verwundeten zur Straße. Der letzte Panjewagen nahm die beiden auf.

Weiter ging der Treck. Auf den Höhen rechts und links tauchten russische Panzer auf. Ihre Kanonen jagten Sprenggranaten hinunter in die Senke.

Die beiden vorderen Wagen wurden getroffen und platzten wie reife Früchte auseinander. Die Verwundeten kollerten hinaus.

»Einschwenken! Nach rechts einschwenken!« befahl der vorn auf dem dritten Wagen hockende Oberstabsarzt Dr. Heinrichs.

Die Wagen schwenkten ein. Als der vierte Wagen am Drehpunkt ankam, peitschte ein Panzervollgeschoß durch die Brust von Rittmeister Franz und riß auch noch Olanka Rowna, das russische Mädchen, vom Bock des Apothekenwagens herunter und schleuderte sie in den Dreck.

Einer der Verwundeten griff schnell nach dem Zügel.

Oberstabsarzt Dr. Heinrichs sprang ab. Er wollte den Kameraden und das Mädchen retten. Aber schon mit einem Blick sah er, daß hier nichts mehr zu helfen war.

Als er die MG-Salve hörte, als die Garbe an ihm vorbeizwitscherte, versuchte er mit langen Sätzen eine Deckung zu erreichen. Da erhielt er einen wuchtigen Schlag in die Beckengegend und stürzte zu Boden.

Wenig später wurde auch Dr. Berger durch einen Bauchschuß verwundet.

Beide Ärzte erschossen sich, weil sie für die anderen keine Last sein wollten.

Schließlich geriet der vorderste Wagen in einen Sumpf. Das Ende schien gekommen.

»Wir müssen durch!« brüllten die Verwundeten.

Aber die Pferde des Spitzenfahrzeugs sackten plötzlich weg und schließlich auch der Wagen und mit ihm alle, die nicht laufen konnten.

Der nächste Wagen wich nach rechts aus – und versackte ebenfalls im Sumpf. Der darauffolgende Wagen versuchte linker Hand vorbeizukommen und – blieb rettungslos stecken.

»Drehen, drehen!« schrie Schwester Lore auf dem Apothekenwagen.

Sekunden später stürzte der Fahrer, von einer MG-Garbe getroffen, vom Bock hinunter in den Sumpf.

Maria Magierowna kletterte über die Lehne auf den Bock und drehte den Apothekenwagen. Sie erreichten den Zugang zu einer Querschlucht, und Schwester Lore winkte den beiden letzten Wagen, ihnen zu folgen.

Als diese drehen wollten, erhielten sie Panzerfeuer, und in einem grausigen Todeswirbel ging die vorletzte Wagenbesatzung unter. Die Verwundeten des letzten Wagens krochen von ihrem Gefährt, das kurz darauf ebenfalls in Trümmer flog.

Wieder schleppte die Ärztin den verwundeten Feldwebel Berke. Hilfreiche Hände griffen zu. Schwester Waltraud trug den blinden Grenadier Leppas zum Apothekenwagen. Dann fuhren sie weiter.

Granaten folgten ihrem Weg; sie schlugen rechts und links in den Grund und drohten sie zu vernichten. Endlich konnten sie im rettenden Wald untertauchen.

Eine Stunde später hielten sie an.

»Wir müssen nach Bobruisk fahren! Nach Bazewitschi kommen wir nicht durch!« sagte der Sanitätsfeldwebel.

»Nicht sprechen«, bat Irina und wischte ihm den Schweiß von der Stirn.

»Wir versuchen es. Wenn die Eisenbahnbrücke über die Beresina noch intakt ist, könnten wir es in der kommenden Nacht schaffen!«

Sie fuhren vorsichtig weiter. Schwester Lore und Schwester Waltraud gingen rechts und links voraus. Maria Magierowna erkundete den Weg für den Wagen.

Panzer kamen ihnen auf der Straße entgegen. Da schwenkten sie tiefer in den Wald hinein.

»In Bobruisk sind wir gerettet!« sagte die Ärztin zu Berke. »Dort werde ich dich versorgen, Heinz.«

Es war Mitternacht, als sie voraus die Beresina erblickten. Sie schwenkten auf die Brückenauffahrt ein und gerieten mitten hinein in die Hölle der platzenden Bomben und Granaten.

Dicht bei dicht strömten Soldaten über den Fluß. Mitten auf der Brückenauffahrt ging eine Werfergranate bei ihnen nieder; ein brüllender Einschlag, die Pferde brachen zusammen. Dann kamen die Landser, die ihnen halfen, die Brücke zu überwinden und in Sicherheit zu gelangen.

Die Männer um Oberleutnant Brückner hatten den Bericht vernommen. Aber noch weigerte sich Gustav Kneisel, ihn zu glauben.

»Das kann doch nicht wahr sein!« Und es durfte auch nicht wahr sein.

Aber der Blick auf die kleine verhutzelte Russin, auf ihren Sohn, dessen Hand sie hielt, und auf die russische Ärztin zeigte ihm, daß es nur zu wirklich sein mußte.

Oberleutnant Brückner stand schwerfällig auf. In seinem linken Oberschenkel rumorte der Schmerz.

»Wir müssen unser Regiment suchen, Männer!« sagte er.

Wortlos erhoben sich die anderen.

»Bleibt doch bei uns. Ihr seid doch fast alle verwundet«, sagte der blinde Grenadier Leppas. »Ihr seid garantiert mit dabei, wenn wir ausgeflogen werden.«

»Wir kommen zurück, wenn wir unseren Haufen nicht finden«, versprach der Oberleutnant. Dann gaben sie einander die Hand. Als Gustav Kneisel abschiednehmend diese Fracht des Elends noch einmal anblickte, da ahnte er in einer inneren Hellsichtigkeit, daß er sie nicht zum letztenmal gesehen hatte.

Nacheinander verschwanden sie in der tintigen Nacht, die an vielen Stellen von hell auflodernden Bränden gerötet war.

Im Osten, Süden und Westen blitzten Abschüsse durch die Finsternis, die ihnen zeigten, daß Bobruisk von drei Seiten eingeschlossen war und sich nicht mehr lange würde halten können.

V.

Mit dem Desaster von Witebsk und Paritschi im Rücken kämpfte die 6. deutsche Infanteriedivision noch vierzig Kilometer ostwärts von Paritschi im Raum Shlobin – Lebedewka – Kabanowka am Dnjepr, während die Trosse bereits zurückfuhren. Auf einem fünfzig Kilometer breiten Abschnitt verteidigten die beiden Grenadierregimenter 18 und 58, sowie das Grenadierregiment 37 nördlich davon, während die 296. ID bei Rogatschew Widerstand leistete und unter dem Druck von zwei russischen Armeen nur schrittweise zurückwich.

Bereits am 23. Juni hatten sowjetische Verbände nördlich und südlich der 6. ID die Stellungen der 9. Armee durchbrochen. Diese Feindverbände drangen in die hinter den deutschen Stellungen liegenden Wälder ein und stießen zügig weiter nach Westen vor.

Vor der Division selbst blieb es am 23. Juni noch verhältnismäßig ruhig. Lediglich die russische Artillerie verstärkte ihr Feuer. Erst am 24. Juni griffen die Sowjets die Stellungen der 6. ID an. Sie kamen jedoch nicht über den Dnjepr, sondern westlich des Flusses von Norden und Süden her.

Generalmajor Heyne, der Kommandeur der 6. ID, verlegte das Grenadierregiment 58 unter dem neuen Regimentsführer, Major Stampe, aus seinem bisherigen Abschnitt in den Bereich der 296. ID, während das Pionierbataillon 6 die alten Stellungen des GR 58 übernahm.

Am frühen Morgen des 25. Juni kam der Regimentsstab des GR 58 auf dem Gefechtsstand der 296. ID in Koschary an. Dort war man eben dabei, die Geheimakten zu verbrennen. Major Stampe erhielt Weisung, auf dem Westufer der Dobriza, von Bronnoje-Franulew bis zum Südrand von Slapischtscha, eine Auffangstellung für die zurückgehende 296. ID zu besetzen. Als die Kompanien dort eintrafen, war diese Stellung bereits von Rotarmisten überflutet. Aber bis zum Mittag war diese Stellung wieder in der Hand der deutschen Grenadiere. Es gelang jedoch nicht, zu der links daran anschließenden 134. ID Verbindung aufzunehmen, denn deren Anschlußregiment war bereits aufgerieben worden.

Hier waren es drei deutsche Sturmgeschütze, die nunmehr die gefürchteten russischen Panzerangriffe abwiesen.

Am Nachmittag des 25. Juni erschien Generalleutnant Freiherr von Lützow, der neue Kommandierende General des XXXV. AK, auf dem Gefechtsstand. Während die Männer linker Hand bereits russische Panzer vorbeifahren sahen, sagte der General zum Regimentsführer:

»Es geht hier nicht mehr um einen örtlichen Einbruch, Stampe. Für uns stellt sich jetzt die Frage, ob der von Süden kommende russische Stoß auf Bobruisk auf dem Westufer der Beresina aufgehalten werden kann. Gelingt uns dies nicht, ist das ganze Armeekorps eingeschlossen.«

In den späten Abendstunden dieses Tages erhielt Generalmajor Heyne den Befehl, noch in der Nacht die bisherigen Stellungen aufzugeben und nach Verlegen einer Minensperre und Zerstörung sämtlicher militärischer Anlagen hinter die Dobyssna in Höhe von Krassnyj Bereg zurückzugehen und dort erneut Front zu machen.

Über die Dobyssna war ein paar Tage vorher vom Pionierbataillon 6 eine 24-Tonnen-Brücke gebaut worden.

Als die Trosse eben aufgebrochen waren und die Grenadiere sich absetzten, stießen russische Panzer auf diese Straßenbrücke vor. Die ersten Panzer befanden sich schon auf der Brücke, als es Oberfeldwebel Möller vom Pionierbataillon 6 gelang, die elektrische Zündung auszulösen.

Mit schrecklichem Getöse brachen die Stützpfeiler ein, und die Brücke stürzte mitsamt den darauf vorrollenden Panzern in den Fluß.

Am frühen Morgen des 26. Juni tobten bereits um den Gefechtsstand des GR 37 schwere Kämpfe. Der russischen Dnjeprflottille war es gelungen, starke Kräfte über den Fluß zu bringen. Das Dorf Kobanowka wurde von den Sowjets erobert. Ein Dorf weiter westlich wurde ebenfalls genommen. Oberst Boje, der Kommandeur des GR 37, raffte sämtliche Reserven zusammen und versuchte, die Russen wieder hinauszuwerfen.

Im Sprung ging er mit der Spitzenkompanie vor. Es gelang, in das Dorf einzubrechen. Im Nahkampf wurde Haus um Haus zurückgewonnen. Plötzlich peitschte der Schuß eines russischen Scharfschützen, und Oberst Boje stürzte, durch den Kopf getroffen, tot zu Boden.

Der Ib der Division, Major i. G. von Ribbeck, übernahm das Kommando.

Aber sie vermochten die braune Flut nicht aufzuhalten. Mehr und mehr schmolz das Regiment zusammen.

Die Lage im Bereich der 9. Armee hatte sich seit dem 22. Juni sehr ungünstig entwickelt. An der Nahtstelle zu der nach Norden anschließenden 4. Armee war den Sowjets ein tiefer Einbruch gelungen. Starke russische Kräfte hatten das Waldgebiet westlich des Drut erreicht und sich darin festgesetzt. Gegen diesen Einbruch setzte die Armee am 25. Juni eine Panzergruppe der 20. Panzerdivision ein.

Es war die Spitzenabteilung des Panzerregiments 21 mit rund 100 Panzern IV unter Major Paul Schulze*. Mit drei Panzerkompanien griff der Major aus eigenem Entschluß die russische 48. Armee an. Es gelang ihm, die gesamte Armee zum Stehen zu bringen. Aber er konnte nicht verhindern, daß weiter nördlich an der Nahtstelle zur 4. Armee ein Panzerkorps der 3. sowjetischen Armee durchbrach.

Als Major Schulze von diesem Panzerdurchbruch erfuhr, ließ er zwanzig Kampfwagen zurück und fuhr mit dem Gros seiner Panzer den durchgebrochenen Sowjets in die linke Flanke. Als er eben zum Angriff ansetzte, als die ersten Schüsse aus den langen 7,5-cm-Kanonen hinauspeitschten, erhielt Major Schulze von der 9. Armee den Befehl zum Einsatz südlich von Bobruisk, wo das 1. Garde-Panzerkorps der 65. Sowjetarmee einen zwanzig Kilometer tiefen Einbruch erzielt hatte. Hinter diesem Einbruch schleuste Marschall Rokossowskij die Kavallerie-mechanisierte Gruppe unter Generalleutnant I. A. Plijew ein. Wenn der russische Offensivstoß hier so weiterging, würden die Russen am 26. Juni den Ptitsch erreichen und ihn überschreiten, womit das 1. Garde-Panzerkorps bereits Bobruisk überflügelt hätte.

Dennoch war dieses Herumwerfen falsch, denn nach Lage der Dinge konnten sich durch diesen Gegenbefehl die Panzer von Major Schulze weder im Norden noch im Süden wirklich entfalten und eine Entscheidung herbeiführen.

Dieser eine Kampfwagenverband unter der Führung eines erfahrenen Panzermannes war hier imstande, durch den Einsatz von

* Schulze erhielt als Hauptmann am 15. Januar 1944 das Ritterkreuz und am 28. Juli 1944 als 538. Soldat das Eichenlaub.

nur einer Kompanie unter Oberleutnant Begemann eine Straßenkreuzung und die Brückenstelle östlich von Bobruisk offenzuhalten und russische Einbruchsversuche zu zerschlagen. Aber es gab nur e i n e n solchen Panzerverband in diesem Raum. Alle übrigen Panzer waren Wochen vorher nach Süden zur Heeresgruppe Nordukraine geworfen worden. Die gesamte Heeresgruppe Mitte verfügte nur über zwei weitere Panzerabteilungen und ein paar Sturmgeschützbrigaden, die stark angeschlagen waren.

General Jordan, der OB der 9. Armee, wurde aufgrund dieser Entscheidung abgelöst und durch General der Panzertruppe Nikolaus von Vormann ersetzt. Er war jedoch hieran schuldlos.

Im Großraum Witebsk hatten die Sowjets aus der Tiefe des Raumes südöstlich der Stadt die 5. Garde-Panzerarmee herangeführt. Diese stieß durch das vorhandene Loch bei Senno und über Senno nach Südwesten in den Bereich der 4. Armee durch. Damit war das gesamte VI. AK von der 3. Panzerarmee abgeschnitten. Es schlug sich zur 4. Armee durch und wurde ihr unterstellt. Die Divisionen dieses Armeekorps sollten in den nächsten Tagen an der Autobahn Orscha–Minsk von überholenden sowjetischen Panzer- und Infanteriekräften aufgerieben werden.

Damit hatte die 3. Panzerarmee neben dem in Witebsk eingeschlossenen LIII. AK ein weiteres Armeekorps verloren und war nunmehr nur noch ein Torso ohne Durchschlagskraft.

Aus der Seenenge bei Chodzy stießen Divisionen der 39. Sowjetarmee nach Westen und Nordwesten durch. Die Marderstellung wurde ebenfalls von sowjetischen Truppen überrannt. Die überlebenden deutschen Truppen im Raum Beschenkowitschi mußten auf das Südufer der Düna zurückgenommen werden. Hier waren es die Pioniere des Panzerarmee-Sturmbataillons 3, die das Übersetzen ermöglichten und die schließlich, nachdem sämtliche Truppen über die »Major-Löwe-Brücke« auf das Südufer gelangt waren, diese Brücke, die aus genagelten Holzträgern bestand, in die Luft sprengten.

Für die Kämpfer im Raum Witebsk war der 25. Juni 1944 der Schicksalstag, der die Entscheidung bringen mußte. Um 13.12 Uhr meldete das Generalkommando des LIII. AK:

»Lage grundlegend verändert. Völlige Einkreisung durch laufende Verstärkungen des Feindes. 4. Luftwaffen-Felddivision besteht nicht mehr. 246. ID und 6. LW-Felddivision im schweren Kampf nach mehreren Fronten. Verschiedene Einbrüche im Stadtbereich Witebsk. Erbitterte Kämpfe.«

35 000 deutsche Soldaten standen noch in Witebsk im Einsatz. Vergebens versuchte Generaloberst Reinhardt, den Befehl zum Ausbruch zu erreichen.

Am frühen Morgen des 26. Juni brachen die Divisionen schließlich aus Witebsk aus; halb wurden sie dabei vom Feind hinausgedrückt. Der letzte verzweifelte Kampf begann. Von Baum zu Baum, von Haus zu Haus kämpften sich die 35 000 Soldaten zurück. Viele Männer fielen. Die Überlebenden kämpften sich weiter nach Südwesten durch. Tausende blieben tot oder verwundet zurück. Auf den Straßen und in den Ortschaften zehn Kilometer südwestlich von Witebsk wurden die Reste dieser Divisionen von einigen deutschen Aufklärungsfliegern am 26. Juni noch einmal gesehen. In den Wäldern sahen die Flieger nur die aufflammenden Mündungsfeuer und die Qualmwolken der russischen Bombenwürfe.

In der Nacht zum 27. Juni wurden von den Ausbrechenden noch einmal mehrere Feindstellungen durchstoßen. Immer stärker griffen sowjetische Fliegerverbände in diesen verzweifelten Kampf ein. Um neun Uhr des 27. Juni 1944 ließ General der Infanterie Gollwitzer den letzten Funkspruch des LIII. AK tasten, und gegen Mittag ging in den Wäldern im Raum 15 bis 20 Kilometer südwestlich von Witebsk der Kampf dieses Armeekorps zu Ende. Keinerlei Einzelheiten gelangten über dieses letzte verzweifelte Ringen in die Öffentlichkeit.

Nur 8000 Männer konnten entkommen. Zwanzigtausend Soldaten fielen und annähernd 10 000 gingen in Gefangenschaft.

Die 8000 Grenadiere, denen der Durchbruch gelungen war, wurden keine vierundzwanzig Stunden später abermals eingeschlossen und dabei endgültig vernichtet.

VI.

Die vierzehn Männer, die von der 9. Kompanie des Grenadierregiments 689 übriggeblieben waren, sahen die Panzer, die von Norden auf Orscha eindrehten. In der Dunkelheit blafften die Flammen aus den Auspufftöpfen der Stahlkolosse.

»Hier kommen wir nicht durch, Herr Feldwebel«, wisperte Reutter, obgleich er ebensogut hätte schreien können; die Russen hätten ihn ohnehin nicht gehört.

Günther Possler preßte die Lippen zu einem schmalen Strich zusammen. Er dachte angestrengt nach. Schon wollte er aufgeben, wollte das Eindrehen nach Westen und das Zurückschleichen durch Wald und Sumpf befehlen, als von Süden, von dort, wo die Russenpanzer hinstrebten, Abschüsse blitzten. Dann rummste es ein paarmal hart, Flammen spritzten aus getroffenen T 34 heraus und standen minutenlang über der Rollbahn, die Witebsk mit Orscha verband.

»Dort wird noch verteidigt, Günther!« rief Hintze halb entgeistert, halb erleichtert. Der Feldwebel nickte und versuchte das, was er sah, in seine Überlegungen einzubeziehen.

»Wie weit ist es noch bis dorthin?« fragte Göllner.

»Noch zehn Kilometer. Vielleicht auch nur acht.«

»Dann gehen wir besser wieder durch den Wald.«

Auf der Straße waren die Kolonnen der Russen zum Stehen gekommen. Die Rotarmisten warteten, bis ihre Sturmböcke, bestehend aus drei Gruppen von jeweils zwanzig Panzern, eine Lücke freigeboxt hatten. Es waren Soldaten der sowjetischen 26. Gardeschützendivision, die seit dem 24. Juni versuchte, im Norden auf Orscha durchzubrechen. Diese Division gehörte zur 11. russischen Gardearmee.

»Einen Kilometer direkten Westkurs, dann wieder auf Süden einschwenken, Bernd!« schärfte Possler dem Stabsgefreiten ein, der die Spitze übernahm.

Possler spähte auf die Straße. Ein paar Russen kamen direkt auf sie zu. Sie benutzten den Aufenthalt, um sich zu erleichtern. Einer von ihnen ließ dabei donnernd einen Wind entfleuchen. Die anderen lachten und sprachen durcheinander.

Vorsichtig zog sich Feldwebel Possler als letzter zurück.

Er ging rechts an der Reihe der Kameraden vorbei zur Spitze und übernahm von Hintze den Kompaß, dessen zitternde Nadel hell phosphoreszierend leuchtete.

»Hol der Teufel diese Scheißmücken!« knurrte Hintze und klatschte eine an seiner Stirn zu Brei. »Nicht mal in der Nacht lassen sie einen in Ruhe.«

»Besser Mücken als der Iwan mit bleiernen Bienen!« erwiderte Unteroffizier Niermann.

Nach 1000 Metern bogen sie nach Süden ein. Bald waren sie wieder mitten im Sumpf und marschierten mühselig parallel zu den dumpfen Geräuschen, die von der Querstraße nach Orscha zu ihnen herüberhallten.

Immer wieder blitzte es im Süden auf. Dort, am nördlichen Rand von Orscha, versuchten die Russen mit ihren drei Panzerkeilen einen Durchbruch. Flammen stoben gen Himmel. Explosionen hallten zu ihnen herüber.

Sie marschierten schon eine Stunde. Göllner spürte bereits das Gewicht des MG. Hinter sich hörte er den keuchenden Atem von Friedhelm Reutter. Der Mond war herausgekommen und überschüttete alles mit fahler Helle.

Thomas Göllner warf das MG auf die andere Schulter. Mechanisch setzte er einen Fuß vor den anderen.

So war er schon Tausende von Kilometern durch Rußland marschiert. Vom Bug zum Mius und weiter zum Kaukasus. Und dasselbe wieder zurück. Das Hemd klebte ihm am Rücken. Es roch nach vermodertem Laub und nach faulendem Geäst. Ab und zu schepperte Metall.

»Durchsagen: keine Geräusche!« zischte Possler.

»Verdammt heiß hier!« knurrte Reutter hinter Göllner.

Der dumpfe Donner der Artillerie, die trockenen Abschüsse der Pak und der Panzerkanonen wurden lauter, drängender und gefährlicher.

»Bald sind wir da!« stellte Possler fest, als sie eine Rast einlegten und sich zu orientieren versuchten.

Hintze war zu einem kleinen Bach gegangen, um zu trinken. Er beugte sich eben zu dem kleinen Becken hinunter, als er Geräusche hörte. Sofort erstarrte er in der Bewegung und horchte angestrengt.

Das waren Schritte vieler Stiefel, und die gutturalen Stimmen formten keine deutschen Laute. Das waren Russen!

Eine halbe Sekunde überlegte der Stabsgefreite. Wenn er die Kameraden durch einen Zuruf warnte, dann warnte er gleichzeitig auch die Russen.

Er richtete sich hinter einem Busch vorsichtig auf, brachte die MPi nach vorn und visierte in die Richtung, aus der die Gegner kommen mußten.

Da tauchten sie schon jenseits des Baches aus dem Dickicht des Waldes auf. Eine Reihe von sechs Rotarmisten. Sie erreichten die mondlichtübergossene Lichtung. Hintze erkannte einzelne Gesichter, die sich plötzlich spannten, als weiter rückwärts einer hustete.

Die Russen rissen ihre Waffen empor.

In diesem Augenblick feuerte Hintze. Er spürte das zuckende Bocken und Schlagen seiner Waffe. Der erste Feuerstoß war draußen, dann noch einer und der dritte. Schließlich klickte der Schlagbolzen leer. Er drückte den Knopf, das leere Magazin fiel herunter; er rammte ein neues Magazin ein, lauerte auf Geräusche, bereit, sofort wieder zu töten, bevor er getötet wurde. So war es schon seit vier Jahren gewesen. In Polen, Frankreich und Rußland.

Die Lichtung war jetzt leer bis auf die Männer, die dort am Boden lagen. Vier Soldaten und ein Kommissar, der an der Nagan-Pistole zu erkennen war, die er an einem Lederriemen unter der Schulter trug.

Dann, als sich sein Ohr von der Betäubung erholt hatte, vernahm Hintze Schritte. Es war der sechste Russe, der entkommen wollte.

Er sprang hoch, schleuderte sich mit einem Satz über den Bach, brach in das Dickicht ein und sah den laufenden Russen für eine Fünftelsekunde auftauchen und wieder im brechenden Busch verschwinden. Er mußte ihn erreichen, er mußte!

Schneller lief der Stabsgefreite. Einmal stolperte er. Um ein Haar wäre er gestürzt. Aber er fing sich wieder.

Der Rücken des Rotarmisten wurde größer und größer. Dann erreichte der Verfolgte eine Lichtung. Hintze spürte, wie sein Puls flatterte. Lange hielt er das nicht mehr durch. Er blieb stehen, zielte und jagte den ersten Feuerstoß aus dem vollen Magazin.

Kopfüber stürzte der Russe ins Gebüsch.

Vorsichtig ging Hintze näher. Bis auf zwei Schritte kam er an den auf dem Waldboden liegenden Russen heran, als er die Handgranate sah, die der Rotarmist nur unvollständig verbarg.

Hintze warf sich mit einem Hechtsprung zur Seite und hörte, wie die Handgranate auseinanderkrachte und die Splitter mit hellem Sirren durch die Gegend flogen. Als er wieder auf die Beine kam, keuchte Feldwebel Possler heran.

Er erhob sich ganz und winkte dem Kameraden zu. Gemeinsam gingen sie zu dem Russen hinüber.

Sie durchsuchten seine Taschen, nahmen seine MPi und sahen, daß er Boris Smirnow hieß und zum 77. Gardeschützenregiment der 26. Gardeschützendivision gehörte.

»Gehen wir zurück, Bernd«, sagte Possler nach einer Weile. Schon wollten sie aufbrechen, als sie einen halblauten Ruf vernahmen.

»Boris, wo bist du?« hörten sie auf russisch.

Sie verschwanden im Dickicht, blieben mit angehaltenem Atem liegen und warteten. Noch einmal wurde gerufen, dann tauchte ein Rotarmist auf. Hintze hob die Waffe. Aber die Hand von Feldwebel Possler legte sich warnend auf seinen Arm. Und dann sah auch er es: Der russische Soldat war eine Frau.

Jetzt erreichte die Russin den am Boden liegenden Soldaten. Sie stieß einen Laut aus, der den beiden Lauschern ans Herz griff. Dann kniete sie neben dem Toten nieder.

Possler stieß Hintze an und deutete mit einem Kopfnicken zurück. Bernd nickte. Sie krochen fünfzig Meter rückwärts, richteten sich dann auf und erreichten die übrigen zwölf Männer, die am Bach gewartet hatten.

»Gott sei Dank, daß ihr da seid!« rief Reutter erleichtert.

»Weiter, Männer! Wir müssen schnell weiter!« feuerte Possler sie an.

Wieder schlugen sie einen Bogen nach Westen, um nach einem Kilometer nach Südosten einzudrehen.

Nach einer weiteren halben Stunde – es war inzwischen Mitternacht geworden und der 26. Juni 1944 brach an – erreichten sie einen Weg. Wenig später sahen sie voraus eine Brücke, die über einen Seitenarm des Dnjepr führte. Jenseits der Brücke mündete ihr Weg auf die Straße, von der der Feuerschein brennender Fahrzeuge und Panzer zu ihnen herüberleuchtete.

»Mensch, dort steht ein Fahrzeug!« rief Hintze und deutete auf die Brücke.

»Das müßten wir haben und dann nichts wie durch!«

»Ihr bleibt hier liegen, mit Ausnahme von Hintze. In genau zehn Minuten schießt ihr, was das Zeug hält, auf die Brücke, klar? Aber keine Sekunde früher! Daß mir keiner den Wagen in Brand schießt!«

»Und wir?« fragte Hintze.

»Wir werden von rechts angreifen. Los, gehen wir 'ran!«

Sie verschwanden nach rechts und tauchten ein paar Sekunden später im Wald unter.

»Halte einen Reservegurt bereit!« mahnte Göllner seinen Schützen II, der sich neben ihn in den Graben legte und auf die Brücke starrte.

Die Sekunden vertickten träge. Immer wieder ertappte sich Reutter beim Blick auf die Uhr.

»Noch zwei Minuten!« sagte Niermann zu den anderen.

Währenddessen hatten der Feldwebel und der Stabsgefreite die Höhe der Brücke erreicht. Sie arbeiteten sich nun von der Seite, entlang dem Bachufer, heran. Jetzt konnten sie drei Russen erkennen, die sich leise unterhielten. Einer von ihnen drehte sich eine

Zigarette aus Machorka und Zeitungspapier. Als er sie angezündet hatte und den ersten Zug machte, waren sie nahe genug herangekommen.

»Los!« flüsterte Possler.

Sie schossen gleichzeitig; die drei Russen stürzten gemeinsam. Als Possler und Hintze aufsprangen und auf den Brückenaufgang zurasten, ruckte der Spähwagen zurück, knallte gegen das Brückengeländer und versuchte zu wenden. Da waren sie schon bei ihm. Der Fahrer gab auf. Er mußte den Wagen zurücksetzen und wurde mitgenommen, bis sie die zwölf zurückgebliebenen Kameraden erreichten, die nicht einmal eingreifen mußten.

»Wir wollten gerade losballern!« meinte Göllner.

»Verschwinde!« sagte Unteroffizier Niermann zu dem Gefangenen auf russisch. Ungläubig starrte der Rotarmist ihn an. Dann kletterte er von seinem Fahrzeug herunter und wollte in Richtung zu der russischen Front laufen. Aber mit der Mündung seiner MPi deutete Hintze unmißverständlich in die entgegengesetzte Richtung.

Rückwärts setzte sich der Mann Schritt für Schritt langsam ab; offenbar jeden Augenblick eines Feuerstoßes gewärtig. Dann verschwand er mit einem raschen Satz in den Straßengraben.

»Also los, Waldi!« forderte Possler Unteroffizier Niermann auf. »Du kennst diese Kisten doch! Schwinge dich hinter das Steuer. Auf geht's!«

»Du willst doch nicht etwa mitten in das Feuer hineinfahren, Günther?«

»Und ob ich das will!« Possler grinste breit, als er die betroffenen Gesichter sah. »Das Wandern durch den Sumpfwald hab' ich schon lange satt!«

Sie saßen auf. Niermann probierte die Gänge. Das Getriebe knirschte und knackte. Aber schließlich setzte sich der Wagen in Bewegung. Sie rollten auf die Brücke zu, fuhren darüber und erreichten die Straße. Hier standen die Fahrzeuge der Russen dicht bei dicht aufgefahren.

»Rechts daran vorbei! Die erkennen uns in der Dunkelheit nicht!«

Sie rollten nun parallel zur Straße weiter, bis sie eine Gruppe Russen erreichten, die sich auf einer Lichtung hinter einem Straßenkreuz in loser Ordnung um einen Generalsdienstgrad versammelt hatten.

Ein Rotarmist hob seine Kelle, um sie aufzuhalten. Er versuchte es wenigstens.

»Jetzt festhalten!« sagte Niermann.

»Feuerbereit!« ergänzte Possler.

Sie fuhren langsam auf den Posten zu. Als sie noch zehn Meter von ihm entfernt waren, drehte Niermann auf. Der Spähwagen schoß mit einem Satz vorwärts, genau auf den Verkehrsposten zu, der sich mit einem langen Sprung in Sicherheit brachte.

Männer schrien. Sie schossen mitten in die Menschentraube hinein, die nun in Deckung ging. Dann krachten abermals Schüsse. Aber sie waren bereits im Dunkel der Nacht untergetaucht und fanden wenig später einen Weg, der die holprige Querfeldeinfahrt erträglicher machte.

»Panzer voraus!« meldete Göllner, der mit Reutter und vier Kameraden auf dem Spähwagen aufgesessen war.

»Durchfahren!«

Dreimal wurden sie von den Russen angerufen. Man warnte sie, daß vor ihnen eine deutsche Pakstellung sei.

»Die suchen wir!« schrie Niermann einem der Russen in seiner Sprache zu. Der Iwan lachte gutmütig. Und dann waren sie durch, sahen die zuckenden Abschüsse der deutschen Pak und versuchten, in wilder Slalomfahrt durchzukommen. Hinter ihnen eröffneten nun auch die russischen Panzer das Feuer. Vielleicht vermuteten sie Deserteure in dem Spähwagen. Von vorn wurden sie von der eigenen Pak beschossen.

Sie kamen bis auf hundert Meter an die deutschen Verteidigungsstellungen heran, ehe ein krachender Einschlag den Spähwagen ruckartig zum Stehen brachte.

»Ausbooten!« brüllte Possler.

Sie sprangen hinunter und rannten auf die deutschen Stellungen zu.

»Deutsche Soldaten!« schrie Possler, als sie durch MG-Feuer in Deckung gezwungen wurden.

»Die Leuchtpistole her!« rief Hintze.

Sie schossen dreimal grün. Dann rannten sie geduckt los, wurden von einer Gruppe bärtiger, dreckverkrusteter Landser empfangen. die sie mit vorgehaltenen Waffen in Empfang nahmen. Erschöpft sackten sie in die Löcher und Gräben.

»Wer seid ihr?«

»Wo kommt ihr denn her?«

»Wir dachten schon, ihr wärt Iwans gewesen!« schwirrten die Fragen um sie herum.

»Neunte Kompanie, Grenadierregiment 689«, erklärte Possler dem jungen Leutnant, der als Pakzugführer fungierte.

»Ihr wollt doch nicht etwa behaupten, daß ihr von der 197. ID aus Witebsk seid?«

»Doch, das wollen wir, Kumpel«, erwiderte Hintze und grinste den Leutnant an.

»Das muß ich dem Bataillon melden. Einen Augenblick.«

Der Leutnant ließ sich mit seinem Bataillonsgefechtsstand verbinden und berichtete aufgeregt, wobei er sich ein paarmal verschnappte. Als er zurückkam, zeigte sich ein lausbubenhaftes Grinsen auf seinem Gesicht, das von den zuckenden Flammen der Abschüsse und Einschläge phantastisch beleuchtet wurde.

»Der Alte will euch Wunderknaben sehen«, sagte er. »Willrich, Sie bringen die Kameraden zurück und holen dabei gleichzeitig die Verpflegung ab.«

Der Landser brachte sie zum Gefechtsstand und lieferte sie beim Bataillonskommandeur ab. Feldwebel Possler berichtete dem Major. Als er geendet hatte, blieb es lange still, bevor der Major sich räusperte.

»Sie werden in einer Stunde mit unseren Verwundeten ausgefahren. Orscha wird die nächsten vierundzwanzig Stunden nicht mehr überleben. Aber nach Südwesten ist jetzt noch ein schmaler Streifen frei. Wenn ihr auf der Rollbahn direkt nach Minsk fahrt, könnt ihr es schaffen!«

»Und in Minsk, Herr Major?«

»Minsk ist Heeresgruppen-Hauptquartier, Possler; dort seid ihr in Sicherheit.«

Der Major, einer der Männer der 78. Sturmdivision, die hier in Orscha als Besatzung des Festen Platzes weiterkämpfen mußte, drückte dem Feldwebel die Hand.

»Viel Glück, Possler! Ihnen und Ihren Männern. Grüßen Sie die Heimat!«

»Und was ist mit Ihnen, Herr Major, und mit den Kameraden hier in Orscha?«

»Wir sichern den Rückzug unseres Regimentstrosses. Das ist nun mal unsere Aufgabe, Possler.«

Die Tür des Gefechtsstandes öffnete sich. Der Lärm der Schlacht wurde für wenige Sekunden brüllend laut. Ein Offizier trat ein. Es war der Regimentskommandeur des Sturmregiments 14, Oberst Günther Tribukait.

»Herr Oberst, das sind die vierzehn Männer der 9./GR 689. Sie haben sich bis hierher durchgeschlagen. Ich habe ihnen einen Lkw zur Verfügung gestellt und sie angewiesen, sich auf der Rollbahn nach Minsk abzusetzen.«

Oberst Tribukait musterte die Männer, dann nickte er.

»Gut, das trifft sich! Sie fahren als Geleitsicherung gegen Partisanen in unserem Troß mit, der im Augenblick bis auf die Verpflegungsstaffeln am Südwestrand von Orscha sammelt. Lassen Sie einen Marschbefehl ausstellen, damit die Männer keine Schwierigkeiten haben.«

»Wie sieht es aus, Herr Oberst?« fragte der Major.

»Wir werden noch heute hier herausgezogen und als Divisionsreserve an den Südrand von Orscha verlegt.«

Als der Lkw anrollte, traten sie ins Freie. Sie hörten das Näherorgeln russischer Nachtbomberverbände, sahen die leuchtenden Flammenspuren der Flaksalven und einen der Bomber als brennende Fackel steil nach unten jagen und beim Aufschlag auseinanderplatzen.

Jetzt war die Hölle los! Es rauschte und gellte und heulte. Allenthalben krachte es. Himmelhoch aufwirbelnde Dreckkaskaden verrieten die Einschläge schwerer Bomben.

»Volle Deckung!« brüllte einer. Alles warf sich zu Boden. Sie lagen in den Splittergräben und warteten auf die Bombe, die sie treffen mußte. Es konnte nicht mehr lange dauern, denn näher und näher kam das Heulen, flatterten die Druckwellen, krachten die Detonationen. Dann herrschte Stille. Eine Stille, die zwar vom Getöse der Artillerie und den heulenden Feuerschlägen der Stalinorgelsalven durchsägt wurde, aber es fielen keine Bomben mehr.

»Aufsitzen, aufsitzen!« rief der Fahrer des bereits beladenen Lastwagens vom Regimentstroß.

Die vierzehn Landser kletterten hoch und suchten sich einen Platz zwischen den Säcken und Behältern. Rumpelnd setzte sich der Lkw in Bewegung. Sie fuhren durch einen brennenden Stadtteil. Hauswände stürzten mit Donnergetöse auf die Straße und versperrten ihnen den Weg. Keiner von ihnen sprach ein Wort. Alle waren wie betäubt. Der Fahrer fluchte. Einmal saßen sie ab und räumten Schutt und Deckenbalken zur Seite. Schließlich erreichten sie den Troß des Sturmregiments 14, fuhren bis an die Spitze, wo sie von zwei Sturmgeschützen angehalten wurden.

»Hier habt ihr die Artillerie des kleinen Mannes!« rief der Leutnant im vordersten Sturmgeschütz und reichte ein Dutzend Panzerfäuste heraus.

»Damit langen wir bis Berlin!« rief Possler ihm zu.

»Nur nicht zu bescheiden, Herr Feldwebel«, meinte Reutter.

»Macht es gut, Kameraden!« riefen die Sturmgeschützbesatzungen hinter ihnen her.

»Auf Wiedersehen in Deutschland!« rief Hintze zurück.

Dann fuhren sie los, und der lange Heerwurm des Trosses folgte ihnen. Zwei Stunden später wurde es hell.

»Wir fahren auf der Rollbahn weiter!« entschied der Stabsoffizier, der mit Possler im vordersten Lkw fuhr.

So rollten sie weiter auf der Rollbahn nach Minsk, wurden immer wieder gestoppt, weil die teilweise pferdebespannten Einheiten nicht mitkamen.

Fliegerverbände flogen in großer Höhe in Richtung Minsk.

»Wie ein Parteitaggeschwader!« rief Göllner hinter seinem MG hervor, das er auf ein paar Zuckersäcken aufgebaut hatte.

»Die beharken Minsk und das Hauptquartier!« sekundierte Hintze.

Es wurde neun Uhr. Jenseits der Rollbahn, noch in nordwestlicher Richtung, tauchte eine Ortschaft auf.

»Tolotschino!« stellte Possler nach einem Blick auf die Karte fest.

»Wenn wir an dem Kaff vorbeikommen und von Süden nichts mehr auf die Rollbahn einschwenkt, schaffen wir es bis zur Beresina. Die Brücke bei Borissow ist noch intakt.«

Genau um zehn Uhr — sie hatten Tolotschino gerade passiert — schwenkte plötzlich aus der Ortschaft ein Panzerpulk auf die Rollbahn ein.

»Mit Vollgas kämen wir durch, Günther!« meinte Hintze.

»Und die anderen?«

Possler deutete mit dem Daumen über die Schulter zurück.

»Panzerfäuste fertigmachen!«

Sie fuhren bis auf hundert Meter an die Panzer heran, die die Rollbahn vor ihnen erreicht hatten und sie sperrten. Als aus den Panzerkanonen die ersten Abschüsse blitzten und zwei Panjewagen mitsamt Pferden von der Rollbahn heruntergefegt wurden, drehte hinter ihnen alles in wilder Flucht von der Rollbahn herunter und jagte querfeldein weiter.

»Nach links abbiegen!« befahl der Stabsoffizier im vorderen Wagen.

Der Fahrer, ein Mann vom Sturmregiment 14, gehorchte. Sie rumpelten durch den zum Glück flachen Graben. Eine Granate zischte knapp dreißig Zentimeter über das Führerhaus des Wagens hinweg.

Der Fahrer schlug etwas ein, und dadurch entgingen sie dem nächsten Schuß, der rechts am Wagen vorbeiging und weiter vorn eine Pappel abknickte.

Im Galopp jagten die Pferde mit den Wagen durch das Gelände. Gerät und Material wurden von den Wagen heruntergeworfen, um sie leichter zu machen. Es rumpelte und schepperte, und dazwischen bellten die Abschüsse der Panzerkanonen.

Es waren mindestens zehn T 34 und KW II sowie drei oder vier Sturmgeschütze, die eine förmliche Treibjagd auf die Wagen machten. Immer wieder gelang es ihnen, ein Fahrzeug durch Volltreffer zu erledigen.

»Haaalt!« schrie Feldwebel Possler, als sie mit ihrem Lkw hinter einer Waldbürste in Sicherheit und der direkten Feindeinsicht entzogen waren.

»Was soll das?« fragte der Stabsoffizier wütend. »Ich gebe hier die Befehle!«

Aber der Wagen hielt, und Possler ignorierte den Einspruch des Offiziers.

»Göllner, Reutter, ihr bleibt hier und sorgt dafür, daß der Wagen nicht aus Versehen ohne uns abfährt, verstanden?«

Thomas Göllner, braunäugig, mit einem so schmalen Gesicht, daß er eine Ziege zwischen den Hörnern küssen konnte, nickte.

»Verstanden, Herr Feldwebel!« sagte er nur.

Die anderen schnappten sich Panzerfäuste und rannten am Rand der Waldbürste entlang hinter dem Feldwebel her.

Als sie den Waldrand erreichten, sahen sie, wie noch immer einzelne Wagen versuchten, durch den schlammigen Boden vorwärts zu kommen. Die Panzer aber knallten einen nach dem anderen wie auf dem Schießplatz ab.

»Die drei da werden wir uns kaufen! Du nimmst den T 34, du den KW II und ich das Sturmgeschütz. Die anderen warten; für den Fall, daß ein zweiter Schuß notwendig sein sollte.«

Die Panzer schoben sich näher und näher. Hinter ihnen zogen sich die tief eingegrabenen Furchen der Raupenketten bis zur Straße zurück. Erde wurde hochgewirbelt und klatschte auf den Boden zurück. Die Motoren dröhnten. Endlich waren sie bis auf etwa dreißig Meter an den Waldrand herangekommen und schwenkten ein, um den Wald zu umrunden. Darauf hatte Possler gewartet, denn nun hatte er sie von der Flanke.

»Feuer frei!«

Dreifach hallte das Blaffen der Abschüsse und das Schnalzen der Flammenfahnen. Dreifach der Einschlag und dreifach im Innern der Stahlgiganten die Explosionen.

Zwei Panzer blieben stehen. Nur das schwere Sturmgeschütz rollte noch weiter und ruckte sogar herum.

»Achtung, Hintze!« rief Possler warnend. Aber der Stabsgefreite wußte, was zu tun war.

Bernd Hintze spürte, wie ihn die Furcht ansprang. Es war wie eine physische Kraft. Aber er überwand sich, überwand die Furcht und die Illusion der eigenen Sicherheit. Er schoß, als das Sturmgeschütz noch zehn Meter vor ihm war. Und er traf genau.

Der Sprengtopf durchschlug den schmalen Spalt der Kanonenblende. Mit einem mächtigen Feuerschlag platzte das schwere Sturmgeschütz förmlich auseinander.

Hintze hatte sich in den Graben geworfen. Er robbte zur Seite, um nicht von dem brennend auslaufenden Öl erfaßt zu werden.

Die nachrollenden Panzer, die bis auf zweihundert Meter herangekommen waren, drehten bei und rollten zur Straße zurück.

»Zum Wagen und aufsitzen!«

Sie erreichten den Wagen, fuhren weiter nach Süden, und allmählich verklang das Bellen der russischen Kanonen.

»Da kommen wir nicht mehr nach Westen durch!« sagte Niermann, als sie wieder zu Atem gekommen waren. »Die haben uns im Sack!«

»Im Süden wird Luft sein. Wenn wir es bis Bobruisk schaffen, werden wir dort über die Beresina gehen können«, fiel der Stabsoffizier ein.

»Wissen Sie sicher, daß Bobruisk noch in unserer Hand ist?« fragte Possler den Oberleutnant.

»Ganz sicher! Bei Bobruisk und ostwärts der Beresina wird noch verteidigt. Dort stehen hunderttausend Mann. Die halten eisern!«

»Schön wär's! Aber wie kommen wir jetzt mit dem ganzen Verein nach Bobruisk? Wie wollen wir die anderen auffangen?«

»Indem wir vorfahren – ganz einfach!«

Sie sammelten fünf Kilometer weiter südlich und formierten sich zum Weitermarsch auf Bobruisk. Es waren nicht mehr viele Wagen. Zwei Drittel der Troßfahrzeuge hatten die erste Feindberührung nicht überstanden.

»Nur gut, daß die Russen nicht auch südlich von uns durchgebrochen sind«, sagte der Fahrer des Wagens.

»Es sieht so aus, als hätte die ›Feldherrnhalle‹ die Russen abgeschmiert«, meinte der Oberleutnant vom Stab.

»Die ›Feldherrnhalle‹?« fragte Possler überrascht. »Was ist denn das? Kenne ich überhaupt nicht. Wieder so ein Waffen-SS-Verband?«

»Es ist die ehemalige 60. Infanteriedivision (mot.), die Generalmajor von Steinkeller vor ein paar Wochen übernommen hat.« Der Offizier war froh, eine Neuigkeit von sich geben zu können.

»Und die soll den Iwan aufgehalten haben? Eine einzige Division?« zweifelte Possler.

»General Martinek, der Kommandierende General des XXXIX. Panzerkorps, hat die Division ›Feldherrnhalle‹ am 23. Juni in das Loch geworfen, das die Russen ostwärts Mogilew aufgerissen haben.«

»Hoffentlich haben sie gehalten«, antwortete Possler nachdenklich. »Wenn man nur wüßte, was dort passiert ist. Dann wüßte man auch, ob wir bei Bobruisk noch Aussicht haben, durchzukommen.«

VII.

Im russischen Plan für »Bagration« war vorgesehen, daß die 2. Weißrussische Front unter Generaloberst G. F. Sacharow gegen die 4. deutsche Armee antreten sollte. Und zwar erhielt die 49. Sowjetarmee unter Generalleutnant I. T. Grischin den Auftrag, ihren Stoß in Richtung auf Mogilew zu führen. Sobald Mogilew den Deutschen entrissen und der Übergang über den Dnjepr erzwungen war, sollte diese Armee direkt nach Westen vorgehen, den Drut überschreiten und auf Beresino vorstoßen.

Zwei weitere Sowjetarmeen erhielten Weisung, die besetzten Abschnitte zu halten: die 33. unter Generalleutnant W. D. Krjutschenkin und die 50. unter Generalleutnant Boldin. Dem Oberbefehlshaber der 50. Sowjetarmee wurde außerdem befohlen, ein Schützenkorps in Reserve zu halten, um unter Ausnutzung des Erfolges der 49. Armee in Richtung über Tschaussy oder Blagowitschi angreifen zu können.

Die 4. Luftarmee unter Generaloberst der Flieger Werschinin sollte die deutschen Stellungen ostwärts Mogilew sturmreif bomben und vor allen Dingen erkannte deutsche Artilleriestellungen vernichten.

In der Nacht zum 23. Juni 1944 begannen an dieser Stelle die Feuerschläge der sowjetischen Artillerie. Nachtbomber griffen in den Kampf ein, und dann stürmten die Schützenregimenter der Sowjets.

Am Abend dieses Tages hatten sie die deutsche HKL östlich des Dnjepr auf einer Breite von zwölf Kilometern durchbrochen, waren fünf Kilometer tief in das Hinterland eingedrungen und hatten die hier stehenden deutschen Divisionen überrannt.

An diesem Abend erhielt Generalmajor von Steinkeller den Befehl des AOK, seine Division sofort nach Osten zu verschieben, um das große Loch in der HKL östlich von Mogilew wenigstens notdürftig zu stopfen.

Friedrich-Carl von Steinkeller, ein erfahrener Kommandeur, der die ruhmreiche 7. Panzerdivision bereits stellvertretend geführt hatte, fuhr an der Spitze der Division nach Mogilew und meldete sich hier bei General Martinek.

»Welches Loch wollen Sie denn stopfen, Steinkeller?« fragte ihn der Kommandierende General ironisch, als sich der Divisionskommandeur auf dem Korpsgefechtsstand meldete. »Hier gibt es *nur* Löcher! Sie gehörten mit Ihrer Division an die Beresina! Dort müßte schnellstens eine Auffangstellung aufgebaut werden, wenn hier am Dnjepr nicht mehr gehalten werden kann. Und ich fürchte, das wird bald der Fall sein.«

Am 1. April 1944 hatte von Steinkeller die aus Westpreußen und Danzigern zusammengesetzte Division übernommen. Diese Division, welche die harten Rollbahnschlachten im Nordabschnitt hinter sich hatte, war, anstatt als Heeresgruppenreserve in die Heimat, nach Mogilew verlegt worden. Nun rollte sie einem neuen Einsatz entgegen.

Dreißig Kilometer östlich des Dnjepr stieß die Division auf den Feind. Den ganzen 24. Juni über wurde sie mit Bomben, Artilleriefeuer und Raketensalven eingedeckt, von den Panzerangriffen gar nicht zu reden. Sie hielt dem übermächtigen Druck mehrerer russischer Divisionen stand. Steinkellers Männer ließen das pausenlose Feuer der 230. und 233. russischen Schlachtfliegerdivision über sich ergehen, und trotzdem waren sie immer wieder da, wenn die russischen Schützenregimenter zum Durchbruch antraten.

Die Grenadiere hielten ihre Stellungen. Das Artillerieregiment der Division schoß über sechzig Panzer und Panzerfahrzeuge ab. Oberst Ratzel führte seine Artilleristen persönlich an die Durchbruchsstellen, wo es etwas zu bereinigen gab. So hielt diese eine Division bis zum späten Abend des 25. Juni. Dann gab Generalmajor von Steinkeller den Befehl zum Rückzug über den Dnjepr.

»Mit mehr Glück als Verstand kamen wir bei Mogilew über den Fluß«, erklärte der Divisionskommandeur später.

Nachdem er auf dem Westufer des Dnjepr hatte sammeln lassen, fuhr er mit seinen gepanzerten Verbänden den nordwestlich von Mogilew vorstoßenden Panzerkeilen der Russen entgegen.

Die Vorausabteilungen der russischen 49. Armee hatten dicht hinter der 60. Panzergrenadierdivision »Feldherrnhalle« den Dnjepr überwunden. Sie stießen in den Rücken der übrigen Divisionsteile und – wurden aufgehalten.

Abermals traten die sowjetischen Schlachtfliegerdivisionen 230 und 233 in Aktion. Als die Russen bis zum Mittag mit Verstärkungen nachdrückten, griffen die letzten deutschen Sturmgeschütze und Panzer den russischen Brückenkopf bei Mogilew an. Es waren Geschütze der Sturmgeschützbrigade 190, die hier bereits am 24. und 25. Juni die Division »Feldherrnhalle« und die beiden Nachbardivisionen unterstützt und dabei 25 Feindpanzer abgeschossen hatten.

Jetzt aber, am Mittag des 26. Juni, griffen sie noch einmal an. Es war die 1. Batterie unter Hauptmann Schwalb*, deren wenigen Wagen es jedoch nicht gelang, den Brückenkopf einzudrücken.

* Hauptmann Schwalb erhielt dafür am 24. August 1944 das Ritterkreuz.

Auf persönlichen Befehl General Martineks rollten die Sturmgeschütze nunmehr nach Westen zur Beresina zurück. Lediglich die 2. Batterie unter Oberleutnant Nävie blieb als Nachhut bei der Division »Feldherrnhalle« zurück.

In dieser Batterie — das sei vorab gesagt — sollte Generalmajor von Steinkeller jenen entscheidenden Stoßkeil gefunden haben, der die sechsmalige völlige Einkreisung seiner Divisionsreste immer wieder durchbrach und schließlich am 2. Juli, mit noch sechs Geschützen, die Beresina erreichte.

Am Nachmittag des 26. Juni erhielt Generalmajor von Steinkeller vom XII. AK (Generalleutnant Vinzenz Müller) folgenden Befehl:

»Truppe schlägt sich nach Westen durch! Divisionen sind entlassen!«

Dieser Befehl löste an der gesamten Front der 4. Armee einen ungeheuren Wirrwarr aus. Von Steinkeller entschloß sich, die katastrophalen Folgen dieses Befehls erkennend, seine Division als Nachhut beiderseits der Straße Mogilew—Minsk abschnittsweise und kämpfend zurückzunehmen.

Am Abend dieses 26. Juni traf von Steinkeller auch General Martinek und meldete diesem seinen Entschluß.

So deckte nun die Panzergrenadierdivision »Feldherrnhalle« aus freiem Entschluß das Abfließen der auf der Straße nach Minsk zurückflutenden deutschen Restverbände.

Dieses dramatische, opfervolle Ringen begann in dem Augenblick, als die Männer, die von der 9. Kompanie des GR 689 übriggeblieben waren, nach Süden preschten, um Bobruisk zu erreichen und sich darüber wunderten, daß die Russen noch nicht südlich an ihnen vorbeigestoßen waren.

Daß dies nicht der Fall war, war dieser einen deutschen Division zu verdanken!

Den ganzen 26. Juni über wurden die Trosse der 78. Sturmdivision gejagt. Nachdem die russischen Panzer durch den entschlossenen Abwehrschlag mit Panzerfäusten aufgehalten worden waren, kamen am Nachmittag die Fliegerverbände.

Bomber warfen tonnenweise Sprengbomben. Und dann kamen die »Schlächter«. Sie flitzten in knapp dreißig Meter Höhe über den Boden und hämmerten aus allen Waffen auf den Treck der Panjewagen und langsam fahrenden Lastwagen ein.

»Achtung, rechts 'raus!« brüllte Feldwebel Possler, als wieder ein Schwarm von zehn Schlachtfliegern am Horizont auftauchte.

Der Wagen holperte um einen Buckel herum und blieb stehen. Die Landser sprangen herunter, rannten zur Seite, schon von den aufstiebenden Einschlägen der Bordwaffen verfolgt.

Waldi Niermann, der kräftige Ostpreuße, der so gut Russisch sprach, hörte das hämmernde Knallen. Er schlug einen Haken, sah sich plötzlich einem Sumpfloch gegenüber und versuchte es zu überspringen. Er erreichte den jenseitigen Rand, rutschte aber auf dem glitschigen Untergrund aus und klatschte mit dem Oberkörper auf den Rand des Loches. Instinktiv klammerte er sich an einem Gebüsch fest.

Die Salve, die ihm gegolten hatte, spritzte über seinen Kopf hinweg und rasierte das benachbarte Buschwerk ab.

Schräg rechts vor sich sah Niermann die beiden Grenadiere Schultheiß und Becker II laufen. Die Wucht einer Granatengarbe schleuderte die beiden Männer wie Spielzeugpuppen nach vorn. Wie die Gewalt dieser Schläge sie niedergeworfen hatte, so blieben sie auf dem Gesicht liegen.

Dann war der Spuk schon wieder vorbei. Aber die »Schlächter« drehten und kamen wieder zurück, aus allen Waffen feuernd. Zwei, drei Maschinen flogen besonders tief, so, als wollten sie die deutschen Landser mit ihren Luftschrauben zersäbeln.

In ohnmächtiger Wut hob Bernhard Lechner seine Panzerfaust.

»Vorsicht!« brüllte Hintze, als er sah, daß Lechner nach oben visierte. »Paß doch auf, das geht schief!«

Aber Lechner konnte ihn nicht hören; vielleicht wollte er es auch nicht.

Die IL-2 jagte heran. Sie flog knapp zehn Meter hoch. Lechner schoß seine Panzerfaust ab. Das ganze Loch, in dem er lag, füllte sich mit Qualm und Feuer.

Der Sprengtopf zischte empor, und das Unwahrscheinliche geschah: Er traf die Maschine und ließ sie in einem unwahrscheinlich lauten, berstenden Feuerschlag auseinanderplatzen.

Teile der IL-2 krachten rings um die Männer in den Boden. Die Schlachtflugzeuge verschwanden, und Niermann rannte mit weichen Knien zu dem Loch hinüber, in dem Lechner liegen mußte.

Er schrie auf, als er den verstümmelten Kameraden sah. Er blickte in ein Gesicht, das nur noch aus Augen und Mund bestand. Kein Haar, keine Haut, nur noch der glatte, völlig verbrannte Kopf und die Augen, die Niermann flehentlich anstarrten.

»Bernhard ...«, flüsterte Niermann, »wußtest du denn nicht, daß ...«

Lechner nickte. Dann glitt seine Hand nach vorn — der Torso einer Hand. Diese Gebärde war ein einziges stummes Flehen.

»Die Pistole!« erriet Niermann mehr, als er es verstand. Eine Sekunde zögerte der Unteroffizier. Seine Gedanken wanderten blitzschnell, erwogen Chancen und Möglichkeiten. Dann senkte er den Kopf. Er wußte, daß es für Lechner nur e i n e Hilfe geben konnte.

Waldi Niermann nestelte die Pistolentasche auf, drückte die Sicherung der Nullacht zurück und gab die Waffe dem Kameraden, den Kolben voraus.

»Wenn du meinen — Eltern — schreibst«, stammelte Lechner, »sag es ihnen — nicht.«

Niermann mußte sich abwenden. Er wußte nicht, daß er weinte. Daß er, der hartgesotten wirkende Westpreuße, seit Jahren zum erstenmal weinte — wie ein Kind.

Der peitschende Knall des Pistolenschusses ließ ihn herumfahren. Er starrte den Kameraden an. Die Waffe war der kraftlos gewordenen Hand Lechners entfallen. Niermann nahm die Pistole wieder an sich.

Kameraden kamen angelaufen.

»Mensch, Bernhard, die hast du aber 'runtergeholt!« schrie Hintze begeistert.

Dann verstummte er abrupt und stand da mit hängenden Armen. Er starrte den Toten nur an. Die anderen kamen hinzu. Feldwebel Possler kletterte in das Loch, das Lechner zum Verhängnis geworden war, weil die Rückstoßflamme der Panzerfaust, ohne einen Ausweg zu haben, zurückgeschlagen war und den Kameraden rettungslos verbrannt hatte.

Der Feldwebel strich dem Toten leicht über die verbrannte Wange. Dann nestelte er die Erkennungsmarke ab und erhob sich.

»Zurück zum Wagen!« befahl er hart.

»Was ist mit Schultheiß und Becker II?« fragte Niermann, der sich plötzlich wieder an die beiden Kameraden erinnerte.

»Beide sind tot!«

»Dann sind wir noch elf!« stellte Niermann fest, und seine Lippen preßten sich zu einem schmalen Strich zusammen.

»Elf von hundertzwanzig!« ergänzte Possler. »Aber wir werden es schaffen, Waldi! Wir müssen es einfach schaffen! Es führt kein anderer Weg zurück!«

Als sie ihren Wagen wieder sehen konnten, kam der Oberleutnant winkend angelaufen.

»Schnell aufsitzen! Panzer sind hinter uns!«

Der Fahrer lenkte den Lkw wieder auf den ausgefahrenen Weg zurück. Sie überholten Panjewagen des eigenen Trosses, sahen die Verwundeten, die darauf hockten. Dann hatten sie die Spitze erreicht.

An diesem 26. Juni wurden sie noch viermal aus der Luft angegriffen. Sie konnten beobachten, wie eine IL-2 mit einer anderen in der Luft zusammenstieß und wie beide Maschinen abstürzten.

Es wurde bereits dunkel, als sie ein Dorf erreichten, an dessen Nordrand sie anhielten.

»Wir müssen hier eine Rast einlegen, Herr Oberleutnant!« sagte einer der Schirrmeister von den nachfolgenden Wagen. »Die Pferde sind am Ende. Sie brauchen Ruhe, Wasser und Futter.«

Der Oberleutnant überlegte.

»Wir rasten vier Stunden in dem Dorf und setzen anschließend den Marsch nach Bobruisk noch in der Dunkelheit fort.«

»Vorsicht, Herr Oberleutnant!« warnte Possler den Offizier. »Wenn das Dorf bewohnt ist, sitzen garantiert Partisanen drin.«

»Das werden wir sehen, wenn es soweit ist!« wehrte der Offizier ab.

»Dann ist es vielleicht zu spät.«

»Gut«, lenkte der junge Stabsoffizier gleich darauf ein, »wir bilden zwei Sicherungsgruppen. Eine übernehmen Sie, Possler, die andere ich. — Henning, holen Sie ein paar Männer nach vorn!«

»Ich gehe links der Straße vor, Herr Oberleutnant.«

Possler und seine Männer gingen fünf Minuten später los. Die Wagen sollten langsam folgen. Aus Süden hörten sie Artilleriefeuer. Im Osten war der Himmel gerötet. Ab und zu blitzten dort weitere Abschüsse durch die Nacht. Auch hinter sich sah Göllner, als er sich einmal umdrehte, helle Röte, die den Himmel färbte.

Sie untersuchten Haus um Haus auf der linken Seite des Straßendorfes. Durch die Gärten, entlang der Hecken, die ihnen Dekkung gaben, pirschten sie sich vorwärts. Hintze führte, den Schluß machte diesmal der Feldwebel, um nach rückwärts zu sichern.

Sie fanden ein paar russische Stellungen. Aber die Löcher und Gräben waren verlassen.

»Sieht friedlich aus hier!« bemerkte Niermann, als sie mitten im Dorf auf die rechte Gruppe warteten. Sie hörten sie schon von weitem an den Zurufen, die sie einander gaben.

»Diese Arschlöcher!« knurrte Hintze. »Die werden uns den Iwan bei dem Lärm schnell genug auf den Hals hetzen.«

»Wo es hier so friedlich ist? — Quatsch, gehen wir weiter!«

Nach hundert Metern trafen sie auf ein Russengeschütz. Acht Pferde standen oder lagen davor. Die beiden Führpferde waren tot. Die dahinter liegenden Tiere hoben ab und zu die Köpfe, setzten zum Wiehern an und brachten doch keinen Ton mehr heraus.

»Wir müssen sie erschießen!« meinte Göllner, der Bauernsohn.

»Halt!« warnte Possler unterdrückt. »Die Russen von dieser Kanone müssen irgendwo in der Nähe sein. Nicht schießen!«

»Aber wir können die Tiere doch nicht . . .«

Posslers Handbewegung ließ Göllner abrupt verstummen.

»Vorsichtig weiter. Alle Waffen schußbereit halten!«

Sie verließen die Pferde. Eines schnaubte. Es klang für Göllner wie ein Vorwurf, daß man sie nicht erlöst hatte.

Ganz unvermittelt peitschte ihnen das Feuer von Explosivmunition entgegen, die beim Aufschlag mit blauen Flämmchen auseinanderspritzte.

Sie warfen sich in Deckung. Göllner kroch weiter, erreichte einen Stapel geschälter Baumstämme, lugte darüber hinweg und sah sie.

Die Russen kamen genau auf sie zu, nur schemenhaft wahrzunehmen. Sie wechselten oft die Richtung, um kein genaues Ziel zu bieten. Aber die Waffen der elf Männer faßten sie trotzdem auf. Als Possler schoß, krachten auch die Abschüsse der übrigen MPi. Göllners MG hackte Sekunden später auch dazwischen.

Aus den Häusern an der Straße quollen sie heraus. Dichte Trauben braungekleideter Soldaten. Sie rannten kopflos, ohne Befehl, nach rechts und links. Sie suchten Deckung, fielen im Feuer, das nun auch auf der rechten Straßenseite aufflammte.

»Zurück zum Wagen!« rief Possler. »Absetzen!«

Sie gingen sprungweise zurück. Reutter und Göllner deckten den Rückzug mit dem MG. Sie schossen, so schnell sie konnten, und setzten sich dann ebenfalls ab, als Possler und Hintze ihnen mit erbeuteten russischen Schnellfeuergewehren Feuerschutz gaben.

Als sie den Lkw erreichten, tauchte von rechts der Schirrmeister auf. Drei blutende Männer hinkten hinter ihm her. Der Fahrer hockte schon im Führerhaus.

»Was ist mit dem Oberleutnant und den anderen?« fragte Possler den Schirrmeister.

»Er ist dort drüben. Die Russen haben ihn erschossen. Ihn und vier andere.«

»Aber er hat sich noch bewegt!« schrie einer der Troßleute dazwischen. »Wir haben ihn einfach liegengelassen. Wir haben den Chef im Stich gelassen!«

Possler stieß einen Fluch durch die Zähne.

»Ich übernehme das Kommando! Alle Panjewagen fahren einen Kilometer weit zurück und umfahren das Dorf in nördlicher Richtung. Der Laster bleibt hier und wartet auf uns. Niermann, du sicherst den Wagen, bis wir zurück sind.«

»Soll das heißen, daß wir noch mal bis zum Stehkragen in die Scheiße zurückgehen?« fragte Hintze.

»Was denn sonst, Bernd? Wer hat denn immer die größte Klappe? Wer ist der beste Landser der deutschen Wehrmacht? Der Stabsgefreite Bernd Hintze. – Also mach schon! Diesmal mußt du es beweisen.«

»Kameraden, bitte keine Lilien«, ulkte Hintze, bevor er wieder zum Schnellfeuergewehr griff. »Lieber ein paar Veilchen. Die kommen meiner Bescheidenheit entgegen.«

Einer lachte.

Da lachte wirklich einer! Es war wie ein Wunder.

»Und Sie«, wandte sich Possler an den Troßmann, »Sie kommen mit und zeigen uns die Stelle, wo euer Chef liegt.«

Der Mann schien einen halben Meter kleiner zu werden. Er setzte sich nach rückwärts ab und war plötzlich in der Dunkelheit untergetaucht.

»Feige Schweine!« sagte Hintze verächtlich. »Verdammt feige Schweine!«

»Na, komm schon«, sagte Possler, »keine Volksreden.«

Possler und Hintze überquerten die Straße. Während sie die Geräusche der wendenden Wagen hörten, hatten sie die Häuser erreicht. Als sie hinter sich Schritte vernahmen, kam der eine der Troßmänner, der vorhin verschwunden war, zu ihnen vorgelaufen.

»Ich werde es euch zeigen!« sagte er außer Atem. »Ich hatte Angst, aber ich muß es euch zeigen!«

»Na also!« bemerkte Hintze trocken. »Den Ausdruck feiges Schwein nehme ich, was dich betrifft, mit dem Ausdruck tiefsten Bedauerns zurück.«

Das war Hintze, der wuchtige, gedrungene Bergmann aus Wanne-Eickel, mit den blauen Bergnarben auf der Stirn und der Tätowierung eines nackten Weibes auf der Brust. Der ehemalige Amateurboxer, der während seiner Glanzzeit den Ruhrpott in Atem gehalten hatte. Auch hier war er ein verdammter Schlot; einer der Männer, deren Disziplin immer zu wünschen übrigließ. Gleichzeitig aber war er einer der Kameraden, auf die sich jeder Landser felsenfest verlassen konnte. Fester und zuverlässiger als auf sich selber.

Sie gingen weiter. Auf der Straße zur Linken hörten sie schon die Russen, die sich sammelten.

»Hier muß es sein, hinter diesem Haus«, wisperte der Troßmann.

Sie umrundeten das Haus und fanden sich auf einem gestampften Hof mit einer Wasserpumpe.

Dort drüben lagen sie: der Oberleutnant und seine vier Männer. Als sie zu ihnen hinübergekrochen waren, sah Possler, daß alle fünf tot waren. Sie waren mit den Dreikant-Seitengewehren der Russen erstochen worden. Eines steckte noch in der Brust des Oberleutnants.

Der Troßmann begann zu schluchzen.

»Wir sind daran schuld! Wir haben sie im Stich gelassen!«

Hintze kroch zu ihm hinüber und schlug ihm mit aller Kraft die flache Hand über den Mund.

»Schnauze!« zischte er heiser.

Sie krochen zurück. Gerade noch rechtzeitig, denn nun tauchte hinter der Scheune eine Gruppe Rotarmisten auf.

»Los, zum Wagen!«

Sie holten etwas weiter nach Westen aus, um nicht so dicht an die Straße zu kommen. Und noch hatten sie den Weg zum Lastwagen nicht zurückgelegt, als dort, wo die Panjefahrzeuge fuhren, Abschüsse knallten.

»Panzer!« stellte Hintze fest.

Die Nacht wurde zerrissen vom Geballer der Panzerkanonen. Die ersten Wagen standen bereits nach einer Minute in hellen Flammen. Die Hölle schien losgelassen.

Sie rasten weiter, überquerten die Straße, erhielten MG-Feuer und erreichten mit Mühe und Not den Lastwagen.

»Aufsitzen! Nach Osten fahren!«

Sie schwangen sich hinauf, der Wagen setzte sich rumpelnd in Bewegung, fuhr mitten in ein hochstehendes Kornfeld hinein und entfernte sich mehr und mehr vom Getöse des Kampfes.

Nach zwei Kilometern Fahrt schwenkten sie wieder nach Süden ein. Als sie einen Sandweg erreichten, fuhren sie auf diesem weiter. Etwa vier Stunden rumpelten sie allein durch die Nacht, als sie abermals Panzergeräusche vernahmen.

Hinter einem Kusselgelände warteten sie auf die Panzer, die kurz darauf auftauchten. Plötzlich erkannte Possler durch sein lichtstarkes Nachtglas, daß es deutsche Panzer waren.

»Vorwärts, fahren wir hin und begrüßen wir die Kameraden!« rief er ausgelassen.

Sie erreichten den kleinen Pulk. Es waren die hier noch haltenden Panzer des Panzerregiments 21 unter Major Schulze.

»Da habt ihr aber Schwein gehabt! Wir wollen mit Tagesanbruch hier abhauen. Der Iwan steht dicht vor uns!« empfing sie Oberleutnant Franz Begemann. »Wir haben Befehl, auch die Straßenkreuzung und die Brücke bis morgen mittag zu räumen.«

Der Panzerchef, bereits als junger Leutnant am 27. Dezember 1943 mit dem Ritterkreuz ausgezeichnet, grinste, als Hintze seine schnoddrige Antwort gab:

»Da hätten wir uns ja überhaupt nicht zu beeilen brauchen.«

Auf der Ostflanke des Brückenkopfes peitschten bereits die Abschüsse von Panzerkanonen. Begemann deutete auf die Beresinabrücke, die sie jetzt erst im Frühlicht erkannten.

»Nichts wie hinüber und nach Bobruisk hinein, Kameraden«, sagte er und rollte mit seinem Panzer nach Osten, dem Kampfgetöse entgegen.

Sie erreichten die Brücke und zwängten sich in eine Lücke, die ihnen einer der Panzer frei gemacht hatte. Unter dem Gewicht ihres Wagens schwang die Konstruktion leicht auf und nieder. Dunkel glänzte das Wasser der Beresina zu ihnen herauf.

Als sich Feldwebel Possler mitten auf der Brücke noch einmal umblickte, als er die dichten Trauben der wartenden Wagen sah, da bekam er plötzlich keine Luft mehr. Es verschlug ihm einfach die Sprache.

Jeden Augenblick konnten die Russen durchbrechen. Und dann waren die Zehntausende deutscher Soldaten, die noch östlich der Beresina standen, verloren.

Sie hatten eben die Brücke passiert und rollten in die Stadt hinein, als schwere Bomber Bobruisk erneut angriffen.

Im Bombenhagel suchten sie eine Deckung, machten sich klein und fürchteten sich. Es krachte ohrenbetäubend. Ihr Wagen wurde von einem Volltreffer in die Luft geblasen. Zu Fuß gingen sie weiter. Schließlich stießen sie auf eine Auffangstelle. Es war ein Regimentsstab der 36. ID (mot.), bei dem sie sich als Versprengte aus Witebsk meldeten.

»Sie kommen zur 3. Kompanie von Oberleutnant Brückner«, sagte der Schreiber, zu Possler gewandt. »Der Oberleutnant wird Sie sofort mitnehmen.«

Aus der Ecke des Raumes löste sich eine mittelgroße Gestalt. Possler sah im Halsausschnitt des Oberleutnants das Ritterkreuz.

»Ich bin Oberleutnant Brückner«, sagte der Offizier.

»Feldwebel Possler meldet sich mit zehn Mann zur Dritten versetzt!«

Oberleutnant Brückner brachte sie in eine Unterkunft. Sie erhielten Verpflegung und Decken, lernten die Kameraden kennen, die sie sofort in ihre Kampfgemeinschaft aufnahmen. Oberleutnant Brückner wartete, bis die erschöpften Männer sich gewaschen und Verpflegung empfangen hatten. Dann wandte er sich an den Feldwebel mit dem Deutschen Kreuz in Gold.

»Sie sind also der Possler, der Panzerknacker von Witebsk?«

Feldwebel Possler nickte.

»Wie kommen Sie überhaupt hierher?«

Stabsgefreiter Hintze erzählte die Odyssee, die sie aus ihren Stellungen östlich des Lutschessa-U bis hierher verschlagen hatte. Die fremden Landser, nun ihre neuen Kampfgefährten, kamen herbei und hörten aufmerksam zu.

»Und wie sieht es hier aus, Herr Oberleutnant?« fragte Hintze, nachdem er den letzten Bissen Brot mit einem Schluck Kaffee hinuntergespült hatte. Der Oberleutnant lächelte.

»In Bobruisk stehen mindestens 100 000 Mann. Die Russen versuchen, uns von beiden Seiten einzuschließen. Im Süden sind zwei Russenarmeen bereits über die Beresina gegangen. Ein Teil der sowjetischen 65. Armee ist westlich von Bobruisk auf die Stadt eingeschwenkt. Aber wenn wir ernsthaft wollen, können wir immer noch durchkommen.«

»Und worauf warten wir?«

»Auf die Kameraden, die noch auf dem Ostufer kämpfen.«

Feldwebel Meixner, Kneisel und Zeller kamen von draußen herein. Stabsgefreiter Böse folgte. Er fluchte unterdrückt, als er sah, daß ihre Strohschütten belegt waren.

»Kameraden aus Witebsk«, erklärte Oberleutnant Brückner. »Sie gehören jetzt zu uns.«

»Mensch, dann sind wir ja wieder eine ganze Kompanie!« rief Böse stotternd. Laut zählte er die Männer ab, die neu hinzugekommen waren.

»Mensch, Richard, das sind ja mindestens elf Männeken!«

»Na und?« fragte Meixner. »Was hast du gegen die Zahl Elf?«

»Nun, wir sind auch elf Mann. Kalkuliere, daß wir damit unsere Streitmacht verdoppelt haben«, warf Hintze trocken ein.

»Aber das hat was zu bedeuten!« stotterte Böse abermals.

»Haut euch aufs Ohr. Vielleicht geht es morgen los. Richtung Westen. Dazu müssen wir verdammt auf dem Posten sein.«

VIII.

Am Morgen des 28. Juni 1944 — dreißig Jahre nach der Ermordung des österreichischen Thronfolgers in Serajewo — traf im Hauptquartier der Heeresgruppe Mitte in Minsk ein Führerbefehl ein.

»Die Beresina-Stellung ist unter allen Umständen zu halten!«

Wußte man denn dort in Rastenburg nicht, daß bereits am Vortag die 9. Armee im Raum Bobruisk eingekesselt worden war?

Wußte man nicht, daß russische Divisionen bereits im Westen hinter Bobruisk standen und daß die Rote Armee schon am 27. Juni im Zuge der Straße nach Mogilew bis an die Beresinabrücken von Bobruisk durchgebrochen war und diese nun sperrte? Russische

Fliegerverbände warfen dort pausenlos ihre Bomben in den Todeskessel der noch auf dem Ostufer dicht gedrängten Landser. Schlachtflieger jagten zu Hunderten darüber hinweg und nahmen selbst die einzeln im Wasser schwimmenden deutschen Landser aufs Korn, die versuchten, sich auf das Westufer der Beresina zu retten.

Auf dem Ostufer standen noch Teilverbände des XXXXI. und des XXXV. Armeekorps.

Der 27. Juni 1944, der zum Schicksalstag für die gesamte Heeresgruppe Mitte wurde, war anscheinend im Führerhauptquartier überhaupt nicht zur Kenntnis genommen worden.

Die 11. russische Gardearmee und die 31. Sowjetarmee hatten Orscha genommen. Das 2. Gardepanzerkorps der Russen hatte zur gleichen Zeit fünfzehn Kilometer westlich Orscha die Minsker Fernverkehrsstraße erreicht, während die 5. Gardepanzerarmee in Tolotschino stand und bereits fünfzig Kilometer westlich Orscha die deutschen Rückzugswege sperrte.

Die im Raum westlich von Bobruisk aufschließenden russischen motorisierten Verbände hatten bereits am Abend des 27. Juni Nowo Dorogi erreicht. Ihre Nordgruppe kam bis Ossipowitschi. Nur eine rasch eingerichtete Sicherungsfront bei Borissow gebot den stürmenden Rotarmisten vorläufig noch Halt. Und als kleiner Hoffnungsfunke wirkte die schnell herangeschaffte 12. Panzerdivision, die soeben in Marina Gorka ausgeladen wurde. Aber auch sie würde nicht imstande sein, das Schicksal zu wenden. Es wäre schon viel, wenn es ihr gelänge, es so lange aufzuhalten, bis das Gros der deutschen Truppen die Beresina erreicht hatte.

Der 3. Panzerarmee war an diesem düsteren 27. Juni im Raum Lepel die 121. ID zugeführt worden. Aber die Entfernung zum LIII. AK hatte sich inzwischen auf achtzig Kilometer erweitert, so daß ein Herauskämpfen der fünf Restdivisionen nicht mehr möglich war.

Am Nachmittag dieses 27. Juni 1944 gab die Heeresgruppe Mitte eine Weisung für die weitere Kampfführung heraus.

In dieser Weisung wurde der abgeschlagene Südflügel der 9. Armee der 2. Armee mit der Direktive unterstellt, diesen Rest an den Oressa-Abschnitt zurückzuführen.

Die 9. Armee selbst erhielt Weisung, das Zurückkämpfen auf die Linie Stary Dorogi – Ossipowitschi durchzuführen und eine Division im Festen Platz Bobruisk zurückzulassen.

Der 4. Armee wurde befohlen, sich abschnittsweise auf die Beresina abzusetzen, aber den Festen Platz Mogilew zu halten.

Dies, obgleich Mogilew bereits halb eingeschlossen war.

Der Vorschlag von Feldmarschall Busch, den er am Mittag des 27. Juni direkt beim Führer gemacht hatte, nämlich die Festen Plätze Bobruisk, Mogilew und Orscha aufzugeben, war wiederum abgelehnt worden.

In der Nacht zum 28. Juni traf eine Führerweisung bei der Heeresgruppe ein, in der noch einmal betont wurde, daß die Festen Plätze wenigstens noch ein paar Tage gehalten werden sollten.

Dadurch glaubte man, den Ausbau einer endgültigen Verteidigungsfront weiter rückwärts zu ermöglichen.

Was damit wirklich erreicht wurde, das erfuhren bereits zu dieser Stunde die Landser in Orscha, Mogilew und Witebsk:

Sie wurden in eine verlorene Schlacht geworfen und vollständig verheizt. Und selbst wenn es gelänge, durch ihr Ausharren eine neue Verteidigungslinie aufzubauen, so war diese dadurch sinnlos geworden, weil es keine Soldaten mehr gab, die sie besetzen konnten.

Am Morgen des 28. Juni meldeten denn auch sämtliche Führungsstäbe und die Heeresgruppe, daß auch im Raum Bobruisk die Katastrophe eingetreten und die Masse der 9. Armee eingekesselt sei. Die Verbände würden – selbst wenn ihnen ein Herauskämpfen gelänge – keinen Kampfwert mehr haben.

Der Anfang vom Ende war also genau zu dem Zeitpunkt erreicht, als der Führerbefehl vom 28. Juni 1944 das Halten der Beresina-Stellung verlangte.

Auch die Gruppe von Saucken, die aus der 5. PD und Sicherungstruppen gebildet worden war und unter ihrem tapferen Kommandeur beiderseits Borissow und weiter nördlich der zerstörten Beresina-Übergänge das Vorgehen des Feindes noch einmal aufhielt, konnte das Ende nur hinauszögern. Der Chef des Stabes der Heeresgruppe Mitte faßte die zu treffenden Maßnahmen zusammen, die nötig waren, um wenigstens einen Teil der Divisionen zu retten. In einem Ferngespräch am 28. Juni mit dem OKH sagte er:

»Die Bewegungsfreiheit des Feindes in den Räumen Bobruisk und Lepel ist auch bei letztem Einsatz sämtlicher schwachen Kräfte nicht mehr zu behindern. Sofortige Zuführung starker neuer Kräfte auf Baranowicze und westlich Lepel sind erforderlich. Hauptaufgabe der Heeresgruppe ist es, die 4. Armee in den Raum Minsk zurückzuführen. Durch Angriff einer bei Baranowitschi neu versammelten Gruppe frisch zugeführter Verbände muß das Zurückkämpfen der 4. Armee von Süden her unterstützt werden. Durch bewegliche Kampfführung der 12. und möglichst der 4. PD soll der Raum südlich, durch die 5. PD der Raum nordöstlich Minsk für die Rückzugsbewegungen der 4. Armee offengehalten werden. Die von der Heeresgruppe Nord zuzuführenden Infanteriedivisionen sind über Molodetschno auf Minsk heranzuziehen.«*

Am Abend des 28. Juni 1944 wurde Feldmarschall Busch durch Feldmarschall Model abgelöst. Der neue Oberbefehlshaber beantragte sofort die Zuführung von zwei Divisionen der Heeresgruppe Nord nach Minsk, ferner die der 28. Jägerdivision nach Sluzk und eine Beschleunigung des Antransports der 4. PD.

Diese Anträge wurden noch am gleichen Abend beim Führervortrag genehmigt.

Ununterbrochen donnerten starke Fliegerverbände der 16. sowjetischen Luftarmee über die im Kessel bei Bobruisk eingeschlossenen Soldaten hinweg.

Armeegeneral Rokossowskij hatte bereits am 27. Juni mit dem 9. Panzerkorps seiner 1. Weißrussischen Front bei Titowka das Ostufer der Beresina erreicht. Am selben Tag riegelte er auch die Übersetzstellen nördlich von Bobruisk ab. Schützendivisionen der 3. und 48. Sowjetarmee schlossen von Nordosten her den Ring um Bobruisk. Das 1. Gardepanzerkorps schnitt im Westen die Rückzugswege der 9. Armee ab, während die russischen Hauptkräfte

* Siehe: Gackenholz, Hermann, a. a. O.

bereits den Angriffsstoß fortsetzten und in Richtung Ossipowitschi – Puchowitschi auf Sluzk vorgingen.

Am selben Tag befahl General Rokossowskij den Einsatz sämtlicher Luftstreitkräfte seiner Armeegruppe.

»Die Hitleristen könnten schon in der Nacht zum 28. Juni ausbrechen«, sagte er. »Das müssen wir verhindern.«

526 Maschinen starteten, darunter 400 Bomber. In der Frühe des 28. Juni warfen diese Verbände in eineinhalb Stunden 11 300 Bomben, feuerten 572 Raketen und schossen 41 000 Granaten und MG-Geschosse ab.

Im Erholungsheim der 6. ID in Bobruisk hörten die verwundeten Soldaten das Krachen der Bomben und die berstenden Schläge, mit denen die Munitionsdepots in die Luft flogen.

»Wie sieht es aus, Irina?« fragte Heinz Berke die Ärztin, als sie durch den Krankensaal kam und bei seinem Bett stehenblieb.

Irina Perewitsch lächelte zuversichtlich.

»Wir sollen alle ausgeflogen werden. Der Armeestab hat bereits eine Route erkundet. Heute nachmittag landen die Ju 52 der Transportfliegerverbände auf der Zitadelle und holen uns.«

»Habt ihr das gehört?« rief Grenadier Leppas. »Habt ihr das gehört? Sie holen uns!«

Wie ein Lauffeuer pflanzte sich diese Nachricht, die der Himmel selbst geschickt zu haben schien, durch die Räume fort.

Zur gleichen Stunde hörten es auch die übrigen 5000 Verwundeten, die noch in den Lazaretten von Bobruisk lagen und auf Rettung warteten, während sie schon die Kanonade der Artillerie und die Panzerduelle hörten und die Luftangriffe über sich ergehen lassen mußten.

Und sie beteten alle:

»Herrgott, laß es stimmen! Laß uns aus diesem Höllenpfuhl entkommen!«

Während russische Flugzeuge ihre Bombenschächte über Bobruisk leerten, während Häuser in Flammen aufgingen und die auf dem Ostufer zusammengedrängten Landser mehr und mehr dezimiert wurden, breitete sich in den Lazaretten Zuversicht aus. Hoffnung kehrte zurück, wo vor wenigen Minuten noch Verzweiflung geherrscht hatte.

Irina blickte sich um. Alle Verwundeten waren mit sich beschäftigt, sie teilten einander ihre Freude über die bevorstehende Befreiung mit.

Rasch beugte sich die russische Ärztin zu Heinz Berke hinunter. Ihr Mund berührte den seinen. Er atmete ihren frischen Duft ein: nach Pfirsich und irgendeiner Creme.

»Du treibst aber den Pulsschlag wieder hinauf«, sagte er und versuchte, unbemerkt ihren Schenkel zu fassen.

Ihr Mund verzog sich zu einem aufreizenden Lächeln.

»Zuviel Aufregung schadet dem Patienten«, sagte sie und wich einen halben Meter zurück.

Sein Blick umfaßte ihre Gestalt. Das Sonnenlicht, das durch das Südfenster eindrang, ließ ihren Kittel, unter dem sie kein Kleid trug, völlig transparent erscheinen. Er sah die Umrisse ihrer wohlproportionierten Gestalt. Das blonde Haar war von der Sonne umstrahlt. Ihre Augen waren tiefblau. Sie war für ihn wie eine Verheißung, und das nicht erst seit heute.

Beim ersten Sehen, damals, als er in ihr Zimmer getreten war, hatte es ihn wie ein Schlag getroffen: Das ist s i e !

Es war wie eine Explosion gewesen, bei ihm – und auch bei ihr. Und nun liebten sie einander und kamen nicht mehr voneinander los. Und sie fuhr mit ihm zurück nach Westen, einem ungewissen Schicksal, einer düsteren Zukunft entgegen. Dennoch war sie fröhlich und guten Mutes.

»Sieh dir die beiden dort drüben an, Irina«, sagte Berke, nur um nicht mehr in dieses strahlende Gesicht sehen zu müssen, weil ihn die klare Schönheit der jungen Russin schmerzte; und weil er daran dachte, daß vielleicht auch sie irgendwann, irgendwo zurückbleiben könnte. Wie das Mädchen Olanka Rowna oder wie Rittmeister Franz und die beiden Ärzte.

Irina drehte sich um. Im hintersten Winkel des Raumes hockte die Russin am Boden. Sie sang mit leiser, dünner Stimme und wiegte ihren ausgemergelten Oberkörper dazu im Takt. Und Igor, ihr Sohn, sah sie an, und der wilde, trotzige Ausdruck, den er sonst zur Schau trug, war verschwunden. Jetzt war es wieder ein Kindergesicht, das zu seinem Alter paßte.

»Wie sie es nur geschafft hat, Irina?«

»Weil sie liebt. Weil sie eine Mutter ist, Heinz«, erwiderte die Ärztin lächelnd.

»Ich hätte nie gedacht, daß Mutterliebe so stark macht.«

»Frauenliebe auch, Heinz«, sagte sie.

»He, Fräulein Doktor! Wir kommen auch noch an die Reihe!« rief einer der Genesenden; die anderen fielen mit Vergnügen und im Chor ein: »Hallo, Fräulein Doktor!«

»Bis später, Heinz.«

Irina ging weiter. Sein Blick folgte ihr, folgte dem wiegenden Gang und dem lässigen Spiel der Hüften, die Verlockung ausstrahlten und eine ganz große Verheißung für ihn waren.

Ein paar Sekunden lang schloß er die Augen. Man hatte ihm das Loch im Rücken zugepflastert. Zum Glück war es nur ein Streifschuß gewesen, der ein Stück Fleisch herausgerissen hatte. Hoffentlich war er kräftig genug, Irina zu beschützen: Später einmal, wenn man wieder mehr darauf achten würde, daß ein Deutscher keine Russin lieben durfte.

Ein paar Betten weiter hielt Grenadier Leppas die Hand von Schwester Waltraud. Schwester Lore schüttelte am anderen Ende des Saales ein Bett auf.

»Wir werden ausgeflogen, Waltraud!« sagte Leppas träumerisch. »Wir werden bald aus dem Dreck 'rauskommen. Wenn wir in ein Heimatlazarett kämen, Waltraud — würdest du versuchen, auch dorthin zu gehen, damit wir uns ab und zu sehen könnten?«

Wieder krampfte sich das Herz der jungen Schwester in schmerzlicher Ohnmacht zusammen.

Leppas würde nie wieder sehen können. Er wußte es nur noch nicht. Aber bald mußte sie es ihm sagen. Sie mußte es sagen, bevor es ein anderer tat. Auf ihre Weise; so, daß er nicht daran zerbrach.

Der Nachmittag verging, und einmal glaubten sie, eine Ju 52 zu hören, die die Zitadelle anflog.

»Jetzt kommen sie!« rief einer der Männer. Sie sprangen aus den Betten, rannten zu den Fenstern, von denen aus die Zitadelle zu sehen war, und sahen die erste Ju 52 einschweben und niedergehen.

»Sie schaffen es!« riefen sie durcheinander.

Aber dann stob dort, wo die Maschine kurz zuvor verschwunden war, ein flammender Rauchpilz zum Himmel. Der donnernde Schlag einer Explosion hallte gegen ihre Ohren, und Heinz Berke, der ebenfalls aufgesprungen und ans Fenster gelaufen war, wandte sich ab. Er brauchte nicht mehr zu sehen, um zu wissen, was dort passiert war.

»Die Landebahn ist zu kurz«, sagte er, als Irina zu ihm herüberkam und ihn fragend anblickte. »Sie schaffen es nicht, auf der Zitadelle zu landen. Und der Flugplatz ist bereits von den Russen besetzt. – Es wird nichts mit dem Ausfliegen, Irina.«

»Dann werden wir es wieder mit dem Wagen versuchen, Heinz. Das Lazarett hat ein paar Lastwagen. Wir werden es schaffen!«

Eine Viertelstunde später tauchte einer der Sanitätsdienstgrade auf. Während sich noch viele in neuen Hoffnungen ergingen, wurden die Schwestern und die Ärztin zum Chef gerufen.

Irina Perewitsch trat als letzte ein.

Oberstabsarzt Dr. Kleffner wandte sich den Versammelten zu. Sein Gesicht war übernächtig. Aber seine Stimme klang fest und sicher, als er seinen Plan vortrug.

»Wir werden heute nacht die Stadt verlassen.«

»Aber wir sind eingeschlossen, Herr Oberstabsarzt«, warf Unterarzt Gödde ein.

»Heute nacht findet ein Ausbruch statt. Wir hängen uns mit sämtlichen Wagen hinter die kämpfenden Einheiten. Generalmajor Hamann hat zugesichert, daß wir Flankenschutz erhalten werden.«

»Wer ist General Hamann?« fragte Irina.

»Er ist der Kampfkommandant von Bobruisk. Er wird mit seinen Männern in der Stadt bleiben und unseren Ausbruch decken«, antwortete der Oberstabsarzt.

Eine halbe Stunde später kam Irina in den großen Saal zurück.

»Packt eure Sachen«, sagte sie. »Heute nacht brechen wir aus. Wir werden durch Schützenpanzer unterstützt.«

Wieder schlug die Stimmung um. Die Männer packten ihre Bündel. Schwester Waltraud half Leppas, seine Sachen zu packen. Maria Magierowna packte für sich und ihren Sohn. Es war ein winziges Bündel, denn die Hauptlast, die sie zu tragen hatte, war ja Igor. Sie mußte mit Igor zurückkommen. Igor mußte seine Beine aus Eisen und Holz haben, wie es der deutsche Arzt ihr versprochen hatte, damit er wieder selbst laufen konnte. Was sollte denn aus ihm werden, wenn sie einmal nicht mehr da war, um für ihn zu sorgen? Sie winkte Irina zu sich heran.

»Heute nacht?« fragte sie, und ihre dunklen Augen spiegelten sämtliche Empfindungen wider. »Und ihr nehmt uns mit?«

»Wir nehmen dich und Igor mit. Wir lassen euch nicht hier liegen«, versprach Irina. »Wir brechen um Mitternacht auf.«

Während die Sowjets Bobruisk bereits zu zwei Dritteln eingekreist hatten, kämpfte auf dem Ostufer der Beresina noch immer das Grenadierregiment 232 der 102. Infanteriedivision. Sein Kommandeur war Oberst Arthur Jüttner*.

Von Gomel aus waren die Grenadiere schrittweise vor dem Angriff weit überlegener feindlicher Panzer- und Infanteriekräfte zurückgewichen. Trotz der tiefen Einbrüche war es den Sowjets nicht gelungen, das Regiment Jüttner einzukesseln und zu vernichten. Immer wieder wußte der Oberst, einer der besten Kommandeure des Heeres, einen Ausweg.

Die Armeeführung löste schließlich das Regiment aus seinen Stellungen und setzte es bei Bobruisk zur Verteidigung der Eisenbahnbrücke über die Beresina ein.

Hier waren es wieder die Grenadiere um Jüttner, die sämtlichen Angriffen der Sowjets trotzten, diese wichtige Brücke hielten und das Zurückführen vieler Züge mit Verwundeten möglich machten.

---

* Jüttner erhielt am 14. Dezember 1941 das Ritterkreuz. Er wurde für den hier beschriebenen Einsatz am 18. Oktober 1944 als 622. deutscher Soldat mit dem Eichenlaub ausgezeichnet und erhielt am 5. April 1945, inzwischen Divisionskommandeur der 62. Volksgrenadierdivision, als 144. Soldat die Schwerter zum Eichenlaub.

Jeder Mann focht mit letztem Einsatz. Oberst Jüttner hatte sie darüber informiert, worum es ging. Sie mußten für drei Armeekorps den Übergang über den Fluß freihalten.

Selbst als es den Russen gelungen war, die große Straßenbrücke zu gewinnen, als die Rotarmisten von drei Seiten auf den deutschen Brückenkopf um die Eisenbahnbrücke eindrangen, hielten die mehr und mehr zusammenschrumpfenden Einheiten des GR 232 immer noch. Bis zur letzten Minute setzten hier deutsche Soldaten über den Fluß.

Als dann die Gruppe Hoffmeister, mit dem Kommandierenden General des XXXXI. Panzerkorps, Generalleutnant Hoffmeister* an der Spitze, am 29. Juni morgens aus Bobruisk ausbrach, bildeten Jüttners Grenadiere die Nachhut. Sie verhinderten ein zu schnelles Nachdrängen des Gegners.

Doch dann begann für jeden einzelnen Grenadier eine unvorstellbare Odyssee. Einen ganzen Tag lang hielt die zusammengeschmolzene verschworene Kampfgemeinschaft noch in Bobruisk aus. Oberst Jüttner hörte von entsetzlichen Verlusten der Ausbrechenden.

Dann war das Regiment völlig eingeschlossen. Splittergruppen von anderen Divisionen, denen ein Durchbruch nicht gelungen war, schlossen sich Jüttners Einheit an. Hinzu kamen kaum gehfähige Verwundete aus den Lazaretten.

Am 30. Juni ließ der Oberst antreten. Noch einmal stürmten sie, durchbrachen die Front der Russen und gingen in Richtung Minsk zurück.

Die Nacht fiel ein. Bobruisk war ein einziges Flammenmeer, und noch immer griffen russische Flugzeuge an und warfen Bomben über Bomben.

Plötzlich pflanzte sich von der Beresina aus der Schreckensruf stadteinwärts fort:

»Die Russen kommen!«

---

* Ritterkreuz als Generalmajor und Kommandeur der 383. Infanteriedivision am 7. Oktober 1943.

Die russische Dnjeprflottille hatte im Feuerschutz der Artillerie das erste Regiment übergesetzt. Die Infanteristen hatten schon die Häuser am Stadtrand erreicht und kämpften sich verbissen weiter vor. Unablässig heulten die Sturmbootmotoren, jagten die Boote über den Fluß und brachten neue Angreifer herüber.

Im Lazarett, nahe dem Dnjepr, hörten die Verwundeten die bellenden Abschüsse der Werfer. Sie sahen die Feuerschwänze herüberzischender Raketensalven, und dann tauchten die ersten Rotarmisten auf.

Fluchtartig verließen die Verwundeten, die noch laufen konnten, das Lazarett und versuchten, sich in westlicher Richtung abzusetzen.

Diejenigen, die nicht laufen konnten, drangen in die Apotheke des Lazaretts ein und versorgten sich mit Gift. Sie schluckten den schnellen Tod, um hier nicht langsam zugrunde zu gehen. Sie wollten lieber sterben, als noch einmal eine solche Heimsuchung über sich ergehen zu lassen oder gar in Gefangenschaft zu geraten.

Mit dem Mute der Verzweiflung warfen sich deutsche Soldaten der roten Flut entgegen und versuchten, sie noch einmal aufzuhalten.

»Oberleutnant Brückner zum Chef!«

Seit einer Stunde herrschte in der Unterkunft der Grenadiere des Regiments 87 Alarmstimmung. Mit diesem Befehl schien es ernst zu werden.

»Macht euch schon mal fertig, Männer!« sagte der Oberleutnant, bereits unter der Tür stehend und den Stahlhelmriemen mit dem Daumen unter das Kinn schiebend.

Dann verließ Richard Brückner die Unterkunft und trat ins Freie. Von drei Seiten her blitzten Abschüsse; Brände flackerten.

»Sieht toll aus, nicht wahr, Meyer? Was spricht man so in Stabskreisen?«

Der kleine Leutnant Meyer, Regimentsadjutant und Possenspieler in einer Person, versuchte ein Grinsen. Aber das konnte Brückner im Dunkeln nicht sehen.

»Alles ist heute nacht drin, Richard. Sogar das Eichenlaub für dich. Wenn du einen so schnellen Schreiber wie mich in der Nähe hast, der einen Bericht über den neuen Einsatz macht ...«

»Armleuchter! Kannst du denn nicht eine Sekunde lang ernst bleiben?«

»Bei dem Getöse nicht, Richard«, erwiderte der Leutnant. Sie gingen über den Hof und erreichten das Stabsquartier. Meyer hielt die Tür zum Gefechtsstand auf.

Als sie eintraten, erblickten beide gleichzeitig die hochgewachsene Gestalt des Divisionskommandeurs. Oberleutnant Brückner wollte Meldung machen, aber Generalmajor Conrady winkte ab.

»Ich freue mich, Sie wiederzusehen, Brückner. Fürchtete schon, Sie abschreiben zu müssen, nachdem die Russen so überraschend durch den Sumpf kamen.«

General Alexander Conrady, in dessen Halsausschnitt das Ritterkreuz mit Eichenlaub blinkte*, wandte sich dem Kartentisch zu und winkte Brückner näher zu sich heran.

Mit dumpfem Brausen heulten Raketensalven über den Gefechtsstand hinweg. Der General ergriff mit stoischer Ruhe den Zeigestock. Schon krachte und dröhnte es ringsumher. Ein paar Quadratmeter Putz fielen von der Decke und hüllten sie alle in einer Staubwolke ein.

Als das Getöse vorüber war, wandte sich der Divisionskommandeur an seinen Kompaniechef, den er seit Jahren kannte.

»Brückner, wir brechen heute nacht durch, und zwar in den ersten Morgenstunden. Die Gruppe Hoffmeister, geführt von unserem Kommandierenden General, wird nach Westen ausbrechen.«

»Das werden unsere Männer gern hören, Herr General«, erwiderte Brückner.

Alexander Conrady nickte lächelnd.

»Aber eine Stunde vor dem Ausbruch werden Sie mit Ihrer Kompanie einen Transport Genesender aus dem Divisions-Erholungsheim nach Westen begleiten.«

---

* Ritterkreuz als Oberstleutnant am 21. Oktober 1942. Eichenlaub als Oberst am 22. August 1943.

Oberleutnant Brückner starrte den General entgeistert an. Es verschlug ihm beinahe die Sprache. Er dachte an die eine der Schwestern, Lore hieß sie. Schwarzhaarig und dunkeläugig war sie und trotz der überstandenen Strapazen von überschäumendem Temperament.

Er hatte sich vage gewünscht, sie wiederzusehen. Aber daß es so kommen würde, hätte er nie zu hoffen gewagt.

»Hören Sie mir bitte eine Minute zu, Herr Brückner!« Die Stimme des Generals hatte sich etwas gehoben.

Brückner blickte ihn schuldbewußt an.

»Entschuldigung, Herr General! – Aber wir trafen auf der Beresinabrücke mit einem Transport Genesender aus Shlobin zusammen, den wir ins Divisions-Erholungsheim 6 geleitet haben.«

»Na, dann kennen Sie sich ja. Also, Sie werden den Schutz der rechten Flanke übernehmen und parallel zum Transport vorgehen. An der Spitze der Kolonne fährt eine Kompanie auf Schützenpanzerwagen, um einen Scheinangriff darzustellen und gleichzeitig den Zweck zu erfüllen, den Transport auf alle Fälle durchzuboxen.«

Mit knappen Worten umriß der General die Aufgabe der Kompanie, die nun wieder zweiundzwanzig Mann stark war. Als er geendet hatte, holte er einen Brief aus der Brusttasche seines Waffenrocks heraus.

»Und dies übergeben Sie bitte Oberstabsarzt Dr. Kleffner. Er ist ein Freund von mir.«

Richard Brückner nahm den Brief und steckte ihn in die Kartentasche.

»Hals- und Beinbruch, Brückner! Und sollten Sie früher nach Hause kommen, dann grüßen Sie Deutschland von mir!«

»Danke gehorsamst, Herr General! Auch Ihnen Hals- und Beinbruch!«

Als der Oberleutnant wieder zur Unterkunft zurückging, rollten bereits Flak und Pak auf Selbstfahrlafetten zum Fluß hinunter.

»Was ist los?« fragte er einen Feldwebel, der mit seinem Geschütz an der Ecke stehenbleiben mußte.

»Die Russen kommen über den Fluß, Herr Oberleutnant! Wenn wir nicht bald ausbrechen, haben sie uns am Arsch.«

Brückner eilte in die Unterkunft.

»Fertigmachen! Wir brechen in genau fünf Minuten auf.«

»Wohin geht es denn, Richard?« fragte Kneisel den Freund.

»Richtung Heimat. Wir bilden den Flankenschutz für eine Gruppe aus dem Divisions-Erholungsheim.«

Schrill pfiff Böse durch die Zähne.

»Nachtigall, ick hör dir trapsen!« sagte er mit einem Augenzwinkern.

»Macht hin, nicht so lahmarschig!« ging der Oberleutnant über die Anpflaumung hinweg.

Fünf Minuten später verließen sie die Unterkunft. Weiter im Norden hörten sie bereits russische Panzer. Ihre Kanonen bellten; ein paar Pak hämmerten dagegen an.

»Die Russen kommen!«

Mühselig mußten sie sich einen Weg durch die Reihen der Verwundeten bahnen, die einfach aus den Lazaretten ausgebrochen waren und ihr Heil in der Flucht suchten.

»Wir holen erst die Panzerfäuste vom Depot!«

»Verdammt! Dort steckt doch schon der Iwan!« brüllte einer der Männer aus dem Zug Possler.

»Halt die Klappe, Mensch!« wehrte Possler ab.

Sie erreichten die Rückseite des Depots. Ein Zahlmeister stand im Eingang. Er hielt die Pistole in der Faust und wehrte die Landser ab, die sich hier noch einmal verpflegen wollten.

»Was wollen Sie hier?« fragte er Oberleutnant Brückner.

»Mensch, lassen Sie die Leute hier 'rein, Zahlmeister!«

»Das geht nicht, Herr Oberleutnant. In genau fünfzehn Minuten sollen wir sprengen, und wenn dann noch Leute hier drin sind, machen sie eine Himmelfahrt.«

»Na schön, dann nicht. Wir sollen Panzerfäuste abholen.«

»Kommen Sie.«

Der Zahlmeister öffnete das Tor und ließ sie ein. Er führte sie in den Raum, in dem Panzerfäuste zu großen Haufen herumlagen.

»Bedienen Sie sich, Herr Oberleutnant.«

Sie schnappten sich jeder vier Panzerfäuste und schleppten sie nach draußen. Unterwegs kamen sie an Landsern vorbei, die hinter ihnen in das Depot eingedrungen waren.

»Hinaus mit euch! In zehn Minuten fliegt der ganze Laden in die Luft!« warnte Brückner die Männer, die sich über die Flaschen mit Sekt, Wein und Schnaps hermachten.

»Wenn das der General des Transportwesens wüßte!« stöhnte der Zahlmeister vor sich hin.

»Der hat jetzt verdammt andere Sorgen! Sehen Sie zu, daß Sie die Männer hier 'rausbekommen!«

Als sie ins Freie kamen, war das Getöse noch schlimmer geworden. Die russischen Panzer konnten höchstenfalls noch einen halben Kilometer entfernt sein. Noch immer griffen russische Bomber das Stadtzentrum an.

»Zum Erholungsheim!« befahl Brückner. »Sie, Possler, sichern mit Ihren Männern nach rechts ab!«

Der Feldwebel, nun der letzten offiziellen Verantwortung für die Kompanie ledig, winkte seine zehn Männer zu sich heran. Sie liefen am Rand der Straße nach Südwesten. Aber kaum waren sie einen Häuserblock weit gekommen, als plötzlich drei T 34 um die Ecke bogen und direkt auf sie zurollten.

»Niermann und Hintze kommen mit! Ihr anderen gebt Feuerschutz!«

Sie luden den Kameraden die überzähligen Panzerfäuste auf und rannten im Schatten der Häuser auf die drei Panzer zu.

Im Abstand von dreißig Metern folgten Göllner und Reutter.

Als Thomas Göllner die aufgesessenen Russen sah, eröffnete er mit dem MG 42 das Feuer.

Mit zwei langen Feuerstößen fegte er die Russen von den drei Panzern herunter.

»Folgen, Friedhelm!«

Sie rannten vorwärts. Aus dem Hüftanschlag schießend, trieb Göllner die abgesprungenen Russen zurück. Die Panzer rollten ohne Begleitinfanterie weiter. Mit MG-Salven schossen sie sich den Weg frei. Dann blieben sie stehen und schossen mit ihren 7,6-cm-Kanonen.

Die Granaten hämmerten am Ende der Straße in die Hauswände hinein. Ein Giebel kam prasselnd herunter. Mitten in dieses Prasseln hinein zuckten die meterlangen Rückstoßflammen der Panzerfaustabschüsse. Alle drei T 34 blieben getroffen liegen. Zwei von ihnen brannten. Der dritte versuchte zu wenden, bohrte sich dabei mit dem Bug in eine Hauswand, die polternd auf ihn herunterstürzte und ihn unter einer Schuttlawine begrub.

Ein Melder kam angerannt.

»Befehl von Oberleutnant Brückner: Sofort nachziehen! Der Transport rollt bereits!«

»Dann man los!« rief Hintze, der die letzten sowjetischen Infanteristen mit MPi-Feuer in Schach hielt.

Sie liefen die Straße hinunter und erreichten bald die gleiche Höhe mit dem nach Westen fahrenden Transport.

Durch eine Häuserbreite von ihm getrennt, liefen sie weiter. Der Verbindungsmann von Feldwebel Meixners Gruppe wartete auf sie.

»Los, Anschluß halten! Nicht abhängen lassen!«

Dreimal mußten sie sich mit den von Norden her bereits weit in die Stadt vorgedrungenen sowjetischen Schützen herumschlagen. Und dann kamen plötzlich eine Menge russischer Panzer, die wie im Manöver aus einer der Querstraßen auf die Fluchtstraße des aus vier Lastwagen bestehenden Trecks zurollten.

»Panzerfäuste klar?« wollte Possler wissen.

»Alles Brust waschen zum Heldentod!« rief Hintze.

Aber keiner hörte ihn, denn nun wurde das Getöse der Panzermotoren und das Rasseln der Ketten durch einschlagende Granaten verstärkt.

»Sie schießen schon auf den Transport!«

»Sie haben einen Wagen getroffen!«

»Schieße mit Panzerfaust!« brüllte Possler und zog den Abzug durch.

Sekunden später krachte es gleich ein halbes dutzendmal. Drei Panzer standen in Flammen. Die nachfolgenden T 34 kamen nicht mehr durch.

»Alles zu den Wagen!« hallte jählings die Stimme von Oberleutnant Brückner durch das Getöse.

Sie rannten die Straße hinunter und sahen, wie ein Lkw an dem brennenden Spitzenfahrzeug vorbeifuhr. Der nächste folgte und noch einer.

»Schneller, schneller! Sonst hauen die ohne uns ab! Und wir müssen zu Fuß hinterher!« rief Karl-Heinz Böse, diesmal ohne zu stottern.

»Die letzten fünfzig Meter!« keuchte der Oberleutnant. »Macht hin!«

Im Divisions-Erholungsheim war es eine Viertelstunde vor Mitternacht, als die 112 Genesenden und das Sanitätspersonal auf die vier besten Lastwagen verteilt wurden.

Im vierten Wagen hockten neben anderen Soldaten Feldwebel Berke und Grenadier Leppas. Auch die beiden Russen, Mutter und Sohn, und Irina, die Ärztin, waren schon aufgestiegen. Schwester Lore und Schwester Waltraud kamen zuletzt.

Als das Tor geöffnet wurde, hörten sie das Kampfgetöse im Ostteil der Stadt und sahen weit vor sich Flammen aus Auspufftöpfen züngeln.

»Unsere Panzer und Sturmgeschütze!«

Rechts und links tauchten Soldaten auf, die den Zug der vier Lastwagen auf den Flanken abschirmen sollten. Die versprochene SPW-Kompanie aber war nicht zur Stelle. Sie kämpfte an der Brückenstelle westlich der Beresina um ihr Leben und um das der noch über den Fluß kommenden Kameraden.

»Also, dann maaarsch!« befahl Dr. Kleffner vorn im ersten Wagen. »Jede Minute, die wir warten, fehlt uns nachher.«

Der kleine Konvoi setzte sich langsam in Bewegung. Granaten schlugen in die Dächer der Häuser. Flammen züngelten, Dachpfannen flatterten durch die Luft und schepperten auf die Straße.

Sie kamen vorwärts. Langsam zwar, aber stetig. Und so wie sie vorankamen, wurde auch das Kampfgetöse stärker.

»Da vorn ist die Hölle los«, murmelte Heinz Berke, der Irinas Wärme neben sich spürte. »Wenn sie nicht durchbrechen, dann ...«

Irina wußte, was Heinz nicht sagen wollte, als er verstummte: Wenn sie nicht durchkamen, dann war alles aus.

»Wir kommen durch!« sagte sie fest. Ihre Hand lag in seiner, klein und schmal wie ein verängstigtes Tier.

Und dann starrten alle zu der Russin im hintersten Winkel der Lkw-Ladefläche hinüber, die plötzlich zu singen begann. Ein altes Lied aus der Zarenzeit. Ein Lied von Opfern, Tod und Freiheit.

Keiner hinderte sie, und obwohl sie nur leise sang, war es bis in den letzten Winkel des Wagens zu vernehmen.

Plötzlich krachten aus einer Seitenstraße die Abschüsse russischer Panzerkanonen. Der erste Wagen blieb wie angenagelt mitten auf der Kreuzung stehen. Jäh umhüllte eine hohe Flamme Fahrerhaus und Aufbauten. Verwundete sprangen ab und rannten, in Flammen gehüllt, zur Seite und wälzten sich auf dem Boden, um das Feuer zu ersticken. Ihre Schreie gellten durch die Nacht.

Wieder schossen die Russenpanzer, die offenbar aus Norden in die Stadt eingedrungen waren.

Der erste Wagen des Konvois wurde erneut getroffen und diesmal zur Seite gewirbelt. Aus der Seitenstraße brüllte das Aufdonnern der Panzermotoren.

»Sie kommen auf uns zu!« schrie Leppas, der es doch nur hören konnte.

Doch da wurde die Nacht plötzlich von den Rückstoßflammen mehrerer Panzerfaustabschüsse durchzuckt. Mit Donnergetöse blieb der vorderste T 34 stehen. Er brannte Sekunden später lichterloh. Ein zweiter und dritter T 34 fielen aus und blockierten den Weg für die dahinterstehenden Stahlgiganten.

»Weiter, an dem Lastwagen vorbei!« brüllte der Unterarzt im zweiten Wagen.

Als sie um den brennenden Lkw herumkurvten, schnellten plötzlich Männer hoch, die dort an der Kreuzung in Deckung gelegen hatten. Hände reckten sich ihnen entgegen und zogen sie auf den Wagen.

»Ihr auf den nächsten!« rief der Unterarzt, als er keinen Platz mehr hatte.

Als der vierte Wagen auf der Kreuzung stand, kamen Landser in einem dichten Pulk durch die Querstraße gelaufen. An der Spitze ein Oberleutnant mit dem Ritterkreuz.

»Das ist ja Oberleutnant Brückner!« schrie Feldwebel Berke, der sich aus dem Lkw hinauslehnte und seine Beute-MPi schußbereit hielt.

Hinter Brückner kamen die anderen. Es waren noch achtzehn Soldaten. Drei Männer der Kompanie waren kurz vorher gefallen.

»Aufsitzen, aufsitzen! Schnell!«

Sie schwangen sich auf die Ladefläche, keuchten vor Anstrengung, blieben kreuz und quer übereinander liegen, wie sie den Wagen erreichten. Dann zog der Lkw an und fuhr hinter den anderen Wagen her.

»Geschafft!« stöhnte Feldwebel Meixner und wischte sich den vermeintlichen Schweiß aus der Stirn. Bis er feststellte, daß es Blut war.

Irina machte sich an die Arbeit und verband eine Reihe leichter Wunden.

Weiter vorn hatte sich das Getöse des Kampfes inzwischen noch mehr verdichtet.

»Wir kommen nicht durch!« rief vorn einer, als sie stehenbleiben mußten.

»Panzer von vorn!« dröhnte der Schreckensruf.

»Nach links einschwenken!«

Sie rumpelten durch eine Gasse und waren plötzlich allein, während die beiden anderen Wagen weiter vorn von durchgebrochenen Panzern angegriffen und abgeschossen wurden.

Unversehens hatten sie die Stadt hinter sich. Das Kampfgetöse verebbte, und während Oberleutnant Brückner Feldwebel Berke in abgerissenen Worten berichtete, wie ausgerechnet ihnen der Flankenschutz zugefallen war, passierten sie einen weit vorgeprellten Panzerverband. Sie näherten sich einem Waldrand, als die russischen Spitzenpanzer sie trotz der Dunkelheit erkannten und auf sie eindrehten.

»Schnell in den Wald!« befahl der Oberleutnant.

»Karl-Heinz, Meixner, Panzerfäuste!«

Sie sprangen am Waldrand ab und warfen sich rechts und links in das Gebüsch. Sie hörten, wie ihr Wagen durch das Unterholz brach und daß plötzlich der Motor erstarb. Die Panzer durften in dieser Situation auf keinen Fall durchkommen.

»Fertigmachen! Unsere Schüsse müssen sitzen!«

Im Breitkeil schoben sich die Panzer auf den Waldrand zu. Rechts und links auf den Flanken verhielten sowjetische Sturmgeschütze, um zu schießen. Aus ihren 12,2-cm-Kanonen peitschten Abschüsse. Die Granaten zogen über die Köpfe der drei Männer hinweg, sägten schenkelstarke Bäume ab und schleuderten ihnen Geäst auf die Köpfe.

Bis auf dreißig Meter ließen sie die Panzer herankommen, dann schossen sie gleichzeitig. Zwei der drei anvisierten Panzer blieben getroffen stehen. Der dritte aber, obgleich ebenfalls getroffen, rollte weiter, direkt auf den Oberleutnant zu. Brückner wollte zur Seite kriechen und bemerkte auf einmal, daß er eingeklemmt war. Er spürte keine eigentliche Furcht, aber ein sonderbares Gefühl völliger Leere, wie er es noch nie zuvor empfunden hatte.

Noch zehn Meter hatte der Stahlkoloß zurückzulegen. Und er lag hier unter dem Geäst eingekeilt. So sehr er riß und zerrte, er kam nicht frei. Über ihn hinweg feuerte der Panzer mit dem MG in den Wald. Das Gehämmer machte ihn fast taub.

Als Oberleutnant Brückner sich schon damit abgefunden hatte, daß sein Schicksal besiegelt war, zischte von rückwärts ein Sprengtopf über seinen Kopf hinweg, bohrte sich zwischen Turm und Unterwagen in den Panzer hinein und schleuderte den Turm auf einen dichtauf folgenden T 34, der nun ebenfalls liegenblieb.

Ein Mann kroch zu dem Oberleutnant vor, zerrte die Äste beiseite, riß, fluchte und keuchte, bis er den Wirrwarr so weit beseitigt hatte, daß Brückner freikam.

»Was ist los? Wollt ihr da überwintern?« fragte Hintze, der mit Meixner schon ein paar Dutzend Meter weit zurückgerobbt war und den Zwischenfall nicht mitbekommen hatte.

Sie krochen schnell zurück. Als sie sich endlich erheben konnten, erkannte der Oberleutnant den Feldwebel, der ihm die zehn Männer von der 197. ID zugeführt hatte.

»Danke, Günther«, sagte er heiser. Sie liefen nebeneinander her und achteten darauf, nicht von den blindlings in den Wald geballerten Granaten der russischen Panzer erwischt zu werden.

»Keine Ursache, Richard«, erwiderte Possler.

Sie erreichten den Wagen.

Sie waren noch neunzehn Soldaten. Auf dem Lastwagen hockten an die dreißig Verwundete, die beiden Schwestern, die russische Ärztin Irina und die Russin mit ihrem Sohn.

Hinter ihnen verstärkte sich wieder das Getöse der Waffen.

»Wir müssen weiter!« rief Oberleutnant Brückner. »Was ist mit dem Motor, Mann?«

»Alles in Ordnung!« erwiderte der Fahrer.

Der Motor sprang tatsächlich an. Aber die Räder drehten durch. Sie schoben Äste und Zweige unter die Räder und kamen schließlich aus dem Sumpfloch frei.

»Zwei Mann gehen voraus und suchen einen Weg durch den Wald!«

Stabsgefreiter Hintze und Unteroffizier Niermann gingen nach vorn und fanden bald einen fahrbaren Forstweg, der schnurgerade nach Westen führte.

Hinter ihnen aber wurde der Schlachtenlärm nicht etwa leiser, sondern verstärkte sich mehr und mehr und wuchs zu einem Inferno aus Feuer und Stahl. Die Sowjets waren endgültig in Bobruisk eingedrungen, und nun traten 100 000 deutsche Soldaten, wie das Schicksal sie zusammengewürfelt hatte, zum Ausbruch nach Westen an. Der Ring der Sowjets schloß sich auch im Westen immer enger. Im Nordosten, völlig auf sich gestellt, stand das Regiment Jüttner.

»Die armen Schweine!« sagte Niermann.

»Und unser Alter ist auch dabei!«

»Ja, der General ist bei seinen alten Kumpels. Genauso wie damals, als er noch unser Bataillonskommandeur war.«

»Ich wünschte, ich wäre bei ihm, Waldi. Verdammt noch mal, es ist albern, aber ich wünschte, ich könnte jetzt an seiner Seite sein.«

Was war dort hinter ihnen los? Was ging in Bobruisk vor?

Gegen 2.30 Uhr am 29. Juni 1944 begann der Ausbruch von 100 000 deutschen Soldaten aus Bobruisk. Pioniere hatten die ganze Nacht hindurch ihre Sturmboote und Fähren über die Beresina gejagt, um immer wieder vollbeladen mit Landsern zurückzufahren und eine neue Fracht Kameraden an das rettende Westufer zu bringen.

Russische Flußkanonenboote der Dnjeprflottille waren aufgekreuzt. Ihre Kanonen hatten ein Dutzend Schlauchboote in den Grund gebohrt. Mit Schnellfeuergewehren und 5-cm-Granatwerfern waren die Landser gegen die schnellen Flitzer der Russen angegangen. Sie hatten von den Schlauchbooten aus, die von den Flußbooten in den Grund gebohrt werden sollten, Handgranaten auf die russischen Einheiten geworfen. Es war ein Kampf auf des Messers Schneide. Wer hier der langsamere war, mußte mit seinem Leben bezahlen. Pardon wurde nicht gegeben. Mit Waffen und bloßen Händen wehrten sich die Landser bis zuletzt.

Als die Leuchtkugeln aufstiegen, die das vereinbarte Signal gaben, brachen sie aus. Oberleutnant Vielwerth, einer der Ritterkreuzträger der 36. ID (mot.)*, stürmte neben Generalmajor Conrady. Ein Kraftfahrer vom Troß schloß sich ihnen an.

Sie gingen vorwärts und stießen auf einen von Minute zu Minute dichter werdenden Schleier russischer Soldaten. Das Duell entbrannte in voller Härte.

Sie überwanden den ersten Riegel der Russen, wurden aber von den dichten MG-Salven des zweiten Riegels gnadenlos in Deckung gezwungen.

»Sturmgeschütze nach vorn!«

Sie lagen nebeneinander in einem Trichter: Grenadier, General und Oberleutnant, alle nur noch verschworene Kameraden.

»Wir werden uns durchwursteln, Vielwerth!« sagte der General, als sie wieder zu Atem gekommen waren.

Ein Offizier vom Regimentsstab kroch zu ihnen ins Loch.

»Wenn wir nicht durchkommen, dann bleibt uns nur noch das Silberbergwerk in Sibirien. Und das im günstigsten Fall.«

---

* Ritterkreuz am 18. Oktober 1941 als Oberfeldwebel.

»Mal sehen!« erwiderte Vielwerth. Er wollte um jeden Preis durchkommen.

Drei Sturmgeschütze kamen heran. Dichte Trauben Grenadiere hingen dahinter. Die drei Sturmböcke eröffneten das Feuer auf die schweren russischen MG, die bisher jeden weiteren Durchbruch aufgehalten hatten.

Die Sturmgeschütze schossen im Punktfeuer ein MG nach dem anderen aus dem tödlichen Riegel heraus.

»Sprung auf, maaarsch!«

Wie in alten Zeiten stürmten sie. Der Alte, nun General, vorneweg; die ganze Gruppe der Überlebenden hinterher.

Auf der gesamten Breite der Front im Südwesten von Bobruisk wurden die Sowjets überrannt. Die Ausbrechenden erreichten eine russische Waldstellung, überschwemmten sie förmlich und machten jeden Gegner nieder, der sich ihnen entgegenstellte. Dann blieben sie liegen – erschöpft, am Ende ihrer Kraft.

Es war heller Tag geworden, und wieder eröffneten die sowjetischen Schlachtflieger das Scheibenschießen auf jeden einzelnen Landser, der sich sehen ließ.

»Von Westen soll Entsatz kommen, Vielwerth«, verkündete Generalmajor Conrady, als er von der Funkstelle zurückkam.

»Wer soll denn kommen, Herr General?«

»Die 12. Infanteriedivision. Sie haut uns heraus!«

Nach einer dreistündigen Rast gingen sie weiter vor. Sie wollten um jeden Preis durchkommen. Jede Minute, die verging, verringerte die Ausbruchschance.

Von den 100 000 Soldaten aus Bobruisk schafften es 30 000. Dreißigtausend Soldaten, physisch völlig am Ende, sollten schließlich die Auffanglinie der 9. Armee erreichen.

Siebzigtausend blieben zurück. Erschlagen von Bomben und Trümmern. Ertrunken in der Beresina, die schon Napoleons Armee verschlungen hatte. Von Maxim-MG niedergemäht.

»Dünger sollen sie werden für unsere russische Erde!«

Nie war ein russischer Dichter der Wahrheit nähergekommen als dieser, der so prophetische Worte über das Ende von Hunderttausenden deutscher Soldaten prägte.

Nach dreistündiger Fahrt über einen schmalen Waldweg, der oft nur aus einer halb verwachsenen Langholzwagenspur bestand, erreichte der Lkw freies Gelände.

Im Frühlicht der Sonne, die eben im Osten über den Horizont stieg, erspähte Hintze weit voraus russische Panzer, die mit Front nach Osten standen.

»Die warten auf uns, Waldi!«

Unteroffizier Niermann nickte.

»Besser, wir begegnen ihnen nicht. Lauf zurück und laß halten!«

Hintze spurtete zurück und ruderte im Laufen wild mit den Armen.

Das Fahrzeug hielt. Oberleutnant Brückner sprang ab.

»Was ist los?«

»Vor uns Russenpanzer, Herr Oberleutnant. Front nach Osten.«

»Die sollen sicher den Ausbruch aus Bobruisk stoppen!« bemerkte Possler, der von der Ladefläche gesprungen war und nach vorn kam. »Was tun?« fragte er.

»Wir müssen nach Süden ausweichen. Dort gibt es Wald genug. Sehen Sie, hier müssen wir weiterfahren und dann drüben, vor dem Sumpf, wieder nach Nordwesten einschwenken. Dann bleiben wir vorerst immer im Wald. Im freien Gelände würden uns die sowjetischen Flieger abknallen.«

»Ungefähr einen Kilometer weiter rückwärts habe ich einen Weg bemerkt, der nach Süden führt«, warf Meixner ein.

»Dann fahren wir zurück. – Los, Meixner, kommen Sie schon!«

Sie drehten um und fuhren auf die Kreuzung zurück.

Jetzt führten Reutter und Göllner.

Göllner hatte das MG auf dem Wagen zurückgelassen und trug eine russische Beute-MPi. Reutter hielt seine deutsche MPi im Hüftanschlag. Er fühlte sich zum erstenmal der schweren MG-Kästen ledig, die er seit Monaten geschleppt hatte. Genau gesagt, seitdem er Schütze II von Göllner geworden war.

»Da ist die Kreuzung!« sagte Reutter, als der Weg vor ihnen auftauchte.

Göllner nickte und hob den linken Arm etwas an. Ein Blick auf die Uhr zeigte ihm, daß es halb sechs war.

Ein Geräusch ließ ihn jäh aufblicken. Im gleichen Moment schrie Reutter ihm eine Warnung zu und warf sich in Deckung; Göllner selbst warf sich nach vorn. Noch im Sprung hörte er es knallen, spürte einen stechenden Schmerz im Unterleib, dann einen in der Brust und im Kopf.

Er stürzte schwer auf das Gesicht, wollte sich herumdrehen und dachte blitzartig an zu Hause. Für einen Sekundenbruchteil sah er sich auf der großen Tenne, auf der am 30. Juni – morgen also – die Eltern ihre Silberhochzeit feiern würden.

Nun habe ich euch das Fest vermasselt, dachte er noch.

Jemand griff nach ihm, tastete nach seinem Gesicht. Es war Reutter, dessen graue Augen ihn entsetzt anstarrten.

Göllner versuchte zu lächeln, doch Reutters Gesicht verschwamm vor seinen Augen. Das Gebelfer des russischen MG, das er vor einer Sekunde noch deutlich gehört hatte, verhallte hinter einem Polster aus dicker Watte. Dann fiel sein Kopf zur Seite.

Reutter starrte auf seinen Kameraden. Er sah das Leben aus seinen Augen verschwinden, empfing den letzten Blick, der wie ein Lächeln war, und dann – war es aus.

Er hörte nicht, wie Possler und Hintze nach vorn rannten und mit dem eigenen MG den russischen Spähtrupp niedermachten, der hier dicht an der Kreuzung auf der Suche nach fliehenden Deutschen auf sie gestoßen war.

Erst als Oberleutnant Brückner neben ihm kniete und dem Kameraden die Wertsachen und die Erkennungsmarke abnahm, blickte Reutter auf.

»Er ist doch nicht tot, Herr Oberleutnant. Bestimmt nicht!«

Der Oberleutnant dachte eine Sekunde daran, daß man ihm keine Kinder an die Front hätte schicken dürfen. Dann legte er dem jungen Menschen die Hand auf die Schulter.

»Doch, Reutter. Göllner ist tot. Er hat nichts davon gespürt. Mit einem Schlag war es aus.«

Er stand auf und legte die Hand an die Mütze, die er auch im Gefecht anstelle des Stahlhelms trug, um besser hören zu können.

Neben ihm kam Reutter auf die Beine.

»Los, alles aufsitzen! Wir müssen uns beeilen, damit sie uns den Weg nicht abschneiden.«

»Sie sind von Osten gekommen, und wo sie hergekommen sind, da sind noch mehr Russen«, pflichtete Possler dem Oberleutnant bei.

Alle saßen auf. Friedhelm Reutter umklammerte das MG, das Göllner bisher getragen hatte. Er glaubte noch die Wärme von der Hand des Kameraden am Lauf zu spüren.

Der Wagen zog an, rollte los, wurde schneller und schneller, bis er schließlich in halsbrecherischer Fahrt nach Süden fuhr. Es ging immer durch Wald. Immer tiefer ins Niemandsland hinein.

Es war kurz vor fünf Uhr, als Elisabeth Göllner wach wurde. Draußen krähte »Julius«, der Hausgockel. Sie tastete nach links hinüber, aber das Bett war leer. Heinrich, ihr Mann, war schon seit einer Stunde auf und versorgte das Vieh. Morgen hatten sie Silberhochzeit. Ihr Thomas würde nach Hause kommen. Sie hatten seinen Brief erhalten, der ihnen sagte, daß er am 25. in Urlaub fahren würde. Spätestens heute würde er kommen. Sie kannte doch ihren Ältesten. Der ließ nicht auf sich warten.

Sie erhob sich, kleidete sich an und ging in das Bad. Sie wusch sich kalt ab, dann ging sie in die Küche, um den Frühstückskaffee zu machen. Gleich würde Heinrich hereinkommen und sie damit necken, daß sie noch nicht fertig war.

Sie setzte die große Pfanne auf und schnitt Speckscheiben hinein, über die sie ein paar Eier schlug.

Dann ging sie auf die Tenne. Von hier aus konnte Elisabeth Göllner über den Hof in den Kuhstall blicken. Ein Blick auf die Uhr zeigte ihr, daß es halb sechs war.

Plötzlich zerriß ein Schrei die morgendliche Stille. Er kam aus dem Kuhstall und erfüllte ihr Herz randvoll mit Entsetzen.

Da kam auch schon ihr Mann aus dem Stall. Er lief auf sie zu. Sein Mund war weit geöffnet. Die Augen aufgerissen, voller Entsetzen und Unglauben.

»Was ist, Heinrich?« stammelte sie. »Hast du dir etwas getan?«

Er schüttelte den Kopf, haschte nach ihrer Hand und hielt sie fest, als drohte sie ihm entrissen zu werden.

»Unser Thomas!« sagte er mit bebenden Lippen. »Unser Thomas ...«

»Heinrich, was ist dir? Du bist doch hier! Du hast mit offenen Augen geträumt.«

Aber Heinrich Göllner schüttelte den Kopf. Er bedeckte die Augen mit der freien Hand.

»Lisbeth«, sagte er schwerzüngig, »ich habe unseren Thomas gesehen. Er lag auf der Erde und war – voller Blut.«

IX.

Am 29. Juni 1944 meldete der Wehrmachtsbericht:

»Im Mittelabschnitt der Ostfront gewannen die Sowjets im Verlauf der erbitterten Abwehrschlacht an einigen Stellen weiter Raum. Östlich der mittleren und oberen Beresina dauern die schweren Kämpfe mit vordringenden Sowjets an.«

Am selben Tag drangen die sowjetischen Truppen bis zur Beresina nördlich von Borissow vor. Sie hatten damit das Gebiet zwischen Dnjepr und Drut, ferner die Räume westlich Mogilew – dieser Feste Platz fiel am 28. Juni – und den Raum Ossipowitschi erreicht.

Die neue Frontlinie beschrieb einen 320 Kilometer langen Bogen, der von Borissow bis zum Ptitsch reichte. So waren die deutschen Armeen tief umfaßt. Schnelle gepanzerte russische Einheiten standen bereits 100 Kilometer nordöstlich und südöstlich von Minsk, während sich die deutschen Verbände, die auf Minsk zurückgingen, noch immer 130 bis 150 Kilometer östlich dieser Stadt befanden. Minsk wurde für sie zum magischen Punkt, der die Rettung bedeutete.

Im Verlauf der Schlacht war es den zurückgehenden deutschen Restverbänden nicht möglich gewesen, sich von der ungestüm nachdrängenden 2. Weißrussischen Front zu lösen. Das sowjetische Oberkommando hatte am Abend vorher der Lage entsprechende neue Weisungen herausgegeben. Sie lauteten:

»Angriff der Truppen der 1. Baltischen Front in Richtung Polozk und Svencionis. Befreiung der Städte Polozk und Glubokoje.

Die 3. Weißrussische Front überwindet die Beresina aus der Bewegung heraus und nimmt im Zusammenwirken mit der 2. Weißrussischen Front spätestens am 8. Juli Minsk und mit dem rechten Flügel Molodetschno in Besitz.

Die 1. Weißrussische Front stößt mit Teilkräften in Richtung Minsk vor. Mit ihren Hauptkräften greift sie in Richtung Sluzk – Baranowitschi an und schneidet dem Gegner die Rückzugswege nach Südwesten ab.

Die 2. Weißrussische Front überwindet bis zum 30. Juni, spätestens zum Morgen des 1. Juli, die Beresina, greift zügig in Richtung Minsk an, befreit im Zusammenwirken mit der 3. und 1. Weißrussischen Front Minsk und erreicht das Westufer des Swislotsch.«*

Gegen den Sturmlauf der 185 sowjetischen Divisionen stand die deutsche 2. Armee mit den auf Sluzk herangeführten Kavalleriekräften im Kampf um diesen Festen Platz. Hier sollte das Vorgehen der Roten Armee gestoppt werden. Gemeinsam mit der im Raum Baranowitschi eintreffenden 4. PD und der 28. Jägerdivision sollte sie dann nach Nordosten angreifen, um südlich von Minsk die Lücke zur 9. Armee zu schließen.

Die Abriegelungsfront der 9. Armee mit der durch Sicherungskräfte verstärkten 12. PD wies an diesem 29. Juni noch feindliche Angriffe beiderseits Marina Gorka ab.

Jetzt befahl Feldmarschall Model einerseits die Wiederherstellung der Verbindung zum Südflügel der 4. Armee; andererseits sollte mit dem Einsatz der von der Heeresgruppe Nord zugeführten 132. und 170. ID der Raum um Minsk gehalten werden.**

---

* Siehe IML Moskau, Nr. 9492, Blatt 312 und 313

** Siehe Skizze: Lage am 29. Juni 1944

Noch konnte die 4. Armee, wenn auch aus beiden Flanken angegriffen, auf die Beresina zurückweichen. Auf ihrem Nordflügel hielt die Kampfgruppe von Saucken noch immer den Brückenkopf Borissow. Aber angesichts der Bedrohung, der Feind könne weiter im Norden die Beresina überschreiten und in der hier klaffenden Lücke zur 3. Panzerarmee auf Minsk durchstoßen, wurde ein Einsatz der 5. PD auf dem Westufer der Beresina in beweglicher Kampfführung nach Nordwesten vorgesehen.

Die nur noch schwache Kampfgruppen bildende 3. Panzerarmee – hier vor allem die 212. ID und die ebenfalls geschwächte Division des IX. AK – wurde von starken Feindverbänden weiter nach Westen zurückgedrückt.

In der Lücke zum Südflügel der Heeresgruppe Nord erreichten die Sowjets die Bahnlinie Molodetschno–Polozk. Aufgrund der sich hier zuspitzenden Situation hielt das OKH die bereits zur Heeresgruppe Mitte abrollende 132. ID an.

In halsbrecherischer Fahrt fuhr der Lkw mit den Genesenden des Erholungsheimes der 6. ID nach Süden. Zwei Stunden dauerte diese Fahrt, bis sich ein halbwegs befahrbarer Pfad fand, der aus dieser Richtung nach Westen abzweigte.

»Wir schwenken ein!« entschied Oberleutnant Brückner nach kurzem Überlegen. »Hoffentlich sind wir weit genug ausgewichen.«

Der Wald wurde für kurze Zeit offener. Niedrige Büsche gaben kaum mehr Deckung. Aber die Kampfflugzeuge der Russen waren nicht an ihnen interessiert; sie flogen weiter in Richtung Minsk. Sie hatten wichtigere Aufträge, als ein paar Flüchtlinge anzugreifen. Das würden die vielen Jagdkommandos der Roten Armee und die Partisanenverbände besser und wirksamer besorgen.

Wenig später hörten sie genau voraus Panzergeräusche und schwenkten rasch wieder nach Süden ab. Eine tiefe Schlucht nahm sie auf, in der das Sonnenlicht kaum auf den Grund reichte.

»Hier bleiben wir«, entschied der Oberleutnant. »Fahren wir ruhig noch etwas weiter hinein.«

Sie erreichten eine Stelle, an der ihnen ein verfilztes Dickicht aus Farn, Brombeerbüschen und niedrigem Buschwerk volle Dekkung bot. Durch eine natürliche Lücke fuhren sie hinein und hielten an.

»Macht hinter uns dicht! Tarnung ist alles!«

Sie verwischten ihre Spuren. Zwei Wachen, nach jeder Richtung eine, zogen auf.

»Alles sollte jetzt schlafen«, riet die russische Ärztin. »Nach Einfall der Dunkelheit fahren wir weiter. Bis dahin ruht sich alles aus.«

Sie machten es sich neben dem Lastwagen bequem. Gegen Mittag aßen sie kalte Verpflegung. Kneisel wollte ein Feuer anzünden, aber Böse hinderte ihn daran.

»Willst du nicht gleich oben am Rande der Balka die Reichskriegsflagge aufziehen?« fragte er spöttisch.

Der wuchtige Westfale aus Paderborn knurrte einen Fluch.

»Immer diese Bevormundung durch einen schäbigen Stabsgefreiten«, murrte er halb wütend und halb erheitert. »Wenn unsereiner so viele Dienstjahre auf dem Buckel hätte wie du, wäre er schon General. Und was bist du – Stabsgefreiter!«

Feldwebel Meixner kam zu ihnen herübergeschlendert.

»Ich glaube«, ließ er sich zu diesem Thema vernehmen, »es gibt in der deutschen Wehrmacht mehr Generale als Stabsgefreite.«

»Na also! Wenn das ein so harter Kommißknochen sagt, dann ist das so gut wie wahr«, verteidigte Böse stotternd seinen Status.

Aber Kneisel hörte ihn schon nicht mehr; er starrte angelegentlich in die Richtung, wo es sich die Schwestern mit den Verwundeten bequem gemacht hatten.

»Seht euch unseren Alten an!« rief er unterdrückt.

Wie auf Kommando blickten alle in die angegebene Richtung und sahen, wie es sich Oberleutnant Brückner soeben neben der dunkelhaarigen Schwester Lore bequem machte. Die Schwester ließ keinen Blick von ihm. Ihre Augen leuchteten. Selbst auf die Entfernung von mindestens zwanzig Metern konnten die indiskreten Beobachter erkennen, daß sich dort drüben etwas anbahnte.

»Da hat es geschnackelt!« meinte Böse gelassen.

»Verdammt! Und das ausgerechnet jetzt«, entfuhr es Kneisel, »wo wir für so was keine Zeit haben.«

»Er muß sich die Zeit nehmen. – Aha, da kommt unser Futter!«

Reutter brachte ihnen zwei Brote und eine große Kanne kalten Tee. Dazu eine Dauerwurst.

»Bedient euch!« meinte er gelassen.

Sie aßen geruhsam. Die Sonne, die inzwischen zur höchsten Stelle ihrer Tageswanderung emporgestiegen war, leuchtete nun auf die kleine Lichtung mitten im Dschungel der Balka und spann alles mit Goldfäden ein.

Die durchwachte Nacht, die Hetzjagd und die nervliche Anspannung hatten die Frauen und Männer völlig fertiggemacht. Kaum hatten sie gegessen, waren sie auch schon eingeschlafen.

Feldwebel Possler, der die Wachen eingeteilt hatte, legte sich dicht neben dem Wagen auf eine Decke. Von seinem Lagerplatz aus konnte er die Russin sehen, die gerade ihren Sohn zudeckte.

Er sah das verrunzelte, besorgte Gesicht der kleinen, zerbrechlichen Frau. Er hatte vorhin gesehen, wie sie Igor, der immerhin ein kräftiger Junge war, vom Wagen gehoben hatten. Wie machte diese Frau das bloß!

Plötzlich war er eingeschlafen.

Als Oberleutnant Brückner auf Schwester Lore zuging, spürte er sein Herz bis in den Hals klopfen. Sie schien seine Schritte gehört zu haben, denn ihr Kopf bog sich empor, und dann sah sie ihn an. Ihre dunklen Augen wurden groß und weit. Ihre sanft geschwungenen Lippen öffneten sich leicht und gaben zwei Reihen weißer, ebenmäßiger Zähne frei.

Sie erschien ihm hier, neben den Verwundeten, die sie eben gemeinsam mit Schwester Waltraud versorgt hatte, wie ein Wesen von einem anderen Stern. Eine gute Fee, die durch einen Zufall in die grobe und grausige Welt des Krieges verschlagen worden war.

»Darf ich mich zu Ihnen setzen?« fragte er töricht.

Schwester Lore rückte ein wenig zur Seite. »Bitte, Herr Oberleutnant. Der Baumstamm ist groß genug für zwei.«

Er ließ sich neben ihr nieder und spürte mit einem beglückenden Schauder die Wärme ihres Schenkels an dem seinen.

»Ich freue mich, daß ich Sie wieder getroffen habe, Lore.«

»Ich freue mich auch«, erwiderte sie einfach.

»Wir werden jetzt eine lange Strecke Weges miteinander fahren müssen. Und ich möchte Ihnen sagen, daß ich darüber glücklich bin.«

»Das klingt ja fast wie eine Liebeserklärung, Herr Oberleutnant.«

»Das soll es nicht nur, Lore, es ist ...«

Ihre Rechte legte sich leicht auf seinen Mund.

»Nichts beschreien, Herr Oberleutnant!« versuchte sie sich spöttisch zu geben. Und doch konnte er merken, daß sie zitterte.

»Ich heiße Richard Brückner. Sie können doch Richard sagen, Lore.«

»Ich werde es mir überlegen.«

Sie lächelte jetzt voll. Ihr Gesicht war wie von innen her erleuchtet. Es gewann durch dieses Lächeln an Tiefe, Beseeltheit und Glanz.

»Wissen Sie, Lore, daß ich so ein Mädchen wie Sie schon lange gesucht habe?«

»Reden Sie keinen Unsinn, Richard!« wehrte sie ab. »Im Lazarett habe ich diese Töne oft genug hören müssen; und alle wollten sie nur das eine.«

»Verstehe!« sagte er bitter. »Verstehe ohne Brille!«

Ihre Rechte legte sich auf seinen Arm.

»Nichts verstehen Sie von einer Frau, Richard. Aber vielleicht lernen Sie es noch.«

»Wenn Sie mir helfen werden, bestimmt.«

Er beugte sich zu ihr hinüber. Aber mitten in der Bewegung hielt er jäh ernüchtert inne und lauschte nach Südosten.

Als sie etwas fragen wollte, winkte er ab. Und jetzt vernahm auch sie die Panzergeräusche, die rasch lauter wurden.

»Wecken Sie die Ärztin und Ihre Kollegin, Lore. Passen Sie auf, daß keiner Ihrer Patienten laut ruft.«

Oberleutnant Brückner eilte zu den Männern hinüber. Der am Südausgang stehende Posten kam angerannt.

»Herr Oberleutnant, Panzer und Spähwagen! Sie kommen genau auf die Balka zugefahren!«

»Danke, Heiermann. Gehen Sie zurück und beobachten Sie. Sobald die Russen in die Schlucht kommen sollten, melden Sie es mir.«

Der Posten verschwand, und Brückner wollte sich Feldwebel Meixner zuwenden, um ihn zu wecken.

»Habe alles gehört, Herr Oberleutnant!« rief Meixner ihm halblaut entgegen und war schon dabei, Böse wachzurütteln, der knurrend und wütend um sich schlug, bis er ganz wach war.

Feldwebel Possler war durch die Schritte des Postens aus dem Halbschlaf aufgeschreckt worden. Als Oberleutnant Brückner in Begleitung von Feldwebel Meixner auf die andere Seite des Wagens kam, hatte er bereits die acht Männer seiner alten Kompanie munter gemacht.

»Wir sollten den Wagen noch besser tarnen. Wenn die Russen durch die Balka rollen, werden sie uns überhaupt nicht bemerken«, sagte er, noch ehe der Oberleutnant etwas von sich geben konnte.

»Gut, das ist eine Möglichkeit. Davonfahren hilft uns jetzt auch nichts mehr. Wir müssen es darauf ankommen lassen und können nur hoffen, daß sie uns nicht sehen.«

Sie gingen an die Arbeit, und bald konnte man den Lastwagen von dem Dickicht nicht mehr unterscheiden.

Die Geräusche der Panzer waren inzwischen so laut geworden, daß es sicher war, sie würden ihren Weg durch die Balka nehmen. Aber dann schwenkten sie doch ab, und nur drei Spähwagen mit aufgesessenen Rotarmisten rollten in die Schlucht.

»Keinen Laut!« wisperte der Oberleutnant, als durch das Grün der Büsche die ersten braunen Flecke schimmerten.

Mit angehaltenem Atem lagen sie da. Ihre Herzen verkrampften sich in grauer, schaudervoller Ohnmacht. Sie konnten nur noch hoffen. Wurden sie hier entdeckt – das war jedem klar –, gab es keinen Ausweg mehr.

Plötzlich mußte Igor husten. Er versuchte krampfhaft, den Reiz zu unterdrücken, aber der Kitzel in der Kehle war stärker.

In letzter Sekunde bemerkte seine Mutter die Anstrengungen, mit denen er den Husten zu unterdrücken versuchte. Sie warf eine Decke über den Kopf des Sohnes, vernahm das dumpfe Bellen des Hustens und spürte die heftigen Bewegungen des Jungen.

Aber ihre mageren Arme hielten die Decke eisern fest, bis die drei Spähwagen vorbeigefahren waren.

Als sie die Decke fortnahm, war der Junge beinahe erstickt. Sein Gesicht hatte sich bereits blau verfärbt.

»Irina!« rief die Russin mit dünner Stimme, und ihr Gesicht war vor Angst verzerrt. »Irina, hilf mir!«

Die Ärztin kam zu ihr herübergelaufen. Sie brachte den Jungen rasch wieder zu sich und kümmerte sich um ihn.

»Du hast uns alle gerettet, Maria Magierowna«, sagte sie dann.

»Und du wirst jetzt dafür sorgen, daß Igor seine neuen Füße kriegt?« fragte die Russin.

»Ich verspreche es dir!« sagte Irina fest. »Ich verspreche es! Bei dem Leben, das mir am liebsten ist.«

Unwillkürlich wanderten ihre Blicke zu Feldwebel Berke hinüber, dessen Rückenwunde schon am Zuheilen war.

»Danke, Irina, danke!«

Der Junge starrte sie aus dunklen Jettaugen an.

»Du bekommst neue Füße und wirst wieder laufen können, Igor!« sagte sie und strich ihm über die Wange.

Noch dreimal kamen Späh- und Stoßtrupps durch die Balka. Sie rechneten hier offenbar nicht mit Versprengten, denn sie hielten sich nicht mit langen Untersuchungen auf, sondern fuhren zielstrebig auf dem Weg durch die Schlucht weiter.

Immer wieder mußten die Flüchtlinge in der Wildnis den Atem anhalten. Und jedesmal ging es um Sein oder Nichtsein. Sie würden nicht zögern, sobald sie entdeckt waren, das Feuer zu eröffnen und zu schießen, bis sie selbst erschossen wurden.

Es wurde Nachmittag. Fliegerverbände, die Minsk angegriffen hatten, flogen hoch über ihren Köpfen nach Osten zu ihren Einsatzhäfen zurück. Aus nördlicher Richtung hallte Gefechtslärm zu ihnen herüber.

Dort versuchten einige zum Letzten entschlossene Gruppen deutscher Soldaten, den russischen Westriegel zu durchbrechen und in die Freiheit zu entkommen.

Aber selbst diejenigen, die diesen Riegel knacken oder unbemerkt durchschlüpfen konnten, waren noch nicht in Sicherheit. Zu weit waren die schnellen sowjetischen Verbände nach Westen vorgedrungen. Zu weit hatten sie die immer wieder haltenden und verteidigenden deutschen Verbände überflügelt, so daß es diesen nicht gelungen war, die eigenen Linien noch zu erreichen.

Zwischen Dnjepr und Beresina kämpften sie noch hartnäckig. Und auch zwischen Beresina und Pripjet. Es war ein Ringen um das nackte Überleben. Ein Kampf gegen die Divisionen der Roten Armee, gegen die übermächtigen Fliegerkräfte und gegen die stärker und stärker werdenden Partisanengruppen. Ein Kampf, an dessen Ende für Tausende und aber Tausende der Tod stand.

Gegen 17.30 Uhr rollten plötzlich Panzer in die Balka. Diesmal kamen sie nicht auf dem Weg, sondern walzten sich mitten durch das Dickicht.

»Jetzt ist alles aus!« wisperte Irina dem Feldwebel zu.

Heinz Berke schüttelte den Kopf und griff behende nach einer bereitliegenden Panzerfaust.

»Es ist nicht aus, weil es nicht aus sein darf, Irina! Es darf nicht so zu Ende gehen mit uns! Nicht so, ohne daß wir wenigstens einen Tag wirklich glücklich waren.«

Sie küßte ihn auf den Mund. Unter ihren geschlossenen Lidern quollen Tränen hervor. Irina Perewitsch wandte den Kopf zur Seite, damit er die Tränen nicht sehen sollte, die gleich schweren Gewichten in ihren Augen standen.

Es waren noch dreihundert Meter, die der Spitzenpanzer zurückzulegen hatte, bis er den versteckten Lastwagen erreicht haben würde.

Da hielt er plötzlich an. Der im Luk stehende Kommandant mit dem wuchtigen Kopfhörer bellte einen Befehl. Die rechts und links von ihm vorfahrenden Panzer hielten ebenfalls. Die Luks sprangen auf, und Soldaten kletterten heraus, vertraten sich die Beine und liefen in die Büsche, um ihre Notdurft zu verrichten.

»Die bleiben hier!« wisperte Heinz Berke der Ärztin zu.

Irina nickte. Ihr Atem ging schnell und laut, und als sie es bemerkte, bemühte sie sich, flacher zu atmen. Wachtmeister Berke drückte ihren Arm. Es war eine Geste, die ihr zeigen sollte, daß er bei ihr war.

»Stoßtrupp bilden, Possler! Drei Männer gehen mit uns!«

Stabsgefreiter Hintze griff sofort nach dem Stahlhelm. Er ging zu Possler hinüber. Niermann, der Ostpreuße mit dem pfiffigen Gesicht, trat hinzu.

»Wir sind komplett«, wehrte Karlheinz Böse als dritter Freiwilliger Feldwebel Meixner ab, der eine Sekunde zu langsam war.

»Panzerfäuste mitnehmen!« befahl Richard Brückner und ergriff das MG, das auf dem Wagen lag.

»Alles bleibt mäuschenstill! Sorgen Sie dafür, Meixner!« Der Feldwebel nickte.

Die fünf Männer verschwanden vorsichtig im Dickicht. Richard Brückner erreichte die Stelle, von der aus sie sich kriechend weiterbewegen mußten, wenn sie nicht von den Russen gesehen werden wollten.

Einer der Panzersoldaten hatte neben dem Spitzenpanzer schon ein kleines Feuer entfacht und einen Wasserkessel darübergehängt.

»Drei Panzer, Herr Oberleutnant!« wisperte Hintze. »Die knakken wir in einem einzigen Schlag!«

Brückner wehrte mit einer Handbewegung ab.

»Erst wenn es keinen anderen Ausweg gibt, wird geschossen.«

»Sie werden bestimmt nachher umherstreifen und uns dann finden. Wir haben keine andere Wahl!« mischte sich Possler in das Gespräch ein.

Vom Lagerplatz der Russen, der höchstens noch hundert Meter entfernt lag, hallten die üblichen Geräusche eines Biwaks zu ihnen herüber. Doch plötzlich horchten sie auf. Hatte da nicht eben eine Frau gelacht?

»Wir gehen noch etwas näher 'ran, sobald sie das Herumlaufen drangeben und sich setzen.«

Fünf Minuten später rief eine weibliche Stimme die Panzerbesatzungen zusammen. Die Männer gruppierten sich um das Feuer und erhielten Kaffee.

»Aus Beutebeständen«, knurrte Hintze durstig, als ihm das prächtige Aroma des Bohnenkaffees in die Nase stieg.

Richard Brückner spähte durch das Fernglas.

Es war tatsächlich eine Frau dabei. Sie trug eine Uniform wie die anderen Tankisten auch. Sie hatte ein junges, frisches Gesicht mit lebhaften Augen. Eine schöne Frau war sie, hochgewachsen, mit dunklem Haar und langen schlanken Gliedern, die auch von der Uniform nicht ganz verdeckt werden konnten.

Richard Brückner wußte nicht, daß diese junge Frau Vera Proschina hieß. Er wußte auch nicht, daß sie am 20. Juni 1944 den Kampfeid der Roten Armee gesprochen hatte, als sie zum Unternehmen »Bagration« angetreten war.

Sie krochen näher heran. Die Russen am Feuer aßen. Es dämmerte bereits in der Balka; die Gesichter der am Feuer Sitzenden wurden von den züngelnden Flammen erhellt.

Ein schepperndes Geräusch aus der Richtung des versteckten Lastwagens ließ die Russen am Feuer zu völliger Reglosigkeit erstarren. Ihr Führer rief einen Befehl.

»Was sagt er?« wandte sich Brückner an den Ostpreußen.

Waldi Niermann brachte seinen Mund dicht an das Ohr des Feldwebels.

»Er sagt, daß sie sich fertigmachen sollen zum Aufsitzen.«

»Los, zu den Panzern hinüber!«

Sie krochen weiter und erreichten eine gute Position in der Flanke der braungestrichenen T 34. Wieder hallte ein schepperndes Geräusch durch die Schlucht.

»Aufsitzen!« rief der russische Hauptmann.

Die Panzerbesatzungen rannten zu den drei T 34 hinüber und schwangen sich hinein.

Die Motoren blubberten im Leerlauf.

»Achtung!« sagte Oberleutnant Brückner und hob die Panzerfaust auf die Schulter.

Alle fünf Männer visierten die Panzer an, die Brückner ihnen durch eine Handbewegung zuwies.

Das Motorengeräusch wurde lauter.

»Feuer!« schrie Brückner, um das Getöse zu übertönen.

Er schoß und sah noch, wie die Köpfe der drei in den Turmluks stehenden Panzerkommandanten sich zu ihnen herumdrehten.

Dann krachten die Abschüsse der anderen. Flammen stoben nach rückwärts, und mit wuchtigen Schlägen klatschten die Sprengtöpfe der fünf Panzerfäuste gegen die Russenpanzer.

Sämtliche fünf Schüsse waren Treffer. Aus einer Entfernung von nur zwanzig Metern abgefeuert, war die Panzerfaust eine tödliche Waffe.

Fünf himmelandonnernde Explosionen verwandelten die T 34 in brennende Stahlsärge. Die Kommandanten, die ins Innere der Panzer hatten verschwinden wollen, wurden im Ausbruch der Explosion brennend herausgeschleudert. Dann hüllten Flammen die Lichtung ein.

»Zurück zum Wagen! Wir müssen schnellstens hier fort!«

Sie rannten los. Meixner kam ihnen mit Reutter, der das MG schleppte, entgegengelaufen.

»Was ist?« fragte er.

»Wir müssen weiter. Alles aufsitzen!«

Wieder hob Maria Magierowna ihren Sohn auf den Wagen. Die Männer sprangen hinein. Schon brüllte der Motor auf, und der Lkw setzte sich holpernd in Bewegung. Sie erreichten den ausgefahrenen Weg und fuhren schneller.

Als sie das Ende der fünf Kilometer langen Balka erreicht hatten, war es dunkel geworden. Auf den letzten zwei Kilometern war die Schlucht flacher und flacher geworden und schwenkte leicht nach Südwesten ein. Als sie oben angekommen waren, mußten sie sich erst orientieren, bevor sie die Fahrt nach Westen fortsetzen konnten.

»Das muß Ljuban sein«, sagte Possler, als ein Dorf vor ihnen auftauchte.

»Nach der Karte kommen wir über diese Straße von Ljuban nach Pohost. Von dort führt eine Straße direkt nach Norden auf Sluzk.«

»In Sluzk sitzt der Iwan. Wir müssen weiter nach Westen fahren, ehe wir auf die Rollbahn Bobruisk—Brest—Warschau eindrehen können.«

»Aber wie kommen wir über den Slutsch?« fragte Possler.

»Bei Starobin ist eine Brücke«, warf Irina ein.

»Also auf nach Starobin!«

Aus der Gegend von Ljuban klangen Panzergeräusche.

»Der Iwan sitzt schon drin! Wir müssen das Dorf umgehen.«

Sie schlugen einen weiten Bogen und fuhren dann weiter nach Westen. Gegen drei Uhr morgens gerieten sie in ein Sumpfgebiet. Die Straße bog scharf nach Norden ab.

»Dies ist der Knick nach Pohost. Den dürfen wir nicht nehmen«, warnte Possler. »Bestimmt wird der Iwan auf der Straße sein, außerdem ist es ein Umweg. Wir müssen von Pohost wieder nach Südwesten auf Starobin zurückbiegen.«

»Dann gehen wir genau nach Marschkompaßzahl durch den Sumpf. Aber es ist verdammt gefährlich.«

Maria Magierowna sagte etwas zu Irina, und die junge Ärztin kam auf die Gruppe der neben dem Wagen beratschlagenden Männer zu.

»Maria Magierowna ist aus dieser Gegend. Sie will uns durch den Sumpf führen«, erklärte die Ärztin.

»Ist die Frau auch zuverlässig?« fragte Brückner.

»Ich würde ihr mein Leben anvertrauen«, erwiderte Irina. »Sie will unter allen Umständen mit ihrem Sohn die deutschen Linien erreichen.«

»Und warum?«

»Ich habe ihr versprochen, daß Igor Prothesen bekommt, mit denen er wieder laufen kann.«

»Also schön, versuchen wir es. Sie, Zeller, begleiten die Frau und achten darauf, daß ihr nichts geschieht.«

Jupp Zeller, der zufällig in der Nähe gestanden hatte, knurrte etwas von Kindermädchen. Dann aber grinste der Rheinländer mit dem unverwüstlichen Humor schon wieder.

»Sie sind schuld daran, wenn ich mich in die Dame verliebe, Herr Oberleutnant!«

»Nun verschwinden Sie aber!« drohte Brückner.

Diese Männer! dachte er. Diese Männer, die noch in der Gefahr so sorglos wie Kinder sein konnten. Die nie den Mut verloren und immer sie selbst blieben. Er beneidete sie, denn er spürte die drükkende Sorgenlast auf seinen Schultern mehr als je zuvor.

Wie sollte er den Wagen durch den Sumpf bringen? Ein Blick auf die Karte zeigte ihm, daß sie im weiteren Verlauf ihrer Fahrt mindestens noch fünf Flüsse überqueren mußten; den Slutsch nicht gerechnet.

»Also los!«

Die Russin rief ihrem Sohn ein paar Worte zu. Dann setzte sie sich mit dem Gefreiten Zeller an die Spitze. Sie gingen jetzt querfeldein. Der Weg war oftmals schwankend; zweimal blieben sie stecken und mußten einen Bogen um Sumpflöcher schlagen.

Aber instinktsicher und mit einer Konzentration, die Zeller in Erstaunen versetzte, fand die Russin immer wieder einen Weg. Sie führte den Lastwagen mit seiner Fracht weiter. Nicht für eigenen Lohn, sondern für neue Beine. Neue Beine für Igor aus Stahl und Holz. Wunderwerke der Technik, die ihrem Sohn wieder das Gehen ermöglichen sollten.

Dafür ging sie mit, dafür kämpfte sie, dafür würde sie notfalls auch töten.

Als es hell wurde, kam Starobin in Sicht.

»Verdammt!« schrie der Fahrer unbeherrscht, als er sah, daß die Nadel des Kraftstoffzeigers auf die Nullmarke zuschwankte. »Wir haben kaum mehr Sprit!«

»Es ist doch noch ein Kanister da!« rief der Oberleutnant zurück. »He, Kneisel! Du sitzt doch auf dem letzten Spritkanister!«

Der Gefreite wuchtete den Kanister hoch und öffnete den Verschluß. Er roch daran.

»Wenn das Benzin ist, dann bin ich der Kaiser von China«, bemerkte er trocken.

»Wir müssen ein Versteck finden, bevor der Sprit ausgeht. Lauf vor, Gustav, und sage den beiden, sie sollen einen sicheren Platz erkunden. Und zwar sofort. Wir warten hier.«

Eine Viertelstunde später kam Kneisel mit der Russin und Zeller zurück.

»Habt ihr ein Versteck?«

»Bestens, Herr Oberleutnant! Eine prächtige Sache. Sogar ein paar Strohhaufen sind dort. Gleich in der Nähe.«

Sie fuhren hin. Es war eine Erhebung, die dicht mit Ginster und Wacholder bestanden war. Ein schmaler Einschnitt nahm den Wagen auf und bot eine gute Deckung. Die Strohhaufen standen vor dem Hügel auf einem Feld voller Unkraut.

»Hier bleiben wir«, entschied der Oberleutnant. »Bringt die Verwundeten hinter dem Wagen in Deckung. Für alle Fälle.«

Die Sonne war aufgegangen. Ihre Strahlen prallten schon bald sengend auf den Hügel herunter. Die Verwundeten krochen in den Schatten unter dem Wagen.

»Niermann, Sie müssen nach Starobin 'rein. Ziehen Sie eine Russenuniform an, damit man Sie nicht schnappt. Kundschaften Sie aus, ob Russen dort liegen und wie wir über die Brücke kommen können. Vergessen Sie vor allem den Sprit nicht.«

»Ich gehe mit!« erbot sich die Russin.

»Gut, Mamutschka!« erwiderte Niermann. »Und was sagen wir, wenn sie uns schnappen?«

»Wir sagen, daß wir nach Roshan Wjeliki wollen«, erklärte Maria Magierowna. »Dort habe ich Verwandte.«

»Und kein Risiko, Waldi!« warnte Richard Brückner besorgt. »Kommt gesund zurück!«

Sie blickten den beiden nach, wie sie auf die Stadt zugingen, die im Morgenlicht wie vergoldet aussah.

Nachdem Richard Brückner die Wache eingeteilt hatte, ging er zu Schwester Lore hinüber.

»Alle Männer versorgt?« fragte er.

»Wir werden betreut wie Gott in Frankreich, Herr Oberleutnant!« rief Grenadier Leppas aufgekratzt.

»Fein, Leppas, sehr fein!«

Der Oberleutnant ließ sich neben Schwester Lore nieder und legte den Kopf auf die verschränkten Arme.

»Wie still es hier ist«, sagte er verwundert.

»Wie im tiefsten Frieden«, erwiderte Lore. Einer der Verwundeten rief nach ihr. Sie eilte leichtfüßig hinüber und gab ihm zu trinken. Dann kam sie wieder zurück und sah, daß Richard Brückner eingeschlafen war.

Mit einer scheuen, behutsamen Gebärde strich sie ihm über das Haar. Dann holte sie eine Decke und breitete sie über ihn.

»Schlaf gut!« wisperte sie.

Und träume von mir! fügte sie in Gedanken hinzu.

X.

Es wurde Nachmittag. Nur einmal waren sowjetische Fliegerverbände über den Hügel hinweggeflogen. Sonst ließ sich hier in der Einöde kein Lebewesen sehen.

»Die beiden müßten längst zurück sein«, stellte Oberleutnant Brückner besorgt fest, nachdem er Possler und Meixner zur Seite genommen hatte, um mit ihnen die Lage zu beraten.

»Ich habe ein verdammt dummes Gefühl«, pflichtete Possler ihm bei. »Wenn sie bis Sonnenuntergang nicht zurück sind, gehe ich nachsehen.«

Eine Viertelstunde später kam Maria Magierowna zurück. Ihr Gesicht war von Faustschlägen angeschwollen. Aber sie weinte nicht.

»Fragen Sie, was passiert ist!« forderte Brückner die Ärztin auf.

Irina Perewitsch stellte die Fragen, und die Magierowna antwortete wie aus der Pistole geschossen. Die Ärztin übersetzte ins Deutsche.

Die Männer starrten schweigend auf Irina; sie fraßen förmlich jedes Wort in sich hinein.

»Pan Niermann ist in Stadt. Trinken mit Soldaten.«

Erleichterung breitete sich auf den Gesichtern aus.

»Warum ist er nicht mit zurückgekommen?«

»Weil er die Russen betrunken machen will. Es ist nur ein Stoßtrupp, der von Norden hierhergekommen ist, um Verbindung mit dem südlichen Nachbarn aufzunehmen.«

»Der Flußübergang?« forschte Brückner weiter.

»Maria sagt, daß er intakt ist und von vier Russen bewacht wird.«

»Und was hat sie über die Lage gehört?«

»Die Russen hatten den Mittags-Nachrichtendienst gehört. Hundert Kilometer weit sollen die Spitzenverbände schon über Bobruisk hinaus sein.«

Der Oberleutnant erbleichte. Wenn das stimmte ...

»Fragen Sie, was in den Nachrichten genau gesagt wurde.«

Die Ärztin wandte sich wieder der Russin zu und stellte die neue Frage. Und Maria Magierowna antwortete:

»Die Russen haben Borissow genommen. Sie sind im Begriff, Minsk zu erobern. Sluzk ist in ihrer Hand, und die schnellen Verbände stürmen bereits auf Baranowitschi zu.«

»Verdammte Schweinerei! Da ist anscheinend niemand mehr, der sie aufhält. Wir müssen noch ein gutes Stück weiter durch den Sumpf, bis wir auf die Rollbahn eindrehen können.«

»Weiter, weiter!« drängte Brückner. »Was sagt Niermann? Was will er tun?«

»Pan Niermann trinkt mit den Soldaten; und heute abend, zwei Stunden vor Mitternacht, sollen ein paar Männer kommen. — Ich werde sie führen.«

»Na also! Waldi macht das schon!«

»Pan Niermann!« sagte Hintze und grinste impertinent. »Pan Niermann!«

Sie warteten, bis es dunkel geworden war, ehe sie sich auf den Weg machten. Sie hatten russische Beuteuniformen angezogen. Maria Magierowna ging lautlos vor ihnen her. Als ihnen aus Richtung Starobin ein paar Mannschaftstransportwagen in Richtung Ljuban entgegenrollten, gingen sie in Deckung.

Wie das riesige Auge eines Zyklopen stieg der Mond über den Horizont, als sie gerade den Ortseingang erreichten. Aus den Häusern drang das Gejohle zechender Männer. Irgendwo kreischte wütend eine Frau. Dröhnendes Gelächter folgte.

Die Russin machte einen Bogen. Sie erreichten einen großen Obstgarten und schlichen hindurch, bis sie vor einer langgestreckten Scheune neben einem zweistöckigen Haus standen.

»Da drinnen sind sie, Pan Offizier!« wisperte die Russin in gebrochenem Deutsch.

»Gut, Sie bleiben hier, Hintze! Sie decken den Rückzug mit dem MG. Reutter und Zeller gehen mit mir!«

Friedhelm Reutter folgte dem Oberleutnant. Er versuchte, so leise wie möglich zu sein. Einmal trat er auf einen trockenen Ast, der krachend zerbrach.

Der glühende Punkt einer Zigarette tauchte auf.

»Wer ist da?« fragte der Posten. Und noch einmal: »Kuda?«

Oberleutnant Brückner machte den anderen ein Zeichen, stehenzubleiben. Reutter gehorchte sofort. Er spürte, wie ihn die Erleichterung gleich einer heißen Welle überspülte, daß er sich verkriechen durfte. In seinem Nacken spürte er den warmen Atem von Jupp Zeller.

Maria Magierowna huschte an den beiden Männern mit dem MG vorbei. Sie ergriff Hintze, der seine Waffe im Anschlag hielt, am Arm und deutete auf den Russen und dann wieder auf sich.

Hintze verstand und nickte.

Die Russin lief leichtfüßig weiter, so als schwebe sie über den Boden.

Inzwischen hatte Richard Brückner den Russen erreicht, der ihm seine MPi mit dem halbrunden Magazin entgegenreckte.

»Wer bist du?« fragte der Posten.

Richard Brückner war lange genug in Rußland, um einige Brokken Russisch zu sprechen. Dennoch mußte es auffallen, wenn er länger mit dem Posten redete.

»Einer meiner Männer ist dort drinnen«, sagte er.

»Wo wollt ihr denn so eilig hin?« fragte der Posten. »Sauft lieber noch einen, bevor ihr tot seid.«

»Zur Front. Über Roshan Wjeliki, dort liegt unsere Abteilung.«

»Roshan Wjeliki?« argwöhnte der Russe. Er trat näher an Brückner heran, um ihn besser sehen zu können. Er stank durchdringend nach Wodka, Machorka und Schweiß. Und offenbar war er mürrisch darüber, daß er hier draußen stehen und Wache schieben mußte, während sich seine Kameraden drinnen vergnügten.

»Willst du mich verkohlen? Bist du nicht eher einer der Schweinehunde, die von der Fahne gelaufen sind und uns die Dreckarbeit allein machen lassen?« Ein Stein kollerte. Der Posten riß die Waffe hoch und richtete sie in die Dunkelheit.

Maria Magierowna trat in seinen Gesichtskreis.

»Ich bin es, Pan Soldat! Ich, die Mutter vom Soldaten Gregorij. Gregorij ist drinnen.«

Der Posten begann glucksend zu lachen.

»Ah, Gregorij!« sagte er. »Komische Nudel! Macht uns viel Spaß. Er säuft wie ein Loch und ...«

Weiter kam der Posten nicht, denn Richard Brückner war einen Schritt zur Seite getreten. Während sich die Aufmerksamkeit des Postens der Russin zugewandt hatte, sprang er vor und schlug dem Mann den Lauf der MPi über den Schädel.

Der Posten sackte mit leisem Ächzen zusammen.

Brückner winkte und zischte in die Dunkelheit. Hintze kam angelaufen, dicht gefolgt von Zeller und Reutter.

»Jetzt schnell, Hintze! – Sie gehen mit der Frau zu den beiden Wagen hinüber, die vor dem Haus stehen. Suchen Sie sich den besten aus und halten Sie sich bereit, sofort abzurauschen. Wir werden vorn herauskommen, klar?«

»Klar, Herr Oberleutnant!« erwiderte der Stabsgefreite.

Brückner erreichte die Tür. Das Gejohle der trinkenden Russen hallte doppelt laut heraus.

»Wir dringen gleichzeitig ein. Haltet die Waffen bereit!«

Der Oberleutnant drückte den Türgriff herunter, schob etwas an. Die Tür glitt zurück. Mit einem Ruck stieß er sie ganz auf und sprang mitten in den Raum.

Um einen großen Tisch saßen mindestens zehn Russen. In der Ecke des Raumes stand ein Klappenschrank mit einem Telefonisten davor, der Kopfhörer trug.

Auf dem Tisch tanzten zwei völlig betrunkene Frauen. Sie waren bar aller Hüllen, und im Licht der Öllampe, die unter der Decke hing, zuckte üppiges Fleisch im Rhythmus ihrer lasziven Verrenkungen.

»Tür zu, Muschik!« brüllte der Anführer am Kopfende des Tisches; er hob wütend eine Halbliterflasche und schleuderte sie auf Brückner.

Der Oberleutnant duckte sich schnell. In der Bewegung sah er, daß Waldi Niermann torkelig zum Klappenschrank hinüberging.

»Aufpassen! Wer sich rührt, den erschießt ihr!« befahl Brückner seinen beiden Männern, die links und rechts von ihm standen. Friedhelm Reutter hob die Waffe und zielte auf den Anführer der Russen in der Uniform eines Majors. Jetzt, nachdem die Russen wieder die großen Schulterstücke trugen, waren sie leicht zu erkennen. Aber wie von magnetischen Kräften angezogen, wanderte Reutters Blick immer wieder zu den beiden Frauen hinüber, die wie erstarrt auf dem Tisch stehengeblieben waren. Er sah das weiße Fleisch der schweren Brüste, das magische Dreieck der Scham, das sich wie ein schwarzes Fell wölbte.

Er hatte noch niemals zuvor eine nackte Frau gesehen. Der schonungslose Anblick, der ihn hier überfiel, überwältigte ihn förmlich. Er spürte die Gier, die sich in ihm regte. Sein Mund war auf einmal ausgetrocknet wie ein Wüstenbrunnen.

Plötzlich sprang der Major auf, grölte einen Befehl, den aber niemand befolgte. Erst jetzt wurde ihm die Lage klar. Und als Waldi Niermann, plötzlich stocknüchtern, den Mann vom Klappenschrank wegriß und mit der MPi den Kasten systematisch zerstörte, begriff der Major. Sie waren in eine Falle getappt. Er riß die langläufige Nagan-Pistole hoch. Reutter sah die Bewegung und schoß, als er die mächtige Brust des Russen im Visier hatte.

Die MPi-Garbe riß den Major durch den Raum bis zur Wand.

Stocksteif, immer noch wie zu Salzsäulen erstarrt, verharrten die beiden Frauen mitten in der Bewegung auf dem Tisch. Sie waren wie gelähmt, und nur ihre Augen verrieten das Entsetzen, mit dem sie diese unerwartete Situation erlebten.

»Rucki werch!« brüllte Brückner, so laut er konnte.

Die betrunkenen Sowjets, die geglaubt hatten, hier vor dem Krieg für eine Weile in Sicherheit zu sein und das Leben wieder einmal genießen zu können, hoben die Arme.

Da wurde die vordere Tür krachend aufgestoßen, und ein Mann stürmte herein. Es war der Wachtposten von der Straßenseite des Hauses.

»Was geht hier ...«

Er riß die MPi hoch. Niermanns Feuerstoß schleuderte ihn auf die Dielen.

»Reutter nach vorn! Wachen aufhalten! Hintze soll anlassen!«

Friedhelm Reutter hatte entsetzt und ungläubig auf den von ihm niedergeschossenen Russen gestiert, der versuchte, kriechend zu entkommen. Er sah den sich von Sekunde zu Sekunde vergrößernden Blutfleck, sah die insektengleichen, ruckartig langsamen Bewegungen des Schwerverwundeten und rannte hinaus.

»Was ist, Reutter?« rief Hintze ihn an. Er saß schon in dem russischen Dreitonner, Maria hockte auf der Ladefläche.

»Anlassen!« keuchte Reutter.

Brüllend kam der Motor.

»Wo halten wir sie so lange fest?« fragte Brückner drinnen im Raum den Kameraden.

Niermann ging zur Seite und zog an einem dort liegenden Eisenring. Eine Falltür klappte hoch.

»Hier, in den Keller hinunter!«

»Los, 'runter!« befahl Brückner.

Die Russen polterten die Leiter abwärts. Als sich einer zuviel Zeit ließ, half Brückner rücksichtslos mit dem MPi-Kolben nach. Sie waren in Eile, jede Sekunde war kostbar. Der Iwan kollerte die Stufen hinunter und prallte unten auf die anderen. Flüche schollen herauf.

»Auch die Frauen?« fragte Zeller und leckte sich die Lippen.

»Auch die Frauen!« entschied Brückner.

Die beiden Frauen rafften schnell ihre Kleider von den Stühlen und liefen zur Falltür. Zeller schlug der einen auf den prallen Hintern, daß es klatschte. Sie kreischte erschrocken.

»Keine Bange«, krähte Zeller hinterher, »ich schwärme nicht für Vollschlanke!«

Der Oberleutnant mußte trotz der ungemütlichen Situation grinsen.

Die Falltür polterte hinter der letzten zu.

»Anfassen!« befahl Brückner. Sie wuchteten den schweren Tisch auf die Falltür und verkeilten ihn mit Stühlen an der Zimmerdecke.

»Jetzt nichts wie los, bevor die vier Mann an der Brücke den Braten riechen!«

Sie rannten hinaus und schwangen sich auf die Ladefläche des abfahrbereiten Lkw.

»Moment noch!« rief Niermann und rannte um das Haus herum zum Schuppen. Als er zurückkam, schleppte er zwei volle Benzinkanister. Brückner nahm ihm die beiden Kanister ab, Zeller half ihm auf den Wagen, und schon rollten sie an und fuhren den Weg zurück, den sie vorhin zu Fuß gekommen waren.

Als sie den Hügel erreichten, herrschte dort eine seltsam rege Tätigkeit. Ab und zu blitzte eine Lampe auf. Brückner, der den russischen Wagen weiter benutzen wollte, weil er weniger auffallen würde, lief zu der Deckung, in der der Lkw stand.

»Was ist passiert?« fragte er Lore, die ihm mit verweintem Gesicht entgegenkam.

»Neun von den Schwerverwundeten haben sich erschossen, Richard.«

»Aber warum denn?«

»Sie wollten nicht mehr daran glauben, daß wir durchkommen. Nachdem Maria Magierowna erzählt hatte, wo die Russen bereits stehen, haben sie durchgedreht und Schluß gemacht. Vor zwei Stunden. Ihr wart kaum zehn Minuten fort.«

Richard Brückner biß die Zähne aufeinander. Er ging zu den Toten hinüber. Feldwebel Berke kam ihm entgegen.

»Ich konnte es nicht verhindern, Herr Oberleutnant. Plötzlich knallten die Schüsse. Es ging alles so schnell.«

»Schon gut, Berke.«

Richard Brückner ließ die Taschenlampe aufleuchten und warf einen Blick auf die Toten, die in einer Reihe nebeneinander auf der kleinen Lichtung lagen.

Er nahm die Russenmütze ab, die er noch immer trug.

Was mochte den Kameraden, die hier lagen, erspart geblieben sein? fragte er sich. Und dennoch! Solange ein einziger Funke Hoffnung war, würde er nicht Hand an sich legen. Er mußte durchkommen — er mußte!

»Deckt sie mit den Planen des Lastwagens zu und packt alles um. Wir nehmen den russischen Wagen.«

Erst jetzt wurde sich Brückner bewußt, daß es nur noch sieben Verwundete waren. Fünf Tote mußten bereits unterwegs bestattet werden; sie hatten die wilde Fahrerei durch das tückische Gelände nicht überstanden.

»Alles fertig?« fragte er fünf Minuten später.

»Fertig!« rief Possler aus dem Führerhaus.

»Dann los!« Er schwang sich hinten auf den Wagen. Mit einer Handbewegung gab er Reutter zu verstehen, das MG bereitzuhalten und nach rechts vorn von der Ladefläche aus zu sichern. Reutter löste die Zeltplane so weit, daß er Kopf und Schultern durchstekken konnte. Die Waffe legte er auf die Oberkante des Holzverschlages, dort, wo die senkrechte Strebe des Zeltplanendaches hochführte. Der Mond schien verhältnismäßig hell, so daß sie trotz der Dunkelheit weit genug sehen konnten.

In rascher Fahrt rollte der Lkw über die Straße von Süden nach Pohost hinein.

»Nach links einbiegen!« rief Maria Magierowna, als sie mitten im Dorf waren. Nach zweihundert Metern tauchte die Brücke über den Slutsch auf.

»Da sind sie!« rief Hintze, der hinter dem Steuer hockte und die Seitenscheibe ganz heruntergekurbelt hatte.

»Schneller!« befahl Brückner.

Hintze legte den dritten Gang ein und beschleunigte. Feldwebel Possler und Feldwebel Meixner, die beiderseits auf den Trittbrettern standen, zogen die Pistolen.

»Achtung, festhalten!« schrie Hintze, als er eine Bodenwelle auf sich zukommen sah.

Vier Russen sprangen mitten auf die Brücke und schwenkten die Arme wie Windmühlenflügel. Mit hartem Krachen prallte der von der Bodenwelle hochgeschleuderte Wagen wieder auf die Räder. Die Verwundeten schrien auf. Die Russen sprangen zur Seite. Einer riß seine MPi hoch und feuerte eine Salve hinter dem Wagen her.

Reutter riß sein MG herum und schoß nach rückwärts. Aber da waren sie schon durch und konnten zwei Kilometer auf der nach Roshan-Wjeliki führenden Straße weiterfahren, bevor sie wieder nach Westsüdwesten einbogen.

Im Zehnstundenkilometermarsch fuhren sie durch das buschbestandene sumpfige Gelände. Der Lkw amerikanischer Herkunft schaffte es mit seinen wuchtigen Profilreifen besser als das deutsche Fahrzeug. Sie blieben zwar zweimal hängen, konnten sich aber durch Faschinenbündel, die sie unter die Antriebsräder legten, wieder aus dem Morast befreien.

Im Wagen herrschte Stille. Einer der sieben übriggebliebenen Verwundeten stöhnte schwer. Jeder Meter auf dem unebenen Gelände verursachte ihm starke Schmerzen.

»Schwester«, rief er heiser, »können Sie mir nicht etwas geben?«

Schwester Waltraud blickte den Oberleutnant fragend an. Zustimmend senkte Brückner die Lider.

Wortlos machte Waltraud eine Morphiumspritze fertig, die dem Verwundeten einige Stunden Linderung schenken würde.

Dann tastete sich Waltraud zu Leppas zurück und ließ sich neben ihm nieder, den Rücken an die Rückwand des Fahrerhauses gelehnt. Ihre Hand umschloß die nach ihr tastende Hand des blinden Grenadiers.

Sobald Waltraud seine Hand hielt, verschwand die Panik, die Grenadier Horst Leppas stets empfand, wenn er allein lag, nur auf sein Gehör angewiesen. Um sich das Stöhnen der Verwundeten und die Geräusche der Fahrt.

Hier erlebte er, wie etwas in ihm aufbrach, das ungeachtet der Gewalt, des Todes und der ewigen Dunkelheit – von der er allerdings noch nichts wußte – licht, schön und unsagbar zart war.

»Waltraud?« wisperte er.

Sie beugte sich zu ihm hinunter.

»Ja, Horst?«

»Wenn wieder alles in Ordnung ist mit mir, wenn ich wieder richtig sehen kann und wir es geschafft haben, dann möchte ich dich etwas fragen.«

»Du kannst es jetzt schon fragen«, erwiderte sie zärtlich. »Ich kenne deine Frage, und ich kenne auch schon meine Antwort.«

»Du weißt es wirklich?« stammelte er.

»Ich weiß es, und meine Antwort lautet – ja!«

Sie beugte sich über ihn, berührte das Verbandszeug, das seine Stirn umgab, und küßte ihn auf den Mund.

Für lange, unendlich lange Sekunden schenkte der Kuß ihnen beiden Vergessen. Sie nahm seinen Kopf und legte ihn in ihren Schoß. Durch das zurückgeschobene Verdeck sah sie die Sterne. Sie funkelten hoch über ihnen in strahlender Klarheit, unbekümmert um sie alle, um den Krieg und den Tod.

Maria Magierowna aber konnte an nichts anderes denken als an die neuen Beine, die Igor wieder gehen machen sollten. Wie sonst würde ihr Sohn weiterleben können? Wenn sie einmal nicht mehr sein würde, die sie ihn zur Not tragen konnte. Wie sonst sollte er leben ohne die Beine, die ihr der deutsche Arzt und nun auch diese Ärztin, die eine Russin war, versprochen hatten?

In der kleinen Ortschaft Chursuk, westlich des Elbrus, saß Valentina Proschina am Fenster und starrte auf die Straße, die im Licht der Mittagssonne gleißte. Gleich mußte der alte Briefträger Koslan mit der Post kommen. Er würde bestimmt wieder ein paar Briefe von Vera haben, der Tochter ihrer toten Schwägerin.

Vera, die nach dem Tode ihrer Eltern hierhergekommen war und die dann – es war nun ein halbes Jahr her – dem Aufruf der Roten Armee gefolgt war und jetzt als Funkerin in einem Panzer wie ein Mann diente. Vera, von der in Millionen Flugblättern die Rede gewesen war, als die glorreiche Rote Armee aufbrach, um die Hitleristen aus Weißrußland hinauszutreiben. Vera war dabei, die Okkupanten aus ganz Rußland zu vertreiben und den heiligen Boden des Vaterlandes von der Hitlerpest zu säubern.

Da kam endlich Koslan. Er ging schwerfällig und unsicher. Offenbar hatte der alte Trunkenbold wieder zuviel vom selbstgebrannten Wodka gekippt. Denn für jede gute Nachricht, die er in dieses Dorf brachte, wurde er mit Wodka belohnt.

Aber diesmal schwenkte Koslan keine Briefe, wie er es sonst tat. Diesmal lachte er nicht über das ganze Gesicht. Diesmal war er anders, und er kam nicht ans Fenster, sondern ging direkt zur Haustür und klopfte.

Valentina Proschina spürte die fliegende Hitze im Nacken und im Gesicht. Sie ging nach vorn und lehnte sich ein paar Sekunden gegen die Tür, bevor sie öffnete. Das zerfurchte Gesicht des alten Briefträgers zeigte einen Ausdruck, der Valentina alles sagte.

Wortlos hielt Koslan ihr eine amtliche Nachricht entgegen, die schon oft hier in Chursuk verteilt worden war. Sie selbst kannte sie gut, denn im August 1941 hatte auch sie eine solche Nachricht erhalten. Sie hatte den Tod ihres Mannes bei Kiew zum Inhalt.

Es war das Los der daheimgebliebenen Frauen, solche Mitteilungen entgegennehmen zu müssen und — dann allein zu bleiben. Für immer.

Als Koslan wortlos gegangen war, las sie die Mitteilung. Ihre Vera war tot. Im Kampf mit den Hitleristen in ihrem Panzer gefallen.

Und sie wußte, was hinter diesen Worten stand, denn sie hatte es oft genug gehört.

In ihrem Panzer gefallen. Das hieß, daß sie alle elendig verbrannt waren.

Beinahe so wie jenes Mädchen aus Frankreich, das vor Hunderten von Jahren für ihr Land den Flammentod auf dem Scheiterhaufen gestorben war.

XI.

Der amerikanische Lastwagen mit dem aufgemalten Sowjetstern, in einem der vielen Eismeergeleitzüge nach Rußland gebracht, fuhr mit seiner deutschen Besatzung weiter durch das Sumpfgebiet. Langsam verschwamm für die Menschen, denen dieser Wagen zum Schicksal werden sollte, das Gefühl für Tage und Stunden. Sie fuhren in der Nacht und schliefen am Tage in den ausgesuchten Verstecken. Sie erreichten Straßen, begegneten russischen Kolonnen, fädelten sich ein und fuhren ein Stück mit, um bei der nächsten Gelegenheit wieder auszuscheren. Sie überquerten den Lanj und den Smertij durch flache Furten und schafften eine ganz schöne Strecke. Bald mußten die Russen abgehängt sein, denn noch niemals vorher hatten sie einen so schnellen und so tiefen Vorstoß geführt.

Am Nachmittag des 2. Juli erreichten sie wieder einen Fluß. Auf der Karte sah Oberleutnant Brückner nach. Es war der Zna.

»Wir bleiben hier, bis es finster geworden ist«, entschied er nach einem forschenden Blick in die Runde.

Sie fuhren den Wagen in ein verlassenes Gehöft, nachdem sie sich davon überzeugt hatten, daß seit langem kein Mensch mehr hiergewesen sein konnte.

Einer der Verwundeten war unterwegs gestorben. Er hatte nicht gesprochen. Still war er in seiner Wagenecke zur letzten großen Reise aufgebrochen.

Sie begruben ihn hinter dem Haus unter einem Fliederbusch.

Dann gingen sie zurück zum Wagen.

Richard Brückner versammelte seine Männer um sich.

»Alles legt sich hin und schläft. Wache wie üblich, mit Gruppe Possler beginnend.«

Als alles erledigt war, ging der Oberleutnant zu Waldi Niermann hinüber, der an dem russischen Radiogerät herumdrehte. Es pfiff ein paarmal, dann hatte er eine Station gefunden, die russische Armeemärsche spielte.

»Die bringen gleich wieder Nachrichten, Herr Oberleutnant.«

»Na, dann wollen wir mal hinhören, ob wir nicht bald auf die Rollbahn einschwenken können.«

Die anderen Männer kamen hinzu und umringten Niermann.

»Vielleicht sind wir längst hinter unseren Linien. Es war den ganzen Tag über so ruhig«, meinte Böse stotternd.

»Wir werden es gleich wissen«, antwortete Niermann und winkte den anderen zu, ruhig zu bleiben, denn nun war die Stimme eines Nachrichtensprechers zu hören. Niermann übersetzte:

»Das Oberkommando der Roten Armee gibt bekannt:

Die Kavallerie-mechanisierte Gruppe von General Oslikowski, welche gestern die Beresina nördlich des Palik-Sees überquert hatte, brach den Widerstand einer deutschen Infanteriedivision und stieß schnell weiter nach Westen vor. Soeben erreicht uns die Nachricht, daß es ihr gelungen ist, im Zusammenwirken mit dem 3. mechanisierten Gardekorps die Städte Wileika und Krasnoje zu befreien und die Bahnlinie Minsk–Wilna zu sperren.

Die Kavallerie-mechanisierte Gruppe der 1. Belorussischen Front* befreite heute Stolpce und Gorodeja. Sie erreichte die Bahnlinie Minsk–Baranowitschi und versperrte nunmehr den Hitleristen den Rückzug nach Westen. Westlich von Minsk kontrollieren bereits unsere tapferen Partisanen die Straßen. Die 4. deutsche Armee und Teile der 3. Panzerarmee sowie der 9. Armee befinden sich in schwieriger Lage. Sie stehen unmittelbar vor ihrer Einkesselung und Vernichtung.

In Borissow sind die Kämpfe um die Stadt im Gange. Wir bringen jetzt einen Bericht des Kriegsberichters Ugo Molinskij aus Borissow.«

Der Sprecher verstummte. Oberleutnant Brückner hatte alle von dem Ansager genannten Ortschaften auf der Karte angekreuzt.

»Das sieht verdammt so aus, als sei überall noch alles am Rennen.«

»Vorwärts, Kameraden! Wir müssen zurück!« ulkte Böse dazwischen.

---

* Weißrussische Front

»Ruhe, es geht weiter!«

»Achtung, Achtung! Hier spricht Kriegsberichter Ugo Molinskij aus Borissow. Was Sie im Hintergrund hören, sind die Abschüsse unserer Panzerwagenkanonen, die sich mit deutschen Sturmgeschützen herumschlagen und sie binnen kurzem erledigt haben werden.

In den Kämpfen um die Stadt, die fast vollständig in unserem Besitz ist, vollbrachte eine Panzerbesatzung des 2. Panzerbataillons der 3. Gardepanzerbrigade, einem Verband des 3. Gardepanzerkorps, eine Heldentat:*

Am Abend des 29. Juni war diese Panzerbesatzung mit ihrem Panzer unter Führung des Parteiorganisators der Kompanie, des Leutnants P. N. Rak, über eine verminte Beresinabrücke nach Borissow vorgestoßen. In der Stadt kämpfte die Besatzung ohne jede Unterstützung sechzehn Stunden lang, denn der Gegner hatte die Brücke inzwischen gesprengt.

Die furchtlosen Panzersoldaten beschossen die faschistische Kommandantur und den Stab des deutschen Truppenteils und riefen unter den deutschen Soldaten Unruhe hervor.

Da aber einige gegnerische Panzer das sowjetische Kampffahrzeug angriffen, fielen die tapferen Soldaten in dem ungleichen Kampf.

Für ihre Tat erhielten der Leutnant Rak und die Gardeunterfeldwebel Petrjajew und Danilow den Titel ›Held der Sowjetunion‹.**

Das war der Bericht über die Kämpfe in Borissow. Wir melden uns in drei Stunden wieder, um Ihnen die Einnahme der ganzen Stadt und die völlige Vernichtung der Hitleristen zu melden.«

»Meine Güte, die geben genauso an wie unsere PK-Männer.«

»Alles Propaganda!« meinte Feldwebel Meixner abfällig.

»Unsinn. Propaganda ist das nicht. Ich fürchte, es stimmt, Otto«, meinte Brückner besorgt.

Gustav Kneisel drängte sich zum Gerät vor.

---

* Text nach »Geschichte des Großen Vaterländischen Krieges«.

** Im Herbst 1960 wurde in Borissow ein Denkmal eingeweiht, das dieser Panzerbesatzung gewidmet ist.

»Kannst du keinen deutschen Sender bekommen, Waldi?« fragte er. »Ich möchte gern wissen, wie es dort in Borissow wirklich aussieht«, schloß Kneisel die Unterhaltung.

Schrittweise ging die Division »Feldherrnhalle« bei Borissow auf die Beresina zurück. Ein ganzes russisches Gardekorps saß den Soldaten dieser Division auf den Fersen. Generalmajor von Steinkeller hatte die 2. Batterie der Sturmgeschützbrigade 190 als Nachhut eingesetzt. Hauptmann Schwalb war mit der 1. Batterie bereits jenseits der Beresina, um die Partisanen zurückzudrängen, die von allen Seiten nach Borissow einsickerten, um die hier liegenden Verbände anzugreifen.*

Oberleutnant Nävie führte die als Nachhut eingesetzte 2. Batterie der Brigade. Als die Division zum erstenmal eingeschlossen wurde – man schrieb den 27. Juni, und sie stand noch weit ostwärts der Beresina –, fuhren Nävies sechs Geschütze im Breitkeil gegen den westlichen Einschließungsring vor.

»Chef an alle!« rief der Oberleutnant die einzelnen Geschütze. »Erst auf mein Kommando feuern.«

Sie passierten die liegengebliebenen Grenadiere und hielten kurz an.

»Behaltet Anschluß, wir boxen euch durch!« rief Nävie dem Hauptmann zu, der zu ihm herübergelaufen kam.

Ein MG-Feuerstoß aus dem Einschließungsring ließ Nävie im Geschütz untertauchen.

»Chef an alle: Vorwärts und – durch!«

Die sechs Geschütze rollten an. Auf einmal blitzte es vor ihnen an mindestens sechs Stellen gleichzeitig auf.

»Pak voraus!« rief Guteleut, der Fahrer des Geschützes von Oberwachtmeister Greib.

»Feuer frei!« befahl der Batteriechef.

Richtschütze Simmler hatte die ihm gegenüberstehende Pak bereits angerichtet. Der Schuß peitschte aus der 7,5-cm-Kanone; die

* Hauptmann Schwalb erhielt für seine Erfolge am 24. und 25. Juni 1944 am 24. August 1944 das Ritterkreuz.

Granate durchschlug den Schild der Feindpak und brachte sie zum Schweigen.

Verbissen schufteten die Ladeschützen. Aus sechs Rohren krachten die Abschüsse. Die Sturmgeschütze bockten im Rückschlag der Kanonen, schossen den Pakriegel zusammen und fuhren weiter. Die liegengebliebenen Grenadiere erhoben sich aus ihren Löchern und hängten sich hinter die Sturmgeschütze, die weiter vorrollten und immer wieder schossen.

Nun feuerten die Sturmartilleristen Sprenggranaten in die ausgemachten MG-Nester.

Eine Stunde lang ging es so Schritt für Schritt weiter, dann war der Einschließungsring endgültig aufgebrochen, und die Division »Feldherrnhalle« marschierte weiter nach Westen. Ihr Ziel war die Beresina und die Brücke östlich von Borissow. Die sechs Sturmgeschütze blieben zurück. Der nachdrängende Gegner mußte gebremst, ein Infanterieverband auseinandergetrieben werden.

Oberleutnant Nävie setzte seine Geschütze breit gefächert ein. Er selbst blieb auf der Straße.

Sechsmal wurde am nächsten Tag sein Geschütz von Tieffliegern mit Bomben und Bordwaffen angegriffen. Wie durch ein Wunder entging die Besatzung diesen Angriffen mit heiler Haut.

Abermals wurden von Steinkellers Grenadiere eingeschlossen. Aber die schnellen russischen Verbände, die mit dieser Absicht eingeschwenkt waren, hatten außer sieben T 34 keine anderen schweren Wagen. Und diese Panzer standen zehn Minuten, nachdem die Sturmgeschütze eingegriffen hatten, brennend auf dem freien Feld.

Die 3. Batterie, von der mehrere Geschütze ausgefallen waren, kämpfte auf der rechten Flanke des Rückzugsweges. Sie funkte am späten Abend des 29. Juni, daß ein einzelner Panzer an ihnen vorbei durchgebrochen und über die Beresinabrücke nach Borissow hineingefahren sei.

»Laßt ihn dort, wo er ist. Der kommt nicht weit!« ließ Oberleutnant Nävie zurückfunken.*

---

* Offenbar handelt es sich hierbei um die namentlich genannte Panzerbesatzung der Sowjets.

Am Morgen des 2. Juli erreichte die Nachhut mit ihren sechs Geschützen die Beresinabrücke, die entgegen sowjetischen Meldungen noch nicht gesprengt worden war.

Ein Oberst der Division »Feldherrnhalle«, den General von Steinkeller auf dem Ostufer zum Halten eines Brückenkopfes eingesetzt hatte*, ließ Oberleutnant Nävie zu sich kommen.

Als sich Herbert Nävie bei ihm meldete, sagte der Oberst:

»Nävie, Sie müssen noch einen Einsatz fahren und die nachdrängenden Russen so lange wie möglich halten. Das Gros der Sowjets darf nicht über den Fluß kommen, solange noch derart viele deutsche Truppen ostwärts der Beresina stehen.«

»Und die Sowjetverbände, die bereits in Borissow kämpfen?« erwiderte der Oberleutnant und deutete über den Fluß zurück auf die Stadt, aus der das Getöse des Kampfes zu hören war.

»Die werden von den dort stehenden Truppen aufgerieben.«

»Ich werde alles versuchen, Herr Oberst!« antwortete der Oberleutnant, dem bereits am 25. Oktober 1943 das Deutsche Kreuz in Gold verliehen worden war.

Oberleutnant Nävie ging zu seinen Geschützen zurück, die schon neue Munition gefaßt hatten und gerade aufgetankt wurden.

»Alles mal herhören!« rief er laut über den Platz.

Die Kommandanten der Geschütze kamen zusammen. Sie waren jetzt zu acht, nachdem zwei Geschütze der 3. Batterie unter Oberwachtmeister Windmöller und Wachtmeister Bader am Vorabend zu ihnen gestoßen waren.

Die Männer umringten ihren jungen Chef. Er blickte sie der Reihe nach an. Da standen sie, die alten Kampfgefährten. Die müden Gesichter von den Anstrengungen und Gefahren der letzten Einsatztage gezeichnet. Mit dicken Stoppelbärten, aber dennoch zuversichtlich wie immer.

Da waren sie, Greib und Dörfel und Schättler, Genz, Lensing, Bader und Windmöller. Der Blick des Oberleutnants wanderte von einem zum anderen.

---

* Der Name dieses Offiziers konnte nicht mehr ermittelt werden.

»Wir fahren noch einmal in den Einsatz«, begann Nävie. »Ich brauche vier Geschütze. Die anderen warten hier und wehren durchbrechende Russenpanzer ab.«

Alle sieben Geschützkommandanten traten vor. »Nun«, meinte Nävie lächelnd, »ich brauche nur drei Geschütze außer meinem. Schättler, Sie fahren mit Unteroffizier Tränkel und den Obergefreiten Dieg und Schmitt. Unteroffizier Zamar fährt mit Unteroffizier Nee, Unteroffizier Tjarks und dem Obergefreiten Heinchen. Obergefreiter Krönchen fährt mit dem Gefreiten Märzhauser, den Artilleristen Kreuder und Richter. In mein Geschütz steigen ein: Oberwachtmeister Genz, Oberwachtmeister Windmöller und Wachtmeister Bader. – Ihr anderen bleibt hier und seht zu, daß die Russen hier nicht durchkommen. Wir starten in fünf Minuten.«

Fünf Minuten später fuhren die vier Geschütze los. Die zurückbleibenden Sturmartilleristen winkten, bis die vier Stahlkolosse außer Sicht kamen.

Bereits nach kurzem Marsch stießen die deutschen Sturmgeschütze auf ein russisches Panzerrudel, das genau auf die Brücke zurollte. Der Kampf begann.

Es gelang Nävie, eine Reihe Feindpanzer abzuschießen, bevor der Rest wieder nach Nordosten abdrehte.

Anschließend hielten sie, weit auseinandergezogen, im kusselbestandenen Gelände aus.

Immer wieder zeigten sich sowjetische Panzerrudel auf den beiden von Osten heranführenden Straßen. Sobald die Kolosse als gut zu erkennende Zielscheiben auf der Höhe standen, eröffneten die vorzüglich getarnten Sturmgeschütze das Feuer. Auch aus dieser Entfernung von ungefähr 1,8 km waren die Langrohrkanonen noch eine zielsichere und tödliche Waffe.

Der zentrale Vorstoß des sowjetischen Gros auf die Brücke bei Borissow wurde abgewiesen. Lediglich nördlich und südlich der Stadt war der Gegner über den Fluß vorgestoßen.

Als die vier Geschütze spät am Abend des 2. Juli wohlbehalten wieder die Beresina erreichten, atmete der Führer der zurückgebliebenen Kampfgruppe, Stabswachtmeister Dörfel, auf.

»Wir dachten schon, der Iwan hätte euch eingesackt. Wir waren drauf und dran, nachsehen zu kommen«, sagte er, als er Oberleutnant Nävie erleichtert die Hand schüttelte.

»Da sind wir wieder! Aufmunitionieren und auftanken. Es geht noch in der Nacht weiter!«

Den ganzen Tag über war es den Troßteilen durch den Einsatz der Sturmgeschütze ermöglicht worden, die Brücke noch vor den nachdrückenden Sowjets zu überschreiten. So konnte dieser Brükkenübergang noch den ganzen 2. Juli hindurch offengehalten werden.

Kurz vor Mitternacht des 2. zum 3. Juli rollten die Sturmgeschütze von Oberleutnant Nävie über die Brücke zurück. Sie passierten den Pioniertrupp, der unter Führung eines Hauptmanns auf dem Westufer bereitstand.

»Ist jetzt alles auf dieser Seite?« fragte der Hauptmann.

»Alles diesseits!« erwiderte Oberleutnant Nävie.

»Dann macht, daß ihr wegkommt! In zwei Minuten wird gesprengt!«

Die Sturmgeschütze rollten weiter, erreichten den Schutz der Häuser und hielten an.

Genau zwei Minuten später schallten sechs dumpfe Detonationen von der Brücke herüber, die mit Donnergepolter in den Fluß stürzte. Die beiden Mittelpfeiler brachen ein, für die nachdrängenden Russen war der Weg abgeschnitten.

Auch weiterhin deckte die Division »Feldherrnhalle« das Abfließen der Trosse und der flüchtenden Stäbe aus Borissow in Richtung Minsk. Weiterhin standen die Geschütze von Oberleutnant Nävie ununterbrochen im schweren, opfervollen Abwehrkampf. Eines nach dem anderen wurde abgeschossen. Aber vier Geschütze blieben intakt, und diese vier Geschütze kämpften gegen hundert und mehr Sowjetpanzer, die zum Glück nur jeweils in kleinen Rudeln angriffen und so mit Erfolg abgewehrt werden konnten.

Das war der wirkliche Verlauf der Kämpfe bei Borissow.

GenLt. Artur Kullmer, Kdr. 296. ID RK am 27. 10. 1943, 558. EL als Kdr. 558. VGD am 28. 2. 1945 (Verstorben in sowj. KG am 28. 3. 1953.}

Oberst Otto Schünemann, Kdr. IR 184 RK am 20. 12. 1941, 339. EL als GenLt., Kdr.337. ID am 28. 11. 1943, (gef. am 29. 6. 1944 bei Pogast an der Beresina).

Oberst i. G. Eberhard von Kurowski RK am 23. 1. 1942 als Chef des GenStabes XXXX. AK. Als GenMaj. Kdr. 110. ID Juli 1944 in sowjetische KG; entlassen am 6. 10. 1955.

Oberstlt. Karl Decker, Kdr. I. / PR 3 RK am 13. 6. 1941, 466. EL als GenMaj. Kdr. 5. PD am 4. 5. 1944, 149. Sch als Gen. d. PzTr., KommGen. XXXIX. PzK. am 21. 4. 1945 (Bei Kriegsende Freitod).

GFM Ernst Busch, OB HGr. Mitte RK (als Gen. d. Inf.) am 26. 5. 1940, 274. EL als GFM OB HGr. Mitte am 21. 8. 1943.

GenMaj. Clemens Betzel, Kdr. 4. PD RK am5. 9. 1944, 774. EL als GenLt., Kdr.539. ID am 11. 3. 1945.

Oberst Rainer Stahel, Kdr. FlakRgt. 99 RK am 18. 1. 1942, 169. EL als Oberst u. Kdr. einer KGr. am 4. 1. 1943, 79. Sch als GenMaj. Kdt. Fester Platz Wilna am 18. 7. 1944 (Bis zum 30. 11. 1955 in sowj. KG bei Woikowo).

GenLt. Nikolaus von Vormann, Kdr.23. PD RK am 22. 8. 1943.

OTL Hans Traut, Kdr. I. /IR 90 RK am 5. 8. 1940, 67. EL als Oberst, Kdr. IR 41 am 23. 1. 1942 (Als GenLt. u. Kdr. 78. Sturm-Div. am 12. 7. 1944 in sowj. KG bis Oktober 1955).

GenLt. Walter Model, Kdr. 3. PD RK am 9. 7. 1941 74. EL als GenOberst, OB der 9. Armee am 17. 2. 1942, 28. Sch als GenOberst OB der 9. Armee am 2. 4. 1943, 17. BR als GFM OB HGr. Mitte am17. 8. 1944.

GenMaj. Walter Weiß, Kdr.26. ID RK am 12. 9. 1941, 646. EL als OB 2. Armee und GenOberst am 5. 11. 1944.

GenLt. Georg-Hans Reinhardt, Kdr. 4. PD RK am 27. 10. 1939, 73. EL als Gen. d. PzTr. u. Befhb. PzGr. 3 am 17. 2. 1942, 68. Sch als GenOberst OB 3. PzArmee am 26. 5. 1944.

GenLt. Kurt von Tippelskirch, Kdr. 30. ID RK am 23. 11. 1941, 539. EL als Gen. d. Inf. stellv. OB 4. PzArmee am 30. 7. 1944.

Oberst Friedrich Wiese, Kdr. IR 39 RK am 14. 2. 1942, 372. EL als Gen. d. Inf., KommGen. XXXV. AK am 24. 1. 1944.

GenMaj. Robert Martinek, Kdr. 267. ID RK am 26. 12. 1941, 388. EL als Gen. d. Art., KommGen, XXXIX. PzKorps am 10. 2. 1944.

GenLt. Johann-Georg Richert, Kdr. 35. ID RK am 17. 3. 1944, 623. EL als Genlt., Kdr. 35. ID am 18. 10. 1944.

GenLt. Hellmuth Reymann, Kdr. 13. LW-Feld-Div. am 5. 4. 1944, 672. EL als GenLt. Kdr. 11. ID am 28. 11. 1944.

GenMaj. Gustav Hoehne, Kdr. 8. Jäg-Div. RK am 30. 6. 1941, 238. EL als GenLt. KommGen. Korps Laux am 17. 5. 1943 (gleichzeitig zum Gen. d. Inf. befördert).

GenLt. Vincenz Müller, Fhr. XXVII. AK RK am 7. 4. 1944 (In sowj. Kriegsgefangenschaft am 30. 6. 1944)

GenMaj. Erpo, Frhr. von Bodenhausen Kdr. 12. PD RK am 17. 12. 1943 (am 9. 5. 1945 im Kurlandkessel Freitod).

Oberst Horst Großmann, Kdr. IR 84 RK am 23. 8. 1941, 292. EL als GenLt., Kdr. 6. ID am 4. 9. 1943 (Im Mittelabschnitt der Ostfrond KommGen LV. AK).

GenLt. Friedrich Gollwitzer, Kdr. 88. ID RK am 8. 2. 1943 (Am 28. 6. 1944 in sowj. KG bis zum 6. 10. 1955).

Oberst Walter Hartmann, ArtKdr. 140 RK am 10. 8. 1941, 340. EL als GenLt. Kdr. 87. ID am 30. 11. 1943, 139.Sch. als Gen. d. Art. KommGen. VIII. AK am 18. 3. 1945.

Oberst Alfons Hitter, Kdr. AR 178 RK am 14. 12. 1941, 488. EL als GenLt. Kdr. 206. ID am 4. 6. 1944.

Oberst Hans Jordan, Kdr. IR 49 RK am 5. 6. 1940, 59. El als Oberst Kdr. IR 49 am 16. 1. 1942, 64. Sch. als Gen. d. Inf. KommGen. VI. AK am 20. 4. 1944.

GenMaj. Edmund Hoffmeister, Kdr. 383. ID RK am 6. 10. 1943 (Ende Juni 1944 in Sowj. KG, 1947 in Kiew nach Schauprozeß hingerichtet).

GenMaj. Otto-Hermann Brücker, Kdr. 6. VGD RK am 14. 4. 1945.

Oberst Walter Melzer, Kdr. IR 151 RK am 21. 8. 1941, 558. EL als GenMaj. Kdr.252. ID am 23. 8. 1944.

GenLt. Walter Scheller, Kdr. 9. PD RK am 3. 4. 1943 (gefallen am 21. 7. 1944 als Kdr. der Festung Brest Litowsk).

Oberst Otto Schünemann, Kdr. IR 184 RK am 20. 12. 1941, 339. EL als GenLt., Kdr. 337. ID am 28.11. 1943 (Als Fhr. XXXIX. PzKorps bei Pogost an der Beresina in sowj. KG; Tod am 29. 6. 1944).

GenMaj. Ernst von Leyser, Kdr. 269. ID RK am 18. 9. 1941 (zuletzt Gen d. Inf. KommGen. XXXI. GenKorps).

GenMaj. Rudolf Frhr. von Roman, Kdr. 35. ID RK am19. 2. 1942, 313. EL als GenLt. , KommGen. XX. AK am 28. 10. 1943.

Oberst Kurt-Jürgen Frhr. von Lützow, Kdr. IR 89 am 15. 8. 1940, 37. EL als Oberst Kdr. IR 89 am 21. 10. 1941 (Als GenLt., KommGen. XXXV. AK am 5. 7. in sowj. KG, bis zum 16. 1. 1956 (!).

Oberst Helmut Staedtke, Chef des GenSt. des XXXV. AK (zuletzt GenLt. Kdr. 198. ID) RK am 14. 8. 1943.

GenMaj. Hermann Flörke, Kdr. 14. ID RK am 15. 12. 1943, 565. EL als GenLt., Kdr. 14. ID am 2. 9. 1944 (zuletzt mit der Fhrg. des LXVI. AK beauftragt).

GenLt. Rudolf Peschel, Kdr. 6. LW-Feld-Div. RK am 20. 1. 1944 (gefallen am 30. 6. 1944 bei Witebsk).

Major Willi Wesche, Kdr. GR 430 RK am 9. 4. 1943, 541. EL als Oberst, Kdr. GR 427 am 6. 8. 1944 (gefallen am 27. 6. 1944 bei Bobruisk).

Oberst Erich Wolkewitz, Kdr. GR 478 RK am 12. 3. 1944

Major Wilhelm Busse, Fhr. GR 82 RK am 12.3. 1944.

Oblt. Hans-Werner Deppe, Chef 3. / GR 58 RK am 14. 8. 1943.

Oblt. Helmut Kalbitz, Chef 1. / PiBatl. 125 RK am 23. 8. 1941, 366. EL als Hptm. Kdr. PiBatl. 31 am 7. 1. 1944.

Hptm. Arthur Jüttner, Kdr. III. / IR 38 RK am 14. 12. 1941, 622. EL als Oberst, Kdr. GR 532 am 18.20. 1944, 141. Sch als Oberst, Kdr. Gr 164 am 5. 4. 1945.

OFw. Erich Vielwerth, Zugfhr. 1. / IR 87 (mot) RK am 18. 10. 1941, DKr. in Gold als Oblt. Chef 3. / GR 87 am 8. 3. 1945.

Major Reinhard Burst, Kdr. GR 111 RK am 12. 8. 1944.

Oberst Hans-Walter Hahne, Kdr. IR 507 RK am 10. 2. 1942 (AM 24. 6. 1944 als Kdr. 197. ID und Oberst gefallen. Posthum zum GenMaj. befördert).

Major Willi Wiesner, Kdr. I. / AR 257 RK

OTL Joachim von Stolzmann, Kdr. III / IR 17 RK am 29. 9. 1940 (letzter Dienstgrad GenMaj. und Kdr. 31. ID).

Oberst Albrecht Wüstenhagen Kdr. AR 129 (gefallen als GenLt. u. Kdr. 256. ID am 26.6. 1944 südwestl. von Witebsk).

Major Ernst-Albert Grote, Fhr. GR 12 RK am 11. 3. 1945.

Oberst Willifrank Ochsner, Kdr. 31. ID RK am 18. 1. 1944 (gleichzeitig Beförderung zum GenMaj.).

Oberst Johannses Boje, Kdr. GR 37 RK am 11. 1. 1944 (gefallen am 26. 6. 1944 bei Jabanowka).

OTL Joachim Sander, Kdr. PR 23 RK am 19. 9. 1943, 729. EL als Oberst, Kdr. PR 31. am 5. 2. 1945 (gefallen am 3. 11. 1944 bei Goldap).

OTL Stefan-Heinrich Höke, Kdr. GR 18 RK am 28. 7. 1943 (gefallen am 28. 6. 1944 als Oberst bei Bobruisk).

OTL Alexander Conrady, Kdr. GR 118 RK am 17. 10. 1942, 279. EL als Oberst, Kdr. GR 118 am 22. 8. 1943 (Als GenMaj. Kdr. 36. JägDiv. am 1. 7. 1944 in KG).

Oblt. Wilhelm Kuhlwilm, KpFhr. 1. / FschPGR 3 „HG“ RK am 30. 11. 1944.

Hptm. Gerhard Schirmer, Fhr. II. /FJR 2 RK am 14. 6. 1941, 657. EL als OTL Kdr. FJR 16 „Ost“ am 18. 11. 1944.

Gen. Maj. Herbert Michaelis nach der Übernahme der 95. ID am 2. 5. 1944.

Oberst Herbert Michaelis, Kdr. GR 525 und Fhr. 298. ID RK am 28. 9. 1943 (Am 28. 6. 1944 als GenMaj.in russ. KG bis zum 8. 10. 1955).

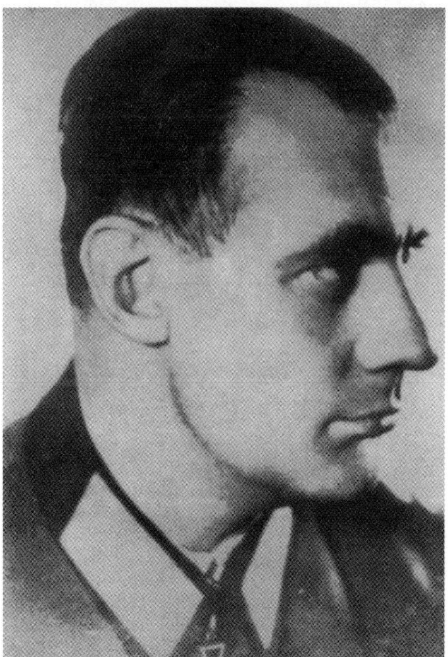

Erich Dethleffsen, Oberst i. G. XXXIX. PzKorps RK am 23. 12. 1943 (Ab 9. 12. 1944 GenMaj. und Chef des Stabes der HGr. Weichsel).

Oberst Hans-Walter Heine, Kdr. ArtRgt. 182 Rk am 16. 4. 1943 (Als GenMaj. und Kdr. 6.ID am 30. 6. 1944 in russ. KG bis zum 6. 10. 1955).

Oblt. Ferdinand Kuester, Chef 1. / GR 58 RK am 27. 10. 1943 (gefallen am 14. 1. 1945 im Warka-Brückenkopf).

Hptm. Bruno Bogert, Kdr. SichBatl. 670 RK am 21. 4. 1944.

Oblt. Theodor Tolsdorff, Chef 14. / IR 22 RK am 4. 12. 1941, 302. EL als Kdr. I. /FüsRgt. 22 am 15. 9. 1943, 80. Sch. als OTL, Kdr., GR 1067 und Fhr. einer Kdr. am 18. 7. 1944, 25. BR als GenMaj. Kdr. , 340. VGD mit gleichzeitiger Beförderung zum GenLt. am18. 3. 1945.

Oberst Friedrich-Carl von Steinkeller Kdr. PGR 7 RK am 31. 3. 1943.Am 1. 6. 1944 als GenMaj. Kdr. 60. ID (mot.) (Ab dem 8. 7. 1944 in russ. KG bis zum 9. 10. 1955).

In dem verlassenen Gehöft ostwärts des Zna bereiteten die beiden Schwestern unter Irinas und Marias Hilfe die erste warme Mahlzeit seit dem Ausbruch aus Bobruisk. Sie hatten in der Küche noch einige Zwiebeln gefunden, und nun zog kräftiger Essensduft über den Hof.

»Das riecht verdammt gut!« bemerkte Karlheinz Böse und leckte sich die Lippen.

»Ich glaube, wir werden wie die Scheunendrescher 'reinhauen«, sekundierte ihm Kneisel.

Oberleutnant Brückner kam den Weg herunter, an dem der Posten neben einer Holunderhecke saß und die Auffahrt zur Straße im Auge behielt.

Von der anderen Seite des Gehöftes tauchte Possler auf. Die beiden Männer trafen sich mitten auf dem Hof.

»Wie sieht es drüben aus, Possler?« fragte Brückner den Kameraden.

»Ich habe Niermann vorgeschlagen, auf den Scheunenboden zu klettern. Von dort aus kann er den Weg nach Süden und den Karrenweg nach Osten gleichzeitig im Auge behalten.«

»Ausgezeichnet, dann können wir nicht überrascht werden. – Hm, riecht das gut hier!« unterbrach sich der Oberleutnant. »Bis nachher, Possler!« sagte er abschließend und ging schnurstracks in die Küche.

Lore entdeckte ihn sofort. Sie hatte den Kittel abgelegt; in der Bluse und mit dem dunklen Rock sah sie reizend aus. Das Licht, das durch das große Südfenster einfiel, umhüllte das Mädchen wie mit einer Gloriole. Brückner schluckte schwer, als ihm Schwester Lore mit wiegenden Hüften entgegenkam.

Irrte er sich, oder lag in ihren Augen die spöttische Siegesgewißheit einer Frau, die sich ihrer Eroberung sicher ist?

»Kommen Sie, Irina. Wir werden die hungrigen Mäuler stopfen!« rief Schwester Waltraud vom Herd her. Die beiden Frauen gingen hinaus.

Mit drei Schritten war Richard Brückner bei dem Mädchen. Seine Arme umfingen sie und hielten sie fest. Sie bog den Kopf zurück, ihre Lippen öffneten sich leicht.

Lore empfing seinen Kuß mit geschlossenen Augen. Sie zitterte, als sie ihre Arme um seinen Hals schlang.

Richard führte sie zur Treppe, die ins Obergeschoß führte. Wie Schlafwandler gingen sie hinauf. Oben stieß er die letzte Tür auf.

Das Lager, das er bereits bei der ersten Durchsuchung entdeckt hatte, war niedrig und hart. Doch davon merkten die beiden nichts. Es war wie ein Versinken in lang geschürter Glut. Ein Feuer schlug über ihnen zusammen, das alles andere verzehrte: Not und Gefahr und die ständige Drohung des Todes.

Erst als man nach ihnen rief, raffte sich Lore auf. Sie versuchte mit zitternden Händen, sich zurechtzumachen.

»Sieht man es uns an, Richard?« fragte sie verlegen.

»Ich glaube, ja«, erwiderte er mit einem kleinen Lächeln. »Aber das ist doch nicht sehr schlimm, oder?«

»Wenn es schlimm ist, legen wir einen Lappen drauf!« versuchte sie zu scherzen.

Sie ging zuerst hinunter, und er blickte ihr von oben aus nach, bis sie die Tür hinter sich geschlossen hatte.

Dann ging auch er in die Küche hinunter. Maria Magierowna holte soeben den Kaffee. Sie blickte ihn eine Sekunde lang forschend an, dann nickte sie ihm verständnisinnig zu.

»Du glücklich, Pan Oberleutnant. Du es bleiben. Denk nicht daran, was kommt. Denke immer daran, was ist.«

Er verstand sie zwar nicht ganz, aber er spürte, daß die Frau es gut mit ihm meinte. Darum nickte er ihr lächelnd zu.

Lore war bereits eilfertig dabei, die Verwundeten mit zu versorgen, denn Schwester Waltraud hatte nur noch Zeit und Augen für den jungen Grenadier Leppas.

»Lassen Sie die Wachen ablösen, Possler!« befahl Brückner nach einem Blick auf die Uhr. Die beiden Ablöser trotteten zu ihren Postenstellen.

Über dem Gehöft stand der Tag in gleißender Helle. Die Sonne brannte. Es duftete nach Heu und Korn und reifendem Obst.

»Wie wäre es mit einer kleinen Erkundung, Meixner?« wandte sich Brückner an den Feldwebel.

»Geht in Ordnung, Herr Oberleutnant!«

Niemals hätte sich Meixner — wie etwa Possler — dazu hinreißen lassen, den Chef mit seinem Vornamen anzusprechen. Brückner war der Oberleutnant, der Chef, und nicht anderes. Da war man Soldat, da kannte man nichts!

Sie gingen durch den großen Apfelgarten hinunter. Unten an der Hecke traten sie durch das Tor aus Fichtenstangen, und nach weiteren hundert Metern durch einen Wiesengrund erreichten sie den Waldrand. Sie bahnten sich einen Weg durch Gestrüpp und Unterholz und fanden schließlich einen Querweg, der in Nordsüdrichtung verlief. Hier war ein Lastwagen gefahren. Der Feldwebel beugte sich hinunter.

»Die Spur ist frisch, Herr Oberleutnant«, stellte Meixner fest und richtete sich wieder auf.

Brückner untersuchte die Spur ebenfalls. Kein Zweifel, sie war frisch! Und wo Wagenspuren waren, da waren auch Menschen. Brückner dachte angestrengt nach.

»Mensch, Meixner, das stinkt mir! Das stinkt gewaltig!«

Meixner nickte zustimmend. Er war mit achtzehn Jahren freiwillig zum Barras gegangen. Direkt von der Hitlerjugend zum Kommiß. Er wußte, was man in einem solchen Fall zu tun hatte.

»Wir müssen nachsehen, Herr Oberleutnant. Damit wir die Stärke des Gegners kennen und er uns nicht zuvorkommt.«

»Richtig, das werden wir!«

Sie wandten sich nach Norden, denn in diese Richtung mußte der Wagen gefahren sein, wenn man die Spuren an dem niedergedrückten Gras und Unkraut richtig zu lesen verstand.

Sie erkundeten nicht auf dem Weg, sondern gingen rechts daneben in der Deckung der Büsche vor.

Nach ein paar hundert Metern beschrieb der Weg einen Knick und führte nun genau in die dicke grüne Wand des Waldes im Nordwesten, der sich bis zum Zna hinunter erstreckte.

Vorsichtig bewegten sie sich vorwärts. Das Gebüsch wurde dichter und dichter. Richard Brückner hielt die MPi im Hüftanschlag. Er roch die Russen förmlich. Er roch die Gefahr, und er wußte, gleich würde es soweit sein.

Es war das gleiche Gefühl, das er schon hundertmal empfunden hatte und dem dann immer eine böse Überraschung gefolgt war.

Voraus wurde es lichter. Sie sahen das Holzgeländer einer Brücke, die über einen zum Zna verlaufenden Bach führte, und jenseits der Brücke den dunklen Umriß eines niedrigen Gebäudes. Auf der Brücke aber stand ein Rotarmist.

Der Oberleutnant pfiff leise. Meixner hörte es und blieb stehen. Brückner lief über den Weg zu Meixner hinüber.

»Über die Brücke geht es also nicht, Meixner!«

»Doch, Herr Oberleutnant. Wir haben ja noch unsere Russenuniformen an. Ich mache das schon, wenn Sie mir Feuerschutz geben.«

»Gut, dann gehen wir bis auf dreißig Meter 'ran.«

Sie huschten weiter und erreichten eine dichte Mauer aus Grün. Mit schußbereiter Waffe wartete der Oberleutnant. Über dem Visier schwebte der Hinterkopf des Wachtpostens, der am Brükkengeländer gelehnt stand. Er pfiff vergnügt vor sich hin.

Ab und zu tauchte Meixners braune Uniform aus dem grünen Gewirr auf, um sofort wieder zu verschwinden. Dann glitt er plötzlich auf den Weg und ging mit knirschenden Schritten direkt auf die Brücke zu.

Der Posten wirbelte herum rund riß seine MPi hoch. Aus einer Entfernung von dreißig Metern sah Brückner das Gesicht des Russen und bemerkte die Anspannung und den Ausdruck wilder Entschlossenheit.

Er hörte den Posten etwas rufen und vernahm dann nach einer endlos erscheinenden Pause Meixners Antwort. Er sah, daß der Posten seine Waffe sinken ließ und Meixner ein paar Schritte bis zum Rand der Brücke entgegenging. Als Meixner dann bei ihm war, ging alles blitzschnell.

Der Feldwebel stieß zu, der Russe ging zu Boden. Noch einmal hieb Meixner zu, dann wuchtete er den Posten über die Brücke in den Bach. Das Wasser spritzte auf. Der Körper des Rotarmisten wurde abgetrieben.

Es durchfuhr Richard Brückner siedendheiß, wie er diesmal als untätiger Zuschauer erleben mußte, was es hieß, Krieg bis aufs

Messer zu führen. Das hier zeigte ihm, was sie alle taten, was sie tun mußten, um zu überleben. Morden mußten sie, unerbittlich zuschlagen und töten, um nicht selbst getötet zu werden.

Diesmal, in dieser Sekunde, ging es Richard Brückner deutlicher denn je auf. Schließlich sah er, daß Meixner den Platz des Postens einnahm und zu ihm herüberwinkte. Es kostete Richard Brückner einige Überwindung, um in diesem Mann noch den alten, ein wenig zur Fülle neigenden Meixner wiederzuerkennen.

Dieser Mann, der dort auf der Brücke stand, sich lässig an das Geländer lehnte und der drohenden Gefahr aus dem niedrigen Gebäude gelassen entgegenblickte, war Otto Meixner, der Freund und Kampfgefährte von eintausend Tagen Rußlandkrieg. Es war derselbe Mann, der Dutzenden von Kameraden des jungen und unerfahrenen Nachersatzes das Leben gerettet hatte, indem er selbst jedes Risiko auf sich nahm und kämpfte. Und tat er das nicht auch jetzt? Für die Verwundeten, für die Frauen und auch für ihn – Richard Brückner. Jetzt, wo alles schon fast zu Ende war, lernte er ihn wirklich kennen: einen Mann, der Tod und Teufel nicht fürchtete. Einen Mann, den der Krieg zu einer Maschine gemacht hatte und dessen Aufgabe das Töten war.

Ob ihn Meixner, ob die anderen ihn ebenso sahen?

Der Oberleutnant hatte den Kameraden erreicht.

»Herr Oberleutnant, es können nicht viele Russen im Hause sein. Ich sehe nur einen klapprigen Lastwagen und drüben den kleinen Flitzer«, zischte Meixner durch die Zähne.

»Wie kommen wir dorthin? Sie werden uns sofort sehen.«

»Sie gehen vor, Herr Oberleutnant, behalten die Waffe umgehängt und nehmen die Hände hoch. Ich gehe hinter Ihnen her. Die Iwans werden nicht gleich merken, daß es nicht der echte Posten ist; und wenn ich losballere, dann ist es auch Zeit für Sie.«

Richard Brückner nickte. Meixners Plan war einfach und gut. Er zog die umgehängte MPi so weit nach vorn, daß er sie mit einem Griff schußbereit erreichen konnte. Dann hob er die Arme in Schulterhöhe und ging über den Weg direkt auf das Gebäude zu, dessen kleine Fensterscheiben ihn anblinzelten.

Sie hatten gerade den Rand des weiten Hofes erreicht, als auch schon die Tür aufschwang. Ein Russe kam heraus.

»He, Nikolai, wen bringst du denn da?« rief er überrascht.

»Langsamer gehen!« zischte Meixner hinter dem Oberleutnant.

Brückner verlangsamte den Schritt. Sie erreichten den Platz vor dem Haus. Inzwischen waren mindestens acht Russen aus dem Haus herausgekommen und starrten ihnen entgegen. Es schienen Partisanen zu sein, denn sie trugen nur zum Teil Uniformen. Auch eine Frau war dabei.

»Woher kommt der Kerl, Nikolai?« schrie der Anführer der Gruppe.

»Stehenbleiben!« zischte Meixner dem Oberleutnant zu. Brückner blieb stehen und spannte alles zum Sprung an.

Mit zwei Schritten war Meixner hinter ihm hervorgekommen. Seine MPi richtete sich auf die Gruppe vor dem Haus.

»Rucki werch!« brüllte er laut.

Brückner griff blitzschnell nach unten. Auch seine MPi war jetzt auf die Russen gerichtet.

Die Gruppe schien einige Sekunden lang wie erstarrt. Dann kamen zögernd die Hände nach oben.

Nur die Frau griff zur Waffe. Meixner warnte sie durch ein Zischen. Aber sie riß die Pistole hoch – und brach im Feuerstoß aus Meixners MPi zusammen.

Im Obergeschoß wurde so hastig ein Fenster aufgerissen, daß es klirrte. Ein Feuerstrahl peitschte herunter. Brückner warf sich zu Boden und schoß auf das Fenster, das scheppernd auseinanderbarst.

Meixner war nicht so schnell gewesen. Er hatte plötzlich das Gefühl, als würde ihm ein glühender Draht aus der linken Leistengegend in den Bauch gestoßen. Dann erst hörte er das Knallen und Zersplittern von Glas. Er sackte so rasch zusammen, als hätte ihm eine Granate die Beine weggeschlagen. Er schrie, ohne es zu wissen.

Während der Oberleutnant feuerte und den Gegner vom Fenster zurücktrieb, schrie Meixner immer noch. Er krümmte sich am Boden, versuchte zur Seite zu kriechen, aber der Schmerz war stärker.

Dann sah er, wie die Russen angerannt kamen. Unter unsäglicher Anstrengung riß er die MPi hoch, schoß blindlings nach vorn, sah sie fallen, einen nach dem anderen. Schließlich fiel der letzte genau über ihn. Doch das spürte Meixner schon nicht mehr.

Oberleutnant Brückner kam wieder auf die Beine. Er rannte mit langen Sätzen zu Meixner hinüber, kniete neben dem Kameraden nieder und drehte ihn um. Er blickte in weit aufgerissene, etwas verdrehte Augen, die schon leblos waren in der Starre des Todes.

Er schnellte hoch, rannte zur Brücke zurück, hörte, wie ein Fenster aufgestoßen wurde, und dann ratterte ein MG hinter ihm her. Dreck spritzte links und rechts von ihm empor. Er schlug einen Haken.

Ein zweites MG belegte die Brücke mit systematischen Feuerstößen. Da kam er nicht mehr hinüber. Brückner schwenkte abrupt nach links, erreichte den Hang, der zum Bach hinunterführte, spannte alle Kräfte an und flog schon durch die Luft.

Er landete drüben auf dem Uferrand. Seine Stiefel klatschten ins Wasser. Schnell kroch er empor, wurde von Büschen gedeckt, während nun beide MG der Russen auf seinen vermutlichen Fluchtweg einschwenkten und ununterbrochen schossen.

Richard Brückner kroch weiter, erreichte den dichten Busch und tauchte darin unter. Er hörte, wie der Flitzer im Hof des Gebäudes angelassen wurde. Mit langen Sätzen jagte er weiter, wich vom Weg ab, lief nun mit der Sonne im Rücken nach Osten.

Die Motorengeräusche verschwammen und verklangen schließlich ganz im Busch. Brückner hastete durch den Wald. Er versuchte, sich zu orientieren und fand schließlich nach einer Viertelstunde die Wiesenlichtung. Durch die Büsche jenseits auf dem Hang schimmerte das Gebäude. Er rannte darauf zu, erreichte es und stand vor Kneisel, der die Wache übernommen hatte.

»Was ist, Herr Oberleutnant?« fragte der Gefreite.

Vor Erleichterung, daß er die Stimme des Kameraden wieder hörte, daß er damit auch in Sicherheit war, hätte Brückner weinen können. Er biß sich auf die Lippen.

»Russen«, keuchte er, »gar nicht weit von hier!« Er rang nach Luft.

»Wo ist Meixner?«

Das war die Frage, die er gefürchtet hatte. Er starrte Kneisel an.

»Meixner ist gefallen. Ich habe selbst gesehen, daß er tot ist. Er bekam eine ganze Garbe in den Bauch. Alles voller Blut ...«

Er konnte nicht weitersprechen. Gustav Kneisel legte dem Oberleutnant die Hand auf die Schulter.

»Du kannst es nicht ändern, Richard. Du mußt versuchen, uns zurückzubringen. Wer auf dem Weg fällt, der bleibt eben hier. Eine andere Möglichkeit gibt es nicht.«

Possler kam angelaufen. Er brauchte nicht zu fragen. Brückner berichtete knapp. Er erwähnte auch den Jeep, der auf dem Weg durch den Wald war.

»Wir können noch nicht fort. Wir müssen mindestens noch vier Stunden warten, bis es dunkel wird. Wir müssen die Posten verdoppeln. Auch nach Westen und Osten sichern.«

»Von wo kann der Jeep kommen?« fragte Possler sachlich.

»Von dort, über die Wiese. Vorausgesetzt, er biegt vom Nordsüdweg ab und weiß, daß hier ein Anwesen steht.«

Fünf Minuten später hatten sie Gewißheit. Am Waldrand tauchte der Jeep auf, rollte ein Stück durch die Wiese, erreichte den Weg und fuhr genau auf das Haus zu.

»Abfangen!« befahl Brückner.

Possler rannte zum Tor. Im Laufen winkte er Hintze und Reutter heran. Brückner blieb bei Kneisel auf dem Postenstand.

Beide sahen, wie der Wagen, mit vier schwerbewaffneten Russen besetzt, vor dem Tor aus Fichtenstangen anhielt und der neben dem Fahrer sitzende Rotarmist ausstieg, um das Tor zu öffnen.

Unmittelbar vor dem Tor blieb er wie angewurzelt stehen, denn er blickte in die Mündung des MG, das Reutter auf ihn gerichtet hatte.

»Rucki werch!« forderte Possler die Russen auf.

Die drei noch im Jeep sitzenden Russen hoben, ebenso wie der Iwan am Tor, ihre Hände und stiegen langsam aus.

»In den Keller mit ihnen!« befahl Possler.

Oberleutnant Brückner lief zum Haus hinüber.

»Alles fertigmachen! Die Verwundeten auf den Wagen bringen und bereithalten zur Abfahrt!«

Eine halbe Stunde später waren sie soweit. Die Männer hatten einen Ring um das Gehöft gebildet. Mit bis zum Zerreißen gespannten Nerven starrten sie in die Gegend. Wenn mehr russische Soldaten in der Gegend waren, dann würde es hier bald von Rotarmisten wimmeln.

Die Zeit schlich dahin. Die Sonne war weit nach Westen herumgewandert. Schließlich sank sie dem Horizont entgegen und verschwand hinter dem Wald. Dunkle Röte am Himmel wurde bald von blauer Dämmerung abgelöst.

»Direkt zum Fluß! Den Flitzer nehmen wir mit!«

Mit diesen Worten ließ Oberleutnant Brückner die kleine Kolonne losmarschieren. Der schwere Dodge-Lkw röhrte dumpf im ersten Gang. Sie erreichten die in Ostwestrichtung verlaufende Straße, die über den Zna nach Plosskinj führen mußte. Aber hier sahen sie den Strom russischer Infanteriekolonnen, welche die Straße bevölkerten.

»Da kommen wir nicht durch, Richard«, sagte Kneisel leise, damit die Verwundeten es nicht hörten.

»Wir müssen, Gustav! Wir müssen es auf jeden Fall versuchen!«

»Das beste ist, wir fahren direkt auf die Straße und versuchen, uns in eine Lücke hineinzumogeln.«

»Wir wollen es probieren. Auf dem Wagen muß aber dann eine Geräuschkulisse à la Iwan gemacht werden. Du sorgst dafür, Possler.«

Sie fuhren langsam an die Kreuzung heran. Fast nahtlos war der Fluß der russischen Fahrzeuge. Einmal versuchte Karlheinz Böse, der den Flitzer fuhr, sich in die Kolonne hineinzumogeln. Der folgende russische Fahrer hupte laut und andauernd. Er beugte sich aus dem Fenster und schimpfte. Böse zeigte ihm den Vogel.

Eine halbe Stunde warteten sie bereits, als ein Kradfahrer angebraust kam und genau auf der Kreuzung hielt.

»Achtung, er kommt hierher!« warnte Brückner die anderen im Lastwagen.

»Du mußt ihn ablenken, Irina«, wisperte Feldwebel Berke und deutete auf den Kradfahrer, der seine Maschine aufgebockt hatte und mit langen Schritten näher kam.

»Was macht ihr denn hier?« brüllte er Brückner auf russisch an.

Noch ehe der Oberleutnant antworten und sich damit verraten konnte, war Irina im weißen Arztkittel vom Wagen hinuntergesprungen und kam auf den Kommissar zu.

»Genosse Kommissar, Ärztin Irina Perewitsch mit der Errichtung eines Notlazaretts in Plosskinj beauftragt.«

»Guten Abend, Genossin!« erwiderte der Kommissar und verschlang die Figur der Ärztin mit seinen Blicken. »Kann ich Ihnen behilflich sein?«

»Wenn Sie mir einen Platz in der Kolonne verschaffen könnten, Genosse Kommissar?«

»Aber sicher, Genossin! Darf ich Sie später in Polsskinj besuchen?«

»Wenn Sie wollen, Kommissar.«

Irina schenkte ihm ein betörendes Lächeln.

Drinnen aus dem Wagen erklang russisches Stimmengewirr, das eine gute Kulisse abgab.

»Also dann bis nachher, Genossin!«

Der Kommissar salutierte und stelzte zu seinem Krad zurück. Aus der Packtasche holte er eine Kelle und winkte dem Fahrzeugstrom ein »Halt« zu.

Fluchend brachte der nächste Fahrer seinen Wagen zum Stehen.

»Dann los, Hintze. Nicht abhängen lassen!« rief Oberleutnant Brückner dem hinter dem Steuer des Dodge-Lkw sitzenden Stabsgefreiten zu. Hintze nickte und fuhr an, als er den Jeep auf die Straße einbiegen sah.

Er grinste, denn der Kommissar, der eben für seine Todfeinde den Weg frei gemacht hatte, grüßte noch einmal zu Irina herauf, die zurückwinkte.

Dann fuhren sie zügig in der russischen Kolonne mit und erreichten zehn Minuten später die Brückenauffahrt über den Zna.

»Hier wären wir niemals hinübergekommen«, flüsterte Reutter seinem neuen Schützen II, Gerd Guhse, zu.

Guhse starrte auf die Rotarmisten, die längs dem Brückengeländer aufgereiht standen und ihre MPi schußbereit in den Fäusten hielten.

Mitten auf der Brücke stand ein russischer Oberst.

»Wohin?« brüllte er Brückner an.

Irina erhob sich halb. Der Strahl einer Stablampe fiel auf ihr Gesicht und riß gleich darauf ihre Figur aus der Dunkelheit heraus.

»Ärztin Perewitsch mit dem nachfolgenden Verwundetentransport auf dem Weg zum Hilfslazarett Plosskinj, Genosse Oberst!«

»Gut, passieren lassen!«

Sie kamen durch und rollten weiter, der Freiheit entgegen.

»Jetzt sollten wir einfach bei der nächsten Biegung ausscheren, Herr Oberleutnant!« rief Zeller von den Hintersitzen.

»Unsinn! Wir müssen nach Plosskinj. Wenn wir in der Kolonne bleiben, können wir auch noch die Brücke über den Bobryk passieren.«

»Wenn es bis dahin nur noch nicht hell geworden ist. Dann haben sie uns nämlich am Arsch.«

»Unsinn! Bis dahin sind es genau vierundzwanzig Kilometer. Die schaffen wir in einer knappen Stunde.«

Dreimal hielt die Kolonne auf diesen vierundzwanzig Kilometern noch an. Das letztemal standen sie über eine Stunde, ehe es weiterging.

Fern im Osten kündete bereits grünsilberne Helle den Beginn des neuen Tages an, als sie endlich die Brücke über den Bobryk erreichten.

»Ich hätte nie geglaubt, daß es doch noch klappen würde«, sagte im Wagen Feldwebel Berke zu Irina.

Die Ärztin nickte.

»Wir wollen hoffen, daß das Glück uns treu bleibt, Heinz.«

Immer wieder wunderte er sich über Irinas gute Deutschkenntnisse, obgleich sie ihm gesagt hatte, daß eine ihrer Tanten mit einem Deutschen verheiratet war und daß sie zwei Jahre bei dieser Tante gewohnt hatte, als sie in Smolensk studierte.

Als die ersten Häuser von Plosskinj auftauchten, hielt Oberleutnant Brückner scharf nach links Ausschau. Schließlich erreichten sie eine Kreuzung.

»Nach links, Böse!« rief Brückner.

Der Jeep bog ab, der Lastwagen folgte. Das nachfolgende Fahrzeug wollte ebenfalls einbiegen. Aber da tauchte der Kommissar von hinten auf.

»Geradeaus weiter!« brüllte er und wirbelte die Arme. Dann bog auch er in die Seitenstraße ein und fuhr hinter ihnen her. Friedhelm Reutter zog den MG-Lauf hastig zurück.

»Der Kommissar kommt!« wisperte er Possler zu. Der Feldwebel nickte nur.

Scharf bremsend hielt das Krad schräg vor dem Jeep an.

»Wo wollen Sie denn da hin, Genossen?« rief er laut, um das Knattern der Maschine zu übertönen.

»Aber man sagte uns doch, daß ich bei der ersten Kreuzung links einbiegen müßte«, log Irina drauflos.

»Erst mitten in Plosskinj, Genossin. Erst in der Ortschaft nach dem Marktplatz und ...«

Weiter kam der Kommissar nicht, denn mit einem harten Schlag hatte Possler ihn in das Land der Träume befördert.

»Sollen wir das Krad mitnehmen?«

Einen Augenblick überlegte Brückner. Schließlich verneinte er.

Sie fuhren weiter, erreichten einen Feldweg, der nach Südwesten verlief, und rollten noch eine Stunde in dieser Richtung, bis sie ein Wäldchen erreichten.

»Dort in den schmalen Weg hinein!«

Mitten im Wäldchen hielten sie an.

»Alles gut tarnen! Wachen ausstellen!«

Als sie den Lastwagen getarnt hatten, stieg weit im Osten die nackte Schulter der Sonne über den Horizont. Der 3. Juli 1944 brach an. Ein Tag, der für die Heeresgruppe Mitte zu einem Tag der Entscheidung werden sollte.

XII.

Im Hauptquartier der Heeresgruppe Mitte in Minsk wurden am frühen Morgen des 2. Juli 1944 die letzten Geheimsachen verbrannt. Der zurückgebliebene Reststab setzte sich nun ebenfalls nach Westen ab, um nicht mit eingekesselt zu werden.

In einem letzten Telefongespräch aus Minsk hatte der Chef des Generalstabes der Heeresgruppe Mitte, Generalleutnant Krebs, mit dem Chef der Operationsabteilung des OKH, Oberst Heusinger, gesprochen. Krebs stellte folgendes fest:

»Die Lage für die im Raum Minsk kämpfenden Divisionen der 9. und 4. Armee hat sich kritisch entwickelt. Mit dem Stoß des Feindes auf Stolpce und Molodetschno sind unsere rückwärtigen Verbindungen bedroht. Alle Erwägungen, noch weitere Kräfte in den Raum Minsk hineinzuführen, sind hinfällig geworden.«

»Was soll mit der 170. ID geschehen, die nach Minsk unterwegs ist?«

»Feldmarschall Model erwartet, daß sie bei Molodetschno ausgeladen wird, um wenigstens diesen Raum frei zu halten.«

»Gut, ich werde das Entsprechende veranlassen«, versicherte Oberst Heusinger, bevor er auflegte.

Der 2. Juli brachte schließlich auch den befürchteten Vorstoß der Schnellen russischen Verbände gegen die Bahnverbindungen Baranowitschi–Minsk bei Stolpce und Wilna–Minsk bei Molodetschno und Smorgon.

Damit war offenbar geworden, daß das Bestreben des Gegners darin bestand, die beiden Engen südlich und nördlich des Waldgebietes von Nalibocka zu schließen.

Das Offenhalten dieser Engen war jedoch einmal für die Rückführung der noch in und um und auch östlich von Minsk kämpfenden deutschen Truppen der 4. und 9. Armee notwendig. Zum anderen war sie zur Errichtung einer neuen Verteidigungsfront von entscheidender Bedeutung. Um dieser drohenden Gefahr zu begegnen, ließ Feldmarschall Model – ohne Rücksicht auf die Lage im

Raum Minsk – die wenigen eintreffenden und die im Kampfraum befindlichen noch kampfkräftigen Divisionen einsetzen. »Durch diese Gegenangriffe südwestlich und nordwestlich von Minsk sollte der Feind aufgehalten und zurückgeworfen werden. Mit dem Ziel, die Engen zu öffnen und freizuhalten.« (So Generalleutnant Krebs.)

Folgende Befehle gingen hinaus:

»An 2. Armee: Die 4. Panzerdivision setzt ihren Angriff auf Stolpce fort.

An 9. Armee: Die 12. PD wird aus der Front südöstlich von Minsk herausgelöst und greift ebenfalls nach Westen – auf Stolpce an.

An 4. Armee: Die Armeeführung versammelt die 5. Panzerdivision im Raum nördlich von Minsk und kämpft, nach Nordwesten vorstoßend, die Bahnlinie Minsk–Molodetschno frei.«

Diese von Feldmarschall Model befohlenen Maßnahmen wurden Hitler beim Lagebericht des 2. Juli durch den Chef der Operationsabteilung, Oberst Heusinger, vorgetragen. Hitler erklärte sich mit den Modelschen Maßnahmen einverstanden.

Womit Hitler allerdings nicht einverstanden war, das war Models Vorschlag, das gesamte Baltikum zu räumen.

»Nur rasches Handeln in dieser Richtung kann eine notwendige und befriedigende Dauerlösung bringen«, hatte Model festgestellt.

Aber den damit verbundenen hohen Prestigeverlust wollte Hitler nicht eingehen.

Der Oberbefehlshaber der 3. Weißrussischen Front befahl der 5. Gardepanzerarmee unter Marschall der Panzertruppe Rotmistrow an diesem 2. Juli 1944 den Vorstoß nach Westen, entlang der Rollbahn nach Minsk, fortzusetzen und Minsk selbst bis 24 Uhr desselben Tages zu befreien.

Die Panzerbataillone der Armee preschten vorwärts. Sie legten an diesem Tag sechzig Kilometer zurück und erreichten gegen Abend den Raum Ostroschitzki – Gorodok. Hier stießen sie auf den deutschen Verteidigungsriegel vor Minsk.

In der Nacht umging die Armee diesen Riegel, während Fesselungsangriffe im Norden und am nordöstlichen Stadtrand weitergeführt wurden. Die Umgehungsgruppen schnitten am Mittag des 3. Juli die Straße nach Molodetschno ab.

Zur gleichen Stunde drang das 2. Gardepanzerkorps unter Generalmajor Burdeiny von Osten her nach Minsk ein. Fast gleichzeitig mit diesem Angriff erreichten auch die ersten Verbände und Vorausabteilungen der 11. Gardearmee und der 31. Armee die Stadt.

Zur selben Stunde aber setzte auch die 1. Weißrussische Front ihre Angriffe fort und stürmte mit ihrer 3. Armee, dem 1. Gardepanzerkorps und dem 9. Panzerkorps auf Minsk zu. Die 65. und 28. Armee sowie die Kavallerie-mechanisierte Gruppe unter General Plijew hatten die Marschrichtung auf Baranowitschi eingeschlagen.

Die letzten Einheiten des russischen Stoßkeils, die bereits am 30. Juni Sluzk genommen hatten, erreichten zwei Tage später Stolpce, Gorodeja und Neswish und waren somit nach Nordwesten eingedreht. Damit hatten sie auch die deutschen Rückzugsstraßen aus dem Raum Minsk nach Baranowitschi und Brest abgeschnitten.

Insgesamt griffen am 2. Juli 1944 Teile von drei sowjetischen Armeegruppen Minsk an. Es waren Verbände der 3. und 1. Weißrussischen Front und Divisionen der 2. Weißrussischen Front. Damit war den dezimierten deutschen Verbänden keine Gelegenheit mehr gegeben, sich geordnet vom Gegner zu lösen und weiter rückwärts Auffanglinien einzurichten.

Das umfassende sowjetische Geschichtswerk »Die Geschichte des Großen Vaterländischen Krieges«* berichtet über diese Situation:

»Unsere drei Fronten fesselten, zersplitterten und vernichteten gegnerische Truppenteile und gaben ihnen keine Möglichkeit, sich von den angreifenden sowjetischen Truppen zu lösen und schnell nach Westen zurückzuweichen. Dadurch trug die 2. Belorussische** Front zur Einschließung starker deutscher Kräfte östlich von Minsk bei.

In dem Wald- und Sumpfgelände mußten die zurückgehenden deutschen Truppen Straßen und Wege benutzen, die unter der Kontrolle der Partisanen standen. Das erschwerte ihren Rückzug noch

---

* Siehe: Telpuchowskij a. a. O.

** Weißrussische Front.

mehr. Ungeordnet zogen sie sich auf Feldwegen und auf der Straße Mogilew—Minsk zurück. Die Brücken wurden gesprengt, und an vielen Stellen kam es zu Stauungen.

Schlachtflieger der 4. Luftarmee und Bombenflieger der 16. Luftarmee griffen ununterbrochen die gegnerischen Truppenkolonnen an.

Allein auf der Straße Mogilew—Minsk wurden dadurch mindestens 3000 Fahrzeuge mit Soldaten und technischen Kampfmitteln vernichtet.

Am 2. Juli erreichten die Vorausabteilungen der 50. Armee der 2. Belorussischen Front den Ost- und Südostrand von Minsk.

Am 3. Juli war die belorussische Hauptstadt von den faschistischen Eroberern restlos gesäubert. Das Zentralkomitee der Kommunistischen Partei der Belorussischen sozialistischen Sowjetrepublik begab sich sofort von Gomel nach Minsk, obwohl die Stadt in Schutt und Asche lag.«

Soweit der russische Bericht.

Von deutscher Seite wurde zum Fall von Minsk folgendes ausgeführt:*

»Die große Schlacht in Weißrußland trat am 3. Juli 1944 mit dem Verlust von Minsk in das Endstadium. Der Feind durchbrach die südöstlich und östlich von Minsk noch haltenden schwachen Sicherungen und drang von Süden und Osten her mit Panzern in Minsk ein.

Damit wurde der Ring um die noch beiderseits der Beresina sich zurückkämpfenden Teile der 4. Armee geschlossen.

Durch den Einsatz der drei der Heeresgruppe noch zur Verfügung stehenden Panzerdivisionen wurde bei Stolpce über den Njemen und im Zuge der von Minsk auf Molodetschno führenden Verkehrswege das Abfließen der im Raum um und südlich von Minsk stehenden Kräfte der 4. und 9. Armee sowie vieler Tausender von Versprengten ermöglicht.

Eine geschlossene Gruppe der in Bobruisk eingeschlossenen Verbände der 9. Armee unter der Führung von Generalleutnant Kes-

---

* Siehe: Gackenholz, Hermann, a. a. O.

sel, dem Kommandeur der 18. Panzerdivision, erreichte nordwestlich von Stolpce das Westufer des Njemen.«

Eine Katastrophe größten Ausmaßes kündigte sich an: die völlige Einkesselung und Vernichtung der 4. und 9. Armee.

Am späten Nachmittag des 3. Juli hörten auch die Männer um Oberleutnant Brückner in ihrem Versteck südlich von Plosskinj, daß Minsk den Sowjets wieder zugefallen sei. Sie waren wie betäubt.

»Niemals hätte ich gedacht, daß die Russen das schaffen würden.« Posslers Stimme klang irgendwie verzweifelt, als er dieses Ereignis von Waldi Niermann vernahm.

»Aber Baranowitschi werden sie noch nicht erreicht haben. Wenn wir jetzt nach Norden eindrehten und Plosskinj umgingen, könnten wir bald wieder bei den unseren sein.«

»Du vergißt die Soldaten, die in Plosskinj sitzen!« erinnerte Böse mit seinem bekannten Zungenschlag, um fortzufahren: »Wenn also welche dort sind und außerdem bereits vor zwei Tagen Sluzk gefallen ist, werden sie auch Baranowitschi erreicht haben.«

»Aber Feldmarschall Model wird sie aufhalten. Er hat sie auch im Winter 1941/42 aufgehalten. Er wird es spätestens hinter Minsk schaffen.«

»Sicher ist sicher«, schloß Brückner die Diskussion. »Wir werden bis Kobrinj weiterfahren. Wenn wir Glück haben und wenn die Truppen hier bei Plosskinj die Spitzenverbände der russischen Südgruppe sind, dann müßten wir auf den Straßen rasch und ungehindert vorwärts kommen.«

»Wie weit ist es noch bis Kobrinj?« fragte Böse.

»Über Dobroslawka – Motol – Chomsk – Antopol sind es rund hundertsechzig Kilometer«, überschlug Brückner flüchtig.

»Na, die schaffen wir doch in vierundzwanzig Stunden, wenn alles klappt.«

»Hm«, schränkte Possler bedächtig ein, »von Bobruisk aus haben wir in gut vier Tagen 240 Kilometer zurückgelegt. Und das bei großer Behinderung. Aber ich meine, in den nächsten zwei Nächten müßte es zu schaffen sein.«

»Vorausgesetzt, die Partisanen lassen uns in Ruhe«, warf nun Waldi Niermann ein.

»Pan Niermann hat Bedenken«, meinte Hintze. »Was meinen der große Stratege Pan Niermann zur Bedrohung aus der Luft?«

Alles lachte, bis Brückner Ruhe gebot.

»Also, hört mal her! Wir fahren vorerst hier im Südabschnitt weiter nach Westen und versuchen es auf der Straße, solange es geht.«

»Wie ist es mit Flußübergängen?« fragte Possler skeptisch. Und seine Besorgnis war nur zu berechtigt.

»Der nächste liegt genau zwischen Dobroslawka und Lohischyn. Dort müssen wir über den Bobrykbogen.«

»Das wird also schon in der kommenden Nacht der Fall sein«, warf wieder Possler ein. Brückner nickte.

»Es müßte zu schaffen sein, Kameraden. Hier im Süden befinden wir uns am Rande des russischen Angriffsstreifens.«

»Na also, das hätten wir hinter uns. Dann können wir uns ja etwas aufs Ohr hauen.«

»Vergiß die Wachen nicht, Possler!« rief Brückner hinter dem Kameraden her.

Diese Tage der engen Gemeinschaft, die Gefahren, die sie gemeinsam überwunden hatten, verwischten alles, was es sonst Trennendes gab, und ließ diese Männer zu einer einzigen Familie werden, in der es nicht um Ränge und Dienstgrade ging. Sie waren sich nähergekommen wie Brüder, und die üblichen Schranken waren gefallen, ohne daß die Disziplin darunter gelitten hätte. Ganz im Gegenteil. Wo sich die alten Marschierer Böse und Hintze früher gedrückt hätten, da sprangen sie jetzt freiwillig für ihre Schicksalsgefährten ein.

Die Männer zerstreuten sich, die beiden Wachen wurden abgelöst, und Oberleutnant Brückner ging zum Wagen hinüber.

»Wie geht es, Kameraden?« fragte er die Verwundeten.

»Beschissen wäre geprahlt, Herr Oberleutnant«, antwortete einer von ihnen, dem das rechte Bein am Knie amputiert worden war.

»Wie lange kutschieren wir noch hier durch die Gegend?« fragte einer der Männer und blickte den Oberleutnant fragend an.

»Ich schätze, daß wir es in zwei Nächten geschafft haben werden.«

»Prächtig, prächtig! Wenn wir erst aus dem Schlamassel 'raus sind, gebe ich einen aus«, meinte der Beinamputierte wieder. »Und für alles besten Dank, Herr Oberleutnant; das wollte ich Ihnen noch sagen.«

Feldwebel Heinz Berke, der am Rande der Gruppe gehockt hatte, stand auf und ging auf den Oberleutnant zu.

»Melde mich wieder einsatzbereit, Herr Oberleutnant!«

»Bestens, Berke. Ich kann Sie gut gebrauchen. Kommen Sie mit!«

Ein Seitenblick auf die russische Ärztin ließ Brückner gewahr werden, daß diese sie mit aufgerissenen Augen anstarrte. Er nickte ihr beruhigend zu.

»Also, hören Sie mal zu, Berke! Viel und lange laufen können Sie noch nicht, darum habe ich Sie zur Bewachung der Frauen und unserer letzten sechs Verwundeten vorgesehen. Sie bleiben immer am Wagen und beschützen sie; ist das klar?«

»Ich hoffte, daß ich wieder richtigen Dienst machen könnte, Herr Oberleutnant«, widersprach der Feldwebel.

»Berke, das ist ein verdammt verantwortungsvoller Dienst, den Sie damit übernehmen. Sie sind für die zwölf Menschen verantwortlich, die an den Lastwagen gebunden sind.«

»In Ordnung, Herr Oberleutnant!«

Berke ging zum Wagen zurück, und Richard Brückner sah, wie das Gesicht der Ärztin aufleuchtete, als Berke ihr Bericht erstattete.

Brückner ging ein paar Schritte in den Wald hinein. Es duftete nach frischem Grün und Blumen. Er brauchte nicht lange zu warten, bis Lore kam. Im Schatten der Büsche nahm er sie in die Arme und küßte sie. Wie eine Ertrinkende klammerte sich Lore an ihn. Ihr Körper war warm, und ihr Duft berauschte ihn. Hand in Hand gingen sie tiefer in den Wald hinein.

Als sie einen Birkenhain erreichten, ließen sie sich mitten auf einer kleinen Lichtung nieder. Der Oberleutnant spürte die Sonne, die auf seinem Gesicht lag, und er spürte den Schatten, als sich Lore über ihn beugte.

Und dann war nichts mehr außer ihr und ihm. Ganz allein waren sie auf dieser Welt – allein und überaus glücklich. Für die kurze Zeit des Höhepunktes war alles andere verschwunden und ausgelöscht.

»Wenn wir heimkommen, Richard, dann wollen wir versuchen, uns so liebzuhaben wie jetzt«, sagte Lore verträumt.

»Wir wollen versuchen, uns noch mehr zu lieben als jetzt«, widersprach er.

Aber sie schüttelte den Kopf. In einer Art von unbewußter Hellsichtigkeit meinte sie:

»So schön kann es nie wieder werden, weil wir uns in der Gefahr noch näher sind.«

»Aber ich verspreche dir, daß wir auch daheim sehr glücklich sein werden.«

Wieder umarmten sie sich. In der feindlichen Welt des russischen Sumpfgebietes waren sie trotz aller Gefahren und Sorgen für eine kurze Zeit losgelöst von allem, was sie bedrückte.

Hand in Hand gingen sie zurück. Es dunkelte bereits, und Schwester Waltraud teilte mit Maria Magierowna schon das Abendessen aus.

Oberleutnant Brückner ging zu den Kameraden hinüber, die bereits den aufgewärmten Erbsbrei löffelten. Er griff nach seinem Kochgeschirr, das Gustav Kneisel ihm reichte, und begann zu essen.

Versonnen lauschte er den Geräuschen des abendlichen Lagers. Er hörte die Tauben im Wald gurren, ein Bussard strich in Höhe der Wipfel am Waldrand entlang und suchte nach seiner Abendbeute.

Als sie fertig gegessen hatten und rauchend auf den Einfall der völligen Dunkelheit warteten, entstand bei den Verwundeten Bewegung. Kurz darauf kam Schwester Waltraud zu ihnen herüber.

»Herr Oberleutnant, der Beinamputierte ...«, brachte sie noch heraus, bevor ihr die Stimme versagte.

Richard Brückner stand rasch auf und ging mit ihr zu den Verwundeten hinüber.

Die vier Männer, die sehen konnten, starrten auf das Deckenbündel, aus dem nur der Kopf des Verwundeten herausragte. Noch vor ein paar Stunden hatte er versprochen, einen auszugeben, sobald sie es geschafft hätten. Und er hatte sich bedankt; jetzt bekam dieser Dank seine eigene Bedeutung. Nun sah Brückner, daß dieser Kamerad es nie mehr schaffen würde. Ralf Spangenberg war tot.

»Wie konnte das geschehen, Schwester?« fragte Brückner wie betäubt.

Sie zeigte ihm die Spritze, die unter der Decke lag.

»Er hat sie sich offenbar besorgt, Herr Oberleutnant. Eine Überdosis Morphium. Den ganzen Tag über hat er uns getäuscht, Herr Oberleutnant. Er wollte es schon tun, als er noch davon sprach, was er hinterher machen würde.« Die Schwester schluckte schwer und wandte sich ab.

Sie begruben ihn am Rande der Lichtung. Hinterher ebneten sie den Hügel ein und streuten altes Laub darüber, damit die Russen nicht merkten, daß hier ein Grab war.

Dann wurde es auch schon Zeit zum Aufbruch.

Maria Magierowna hob ihren Sohn auf die Ladefläche, wo er von Irina in Empfang genommen wurde. Seit einigen Tagen schon versuchte niemand mehr, ihr diese Arbeit abzunehmen, weil jeder wußte, daß sie das allein tun wollte und auch schaffen würde.

Und sie schaffte es auch. Diese schmale Frau mit dem verrunzelten Gesicht und den sehnigen dürren Armen schien einen geheimen Motor zu besitzen, der sie zu rastloser Arbeit für ihr Kind antrieb.

»Der Jeep übernimmt die Spitze. Doktor, Sie müssen vorn sitzen, um uns durchzulügen«, wandte sich Brückner an die Ärztin.

Irina Perewitsch stieg vorn neben Karlheinz Böse ein, der den schnellen Flitzer fuhr. Der kleine Konvoi setzte sich in Bewegung.

»Genau nach Südwesten, Böse!« befahl der Oberleutnant hinten im Jeep und deutete auf den Karrenweg, der von Norden aus Plosskinj herunterführte.

Der Jeep bog in den Weg ein, und der Lastwagen folgte. Die Nacht war warm und klar. Auf der blauen Seide des Himmels standen die Sterne, und ein paar Nachtvögel flatterten erschreckt auf.

Mit guter Fahrt rollten sie auf der Straße nach Lohischyn weiter.

»Wann sind wir an der Brücke?« fragte Böse den Oberleutnant über die Schulter.

»Noch ungefähr drei Kilometer«, erwiderte Brückner und horchte dabei angespannt in die Nacht.

Aus Südwesten waren Motorengeräusche zu hören, die deutlich lauter wurden.

»Stop!« befahl Brückner. »Nach rechts von der Straße herunter!«

Als der Jeep hielt, schwang sich Richard Brückner hinaus und rannte dem nachfolgenden Lastwagen entgegen. Hintze beugte sich weit aus dem heruntergekurbelten Seitenfenster.

»Was ist los, Herr Oberleutnant?«

»Runter von der Straße! In die Büsche dort! Alle Waffen feuerbereit halten!«

Der Laster rollte in eine Senke links von der Straße und verschwand in den Büschen. Oberleutnant Brückner lief zum Jeep zurück.

»Wir fahren langsam weiter, sobald die dort unten ankommenden Fahrzeuge in Sicht sind!«

Da kamen sie auch schon mit eingeschalteten Scheinwerfern um die Kurve, hinter der nach der Karte der Bobrykbogen liegen mußte.

»Zwei Wagen«, zischte Böse und griff mit der Rechten zur MPi, die neben ihm in der Halterung des Wagens steckte. Er fuhr langsam an.

»Ganz dicht rechts heran!« rief Brückner vom Rücksitz aus.

Böse fuhr bis zum Straßenrand. Aber die beiden ankommenden deutschen Lastwagen, von den Russen als Beutefahrzeuge benutzt, fuhren nicht vorbei, sondern hielten direkt vor ihnen an.

Schwerbewaffnete Zivilisten, die teilweise mit deutschen Wehrmachtsuniformen bekleidet waren, sprangen vom vorderen Wagen und kamen zu ihnen herüber.

»Wo wollt ihr hin, Genossen?« fragte ihr Anführer.

Richard Brückner deutete in Richtung Brücke.

»Dobroslawka!« knurrte er.

»Wir sind vom Feldlazarett 47, Genosse«, ergänzte Irina. »Wir sollen in Dobroslawka ein Hilfslazarett einrichten.«

»Genossin, Sie wollen mich doch nicht veräppeln?« fragte der Russe. »In Dobroslawka sind überhaupt keine Soldaten! Seit wann wird ein Lazarett noch vor der kämpfenden Truppe eingerichtet?«

Brückner tastete nach der Waffe. Das ging bestimmt nicht gut.

»Ich weiß nicht, was Sie wollen, Genosse. Ich habe meine Befehle.«

»Hey, Grischenka, Iwan, Kurd und Jereminsk!« brüllte der Anführer. »Lauft in die Senke hinunter. Dort steht noch ein Lastwagen. Seht nach, ob es dort etwas Verdächtiges gibt.«

Die vier Russen liefen los; als sich Brückner umblickte, sah auch er das Oberteil des Lastwagens aus den Büschen herausragen. Das Mondlicht wurde von der Windschutzscheibe reflektiert.

»Ihr da steigt aus! Aber ein bißchen plötzlich!«

Der Anführer wandte sich dem zweiten Lastwagen zu.

»Aufpassen, Männer!« brüllte er.

»Fertig, Böse?« fragte Brückner leise, als sie aufstanden.

Karlheinz Böse nickte.

»In Deckung gehen, Doktor!« wandte sich Brückner an die Ärztin.

»Was ist?« fragte der Russe argwöhnisch und drehte sich schnell wieder zu ihnen herum.

Es standen jetzt sieben Partisanen auf der Straße. Sie waren vom zweiten Transportwagen heruntergesprungen. Die vier anderen hatten gerade die Senke erreicht.

Aus dem Dodge-Lastwagen belferte plötzlich Reutters MG 42 und sägte die vier Russen von den Beinen.

»Jetzt!« rief Brückner, riß seine Waffe hoch, schoß und ging dann blitzschnell zu Boden.

Böse feuerte auf die herankommenden Russen des zweiten Wagens, die sich ebenfalls zu Boden warfen.

Mit drei Umdrehungen um seine eigene Achse landete Richard Brückner im Straßengraben. Er sah, wie der Anführer der Partisanen seine Maschinenpistole hochriß und auf Irina Perewitsch anlegte. Die Ärztin lief nach rechts und drehte dadurch dem Russen den Rücken zu. Gleich würde sie im Gebüsch untertauchen.

Richard Brückner schoß das ganze Magazin leer, und als er ein neues einrammte, lag der Partisanenchef am Boden.

»Achtung, Deckung!« brüllte Brückner hinter der Ärztin her, denn in diesem Augenblick eröffneten von dem zweiten Russenwagen aus zwei schwere Maxim-MG das Feuer.

Während eines auf den Lastwagen in der Senke schoß, streute der Schütze des anderen über den Jeep, Brückner und Böse, die links und rechts im Straßengraben in Deckung gegangen waren.

Wieder sprangen ein paar Rotarmisten – diesmal in russischer Uniform – vom zweiten Lastwagen herunter. Aber als sie – von den beiden schweren MG gedeckt – den Straßenrand erreichten, blaffte aus dem Gebüsch der Abschuß einer Panzerfaust. Ihr Sprengtopf schlug in den hinteren Lastwagen der Russen, der in einer hohen Kaskade aus Feuer und Qualm samt den beiden aufmontierten MG auseinanderflog.

Durch den Qualm sah Brückner eine Gestalt nach vorn laufen.

»Vorsicht, Berke!« warnte der Oberleutnant, als er den Feldwebel erkannte, der Sekunden später auch den weiter vorn stehenden Lastwagen mit einer Panzerfaust in die Luft jagte.

Die wenigen überlebenden Partisanen flohen nach links und rechts in das Kusselgelände und verschwanden in der Nacht.

»Aufsitzen und los!«

Berke rannte zurück. Irina Perewitsch kam auf die Straße gelaufen und fiel mehr als sie stieg in den Jeep.

Der Dodge rollte aus dem Gebüsch heraus.

Sie umfuhren die Trümmer der beiden ausbrennenden Lastwagen und rollten schnell auf der Straße weiter, der Brücke entgegen.

Als sie das Bauwerk in der Dunkelheit auftauchen sahen, ließ Brückner den Jeep anhalten.

Er stieg aus und lief zu dem dichtauffahrenden Dodge zurück.

»Wir rollen zuerst allein hinüber. Ihr kommt nach, sobald wir drüben das bekannte Lichtsignal – drei kurz, eins lang – geben.« Der Oberleutnant unterbrach sich, denn erst jetzt sah er die Einschüsse in der Seitenwand des Dodge. »Wie sieht es aus?« fragte er. »Ist jemand verletzt?«

Friedhelm Reutter blickte unter der Plane hervor. Sein Gesicht sah in der Dunkelheit noch kreidiger aus, als es schon war.

»Guhse ist tot, Herr Oberleutnant. Er legte gerade einen neuen Gurt ein, als ein Feuerstoß durch die Planen fetzte. Er war sofort tot.«

»Wir müssen ihn mitnehmen, bis wir Rast machen. Wir wollen ihn doch begraben und nicht einfach irgendwo liegenlassen.«

Reutter nickte. Der Oberleutnant ging um den Wagen herum nach hinten.

»Ich brauche zwei Panzerfäuste, Gustav!«

Kneisel reichte sie ihm heraus.

»Die Pak des kleinen Mannes, Richard. Aber wenn man damit so umgehen kann wie Berke, dann haut sie hin.«

»Gut gemacht, Berke!« rief Brückner dem Feldwebel zu. Der nickte. Sein Gesicht war schmal geworden. Aber er war der verbissene Kämpfer geblieben, der niemals aufgab.

Sie sprachen nicht von Guhse, aber sie dachten an ihn, der tot im Wagen lag, denn auf einmal schwiegen sie. Sie blickten sich an.

»Er war ein prima Kamerad, Herr Oberleutnant«, sagte Berke stockend. »Wir müssen es seinen Leuten schreiben, daß er für die Rettung verwundeter Kameraden und Krankenschwestern gefallen ist.«

Richard Brückner legte dem Kameraden, den er erst ein paar Tage lang kannte, die Hand auf die Schulter.

»Ich werde es so schreiben, Berke. Sie können sich darauf verlassen.«

Als es still wurde, hörte Brückner aus dem Wagen russische Laute. Als er die Plane anhob, erblickte er im Schein des einfallenden Mondlichts Maria Magierowna. Sie kniete neben dem Toten und betete für ihn.

Abrupt drehte sich der Oberleutnant um.

»Passen Sie weiter auf den Wagen auf!« schärfte er Feldwebel Berke ein, bevor er zum Jeep vorging. Eine Minute später fuhren sie weiter.

Als sie die Brücke erreichten, war niemand zu sehen. Auch jenseits der Brücke, in den ersten Häusern der Ortschaft, war es totenstill.

Brückner hob die Stablampe und gab das vereinbarte Lichtzeichen: dreimal kurz und einmal lang.

Der Lastwagen rollte heran, überquerte die Bobrykschleife, und dann fuhren sie gemeinsam westlich des Flusses weiter.

Sie kamen bis kurz vor Lohischyn, als der Lkw plötzlich stehenblieb. Lichtsignale stoppten den vorausfahrenden Jeep. Böse drehte und fuhr zurück. Brückner kam angelaufen.

»Was ist passiert?«

»Kein Benzin mehr, Herr Oberleutnant!« meinte Hintze lakonisch.

»Aber wir haben doch die beiden Kanister vor der Abfahrt eingefüllt.«

»Loch im Tank«, berichtete Kneisel, der gerade unter dem Wagen vorgekrochen kam.

»Wir schleppen ihn nach Lohischyn!« entschied der Oberleutnant nach kurzem Überlegen. »Wenn's auch ein heikles Unternehmen ist.«

Kneisel holte das Abschleppseil aus dem Werkzeugkasten und brachte es, skeptische Bemerkungen murmelnd, fachgerecht an.

Vorsichtig anfahrend und dann im ersten Gang und mit heulendem Motor brachte der Jeep den Lkw zum Rollen. Zwei Stunden später erreichten sie die ersten Häuser von Lohischyn.

»Dort drüben!« befahl Brückner, als er das einsam stehende Anwesen erblickte.

Sie fuhren in den Zufahrtsweg ein und hielten nach zweihundert Metern vor dem niedrigen Gebäude an.

Mit schußbereiten Waffen drangen sie ein, während Böse, Reutter und Waldi Niermann bei den Verwundeten blieben.

Das Gehöft war leer – bis auf vier Partisanen, die in der Hinterstube fest schliefen.

Als die Überraschten emporfuhren, waren sie umringt. Sie gehörten zu der Partisanengruppe, die vor der Brücke vernichtet worden war. Dies war ihr Standquartier.

Das ergab die Vernehmung, die sie wenig später durchführten, wobei die Ärztin und Waldi Niermann als Dolmetscher fungierten. Es bestand keine Gefahr, denn nach Aussage der vier Zurückgebliebenen wollte die gesamte Gruppe nach Plosskinj fahren. Dort sollten versprengte deutsche Soldaten gesehen worden sein, auf die sie Jagd machen sollten.

»Wir müssen sie fesseln und in den Schuppen sperren«, entschied Brückner, nachdem sie die vier Russen ausgefragt hatten.

Bei der Befragung hatten sie auch erfahren, daß Minsk, das Hauptquartier der Heeresgruppe Mitte, gefallen sei und daß die Rote Armee auch die Auffanglinie der Deutschen durchbrochen hatte.

Die vier Gefangenen wurden in den Schuppen gesperrt. Dann erst wurden die Verwundeten ausgeladen und ins Haus getragen. Leppas ging am Arm von Schwester Waltraud in den Raum. Er trug noch immer die Augenbinde. Keiner getraute sich, ihm zu sagen, daß die Binde überflüssig war.

Richard Brückner ging zu den Kameraden hinaus, die am Ende des Gartens ein Grab aushoben.

Friedhelm Reutter stand mit zusammengebissenen Zähnen neben der Zeltplane, in die Gerd Guhse, sein Schütze II, eingehüllt war.

»Er hat nichts mehr gespürt. Es war mit einem Schlag aus, Herr Oberleutnant«, stammelte er.

»Ja, Reutter, ich weiß. Und wenn wir einmal an der Reihe sein sollten, dann wünschte ich, daß es uns ebenso treffen möge. So mit einem Schlag.«

Sie erwiesen dem toten Kameraden die letzte Ehre, und Richard Brückner trug die Daten und Guhses Anschrift in sein schwarz eingebundenes Tagebuch ein. Später würde er Guhses Eltern schreiben. Damit sie erlöst waren von der Ungewißheit.

Die vier Wachen zogen auf, während Kneisel und Zeller dabei waren, den defekten Tank des Lastwagens zu flicken. Um Benzin brauchten sie sich keine Sorge zu machen. Benzin fanden sie genug im Schuppen. Es waren Beutebestände, deutsche Zwanzig-Liter-Kanister.

Eine Stunde später machte Richard Brückner einen letzten Rundgang um den weiten Hof des Gebäudes. Er fand Waldi Niermann an der Nordwestecke, dort, wo der Weg nach Lohischyn hineinführte.

»Alles klar, Niermann?«

»Bestens, Herr Oberleutnant!« erwiderte der Ostpreuße und grinste.

»In einer halben Stunde werden Sie abgelöst.«

Brückner ging weiter. Er passierte die Strohscheune an der Südostecke des Anwesens. Schon von weitem sah er, daß Willrich, der dort eingeteilte Posten, schlief. Er saß auf einem Holzklotz, sein Kopf war nach vorn gesunken und lehnte an einem Birnbaum.

Wut stieg in Brückner hoch. Das war mehr als leichtsinnig, das war verbrecherisch! Wenn jetzt Russen kamen, waren sie alle erledigt! Nur weil ein einziger Mann nicht aufpaßte.

Er trat von rückwärts an Willrich heran, packte ihn an der Schulter und rüttelte ihn wütend.

»Was fällt Ihnen ein, Sie ...«

Die Worte erstarben dem Oberleutnant auf den Lippen. Grenadier Willrich fiel haltlos nach vorn und kippte dabei schwer auf die Seite. Mitten in seiner Brust stak ein Messer, von dem nur noch der Griff herausragte.

Sofort ging Oberleutnant Brückner zu Boden. Noch in der Bewegung vernahm er ein sirrendes Geräusch. Dumpf schlug ein Messer in den Birnbaum und blieb darin stecken.

Ein dunkler Schatten sprang auf ihn zu. Brückner rollte zur Seite. Der Fußtritt, der ihm gegolten hatte, verfehlte seinen Kopf nur um Haaresbreite. Er griff nach dem Standbein des Angreifers, riß mit aller Gewalt, und mit dumpfem Poltern krachte der Russe neben ihm auf den Boden.

Brückner schlug mit der MPi zu, die er auch im Fallen nicht losgelassen hatte. Es klatschte dumpf. Der Gegner streckte sich lang und war bewußtlos.

Der Oberleutnant blieb am Boden und kroch bis zur Ecke der Strohscheune. Er hatte richtig vermutet, denn am anderen Ende der Scheune sah er zwei, schließlich drei dunkle Flecke, die sich in den Schatten der anschließenden Haselnußhecke schmiegten.

Er hob die MPi und entsicherte sie. Dann rief er die Männer halblaut auf russisch an:

»Hierher!«

Sie fuhren hoch und kamen angehuscht. Brückner richtete sich ganz auf, trat aus dem Schutz der Scheune heraus und blieb keine zehn Meter vor ihnen stehen.

»Wer bist du?« fragte einer der drei.

»Rucki werch!« befahl Brückner und hob die Waffe.

Sie rannten auf ihn zu, rissen im Laufen ihre Waffen hoch.

Er zog den Abzug, schwenkte die Maschinenpistole von links nach rechts und jagte sämtliche zwanzig Schuß hinaus.

Die drei Russen stürzten zu Boden. Einer zündete noch eine Handgranate, wollte sie auf Brückner schleudern, fand aber nicht mehr die Kraft dazu.

Brückner ließ sich in Deckung fallen. Die Handgranate krachte auseinander und riß dem Russen den Arm ab. Tot sank der Mann vornüber. Die Kameraden kamen aus dem Haus. Zuerst Possler, der, den anderen weit voraus, in langen Sätzen durch den Garten lief. Dahinter Böse und Kneisel und schließlich der Rest.

Oberleutnant Brückner brauchte ihnen nicht viel zu erklären. Im Licht des jungen Morgens erkannten sie Willrich mit dem Messer in der Brust und den einen Russen. Als sie hinter der Scheune nachsahen, fanden sie die drei anderen Partisanen und wußten, daß nur ein Zufall sie gerettet hatte.

»Wie kommen d i e denn hierher?« fragte Böse.

»Keine Ahnung. Ich fürchte, daß sich hier in der Nähe noch ein zweites Partisanenlager befindet.«

»Dann wäre es besser, wenn wir uns wieder auf die Socken machten.«

»Nicht bei Tag«, entschied der Oberleutnant. »Das ist viel zu gefährlich.«

Sie verdoppelten die Wachen und wechselten einander jede Stunde ab. Bis Mittag blieb alles ruhig. Dann waren plötzlich

Motorengeräusche zu hören. Der zweite Posten kam von der Straße her angelaufen.

»Ein Panzer und zwei Schützenpanzer mit aufgesessener Infanterie«, meldete er atemlos.

»Die Minen, schnell, schnell! Berke, Niermann und Hintze, Panzerfäuste!«

Possler und Böse brachten die beiden Minen. Sie liefen hinter Brückner her, der mit Reutter nach vorn rannte. Der Gefreite trug das MG.

Als sie das Ende des Gartens erreicht hatten, sahen sie, wie an der Straße gerade der Panzer in den Weg einbog und zu dem Gehöft heruntergerasselt kam. Sie verlegten die Minen in der Einfahrt.

Auf dem Panzer und in den beiden folgenden Schützenpanzern hockten mindestens zwanzig Rotarmisten. Sie hielten ihre Waffen lässig unter dem Arm oder hatten sie gar umgehängt. Sie ahnten offenbar nichts Böses. Hier vermuteten sie keinen Feind.

Die beiden SPW fuhren schneller nach vorn. Sie waren nicht voll besetzt. Der Panzer überrollte den Zaun, der splitternd unter dem Gewicht des T 34 zusammenbrach.

Berke, Niermann und Hintze rannten, durch eine Hecke vor Einsicht geschützt, am Zaun entlang, bis sie auf gleicher Höhe mit den beiden SPW waren.

In diesem Augenblick rollte der T 34 auf eine Mine, dabei ging die zweite in Selbstzündung mit hoch. Ein zweifaches donnerndes Krachen hallte den Männern in die Ohren.

Wie von einem Gewittersturm wurden die Rotarmisten vom Panzer geweht, der sofort in Flammen gehüllt stehenblieb.

»Schieße mit Panzerfaust!« rief Berke. Und schon knallten die beiden Abschüsse von ihm und Niermann, während Hintze seine Waffe noch schußbereit hielt.

Niermanns Sprengtopf zischte haarscharf hinter dem Heck des letzten SPW her, der einen förmlichen Satz nach vorn machte. Dabei mußte der Fahrer den Motor abgewürgt haben, denn der SPW blieb stehen.

Schüsse peitschten aus seiner 2-cm-Kanone und aus mehreren Maschinengewehren.

Hintze visierte den Wagen an und schoß. Diesmal war es ein Volltreffer. Schreiend, teilweise brennend, sprangen die Rotarmisten ab. Handgranaten krachten auseinander. Das MG von Reutter peitschte mehrere Feuerstöße in die wie wild zurückschießenden Russen. Hintze hatte eben die Panzerfaust abgeschossen und wollte in Deckung gehen. Da hatte es ihn auch schon gepackt und hintenüber geschleudert. Er blieb bei der Hecke liegen. So fanden ihn die Kameraden, als das Gefecht vorüber war.

Im Hause hörten die Verwundeten den Waffenlärm.

»Waltraud!« rief Leppas verzweifelt. »Waltraud!«

Die Schwester kam zu ihm herüber. Die vier anderen Verwundeten riefen durcheinander. Einer kroch zur Seite, dorthin, wo vorhin Feldwebel Berke gelegen hatte. Er fand die russische Pistole, an der Berke herumgebastelt hatte.

»Die Russen kommen!« schrie irgendeiner vor dem Haus. Der Verwundete steckte den Lauf der Pistole in den Mund und drückte ab.

Der Knall des Schusses ließ Schwester Lore hochfahren. Sie blickte zu dem Mann hinüber. Er bot einen fürchterlichen Anblick.

»Was ist hier los? Was ist los?« brüllte Leppas in beginnender Panik und riß verzweifelt an seiner Augenbinde.

»Ruhe!« befahl Irina Perewitsch.

Aber Leppas hörte sie überhaupt nicht. »Ich will sehen, ich will sehen!« schrie er abermals.

Vergebens versuchte Waltraud, ihn daran zu hindern, sich die Binde abzureißen. Sie schaffte es nicht. Leppas zerrte sich die Binde von den Augen und — konnte doch nichts sehen.

Diese Erkenntnis — immer schon befürchtet, aber jetzt grausige Wirklichkeit geworden — traf ihn wie ein Faustschlag. Er warf sich nach vorn. Schwester Waltraud fing ihn auf. Sie hielt ihn fest, umklammerte seinen Kopf und drückte ihn an ihre Brust. In diesen Sekunden war sie für ihn Schwester, Geliebte und Mutter zugleich.

Wie ein Kind schluchzend, blieb Leppas so liegen.

Plötzlich trat Stille ein. Maria Magierowna, die eine der Beute-MPi in den Händen gehalten hatte, ließ die Waffe fallen, als wäre sie glühend heiß. Sie fiel auf die Knie, bekreuzigte sich und begann leise zu beten. Und Irina Perewitsch ertappte sich dabei, daß auch sie betete und dabei immer an Heinz Berke dachte, der irgendwo draußen bei seinen Kameraden war und sein Leben einsetzte, um sie alle zu beschützen.

Sie kamen von draußen herein und trugen einen Mann. Vor Erleichterung, daß es nicht Heinz war, weinte Irina. Mit verschleiertem Blick sah sie ihn endlich eintreten und Friedhelm Reutter stützen. Jemand war verwundet.

Die Ärztin lief sofort auf die beiden zu. Sie verband zuerst die Schulterwunde des Jungen. Dann wandte sie sich dem anderen zu. Es war Bernd Hintze. Sein Gesicht war bereits verfallen. Feldwebel Possler, der neben Hintze kniete und weinte, ohne daß er davon wußte, blickte die Ärztin fragend an.

Sie beugte sich zu dem Stabsgefreiten hinunter, nahm seine Hand und fühlte den Puls. Dann setzte sie ihr Stethoskop an.

Eine Minute verging, bevor sie sich müde aufrichtete.

»Er ist tot!« sagte sie.

Possler stand ebenfalls auf. Sein Gesicht wirkte wie aus Stein gehauen. Sein Freund, der Bergmann aus Wanne-Eickel mit den blauen Narben – den Wahrzeichen der Ruhrkumpel –, war nicht mehr.

Er kannte ihn seit 1938, als sie fröhlich von Recklinghausen gemeinsam losgefahren waren, um ihre Militärzeit abzudienen. Nun war auch dieser Freund tot.

Brückner kam zu Feldwebel Possler herüber und legte ihm die Hand auf die Schulter.

»Für ihn ist es vorbei, Günther. Er hat es geschafft«, sagte er leise.

Heinz Berke war zu Irina getreten, die auf die Tür starrte. Er deutete mit einem Kopfnicken hinaus.

»Wenn du nach ihnen sehen willst, Irina?« sagte er leise. Sie nickte. Ein flüchtiges Lächeln huschte über ihr Gesicht. Einziges

Zeichen ihrer Dankbarkeit, daß er auch an seine Feinde gedacht hatte, die doch ihre Landsleute waren.

Er begleitete sie hinaus. Als Irina die vielen Toten sah, zuckte sie zusammen. Sie lief zu den reglosen Gestalten hinüber, wollte helfen und – konnte es nicht. Denn sie alle hier brauchten keine Hilfe mehr. Bis auf einen Mann, der die Augen aufschlug, als sie näher kam.

»Hilf mir, Schwesterchen«, stammelte er.

Sie sprach ihn an. Dann bat sie Heinz mit einem Blick, anzufassen.

Gemeinsam trugen sie den Schwerverwundeten zurück, betteten ihn neben dem Haus auf die Veranda, wo Irina ihn versorgte. Eine halbe Stunde später war auch er tot.

Sie begruben die beiden Toten neben Willrich, während die übrigen auf Wache standen. Im Dorf mußte man das Getöse gehört haben. Aber niemand kam von dort zu ihnen heraus. Offenbar befanden sich keine Männer mehr in dem Dorf.

Bevor sie sich am späten Abend wieder auf den Weg machten, rief Grenadier Leppas den Oberleutnant. Richard Brückner ging zu ihm hinüber.

»Herr Oberleutnant, ist es wirklich wahr? Sind sie beide weg?« fragte Leppas den Offizier.

Richard Brückner ergriff die Rechte des blinden Kameraden.

»Ja, Leppas, sie sind weg.«

»Beide, Herr Oberleutnant?« Wieder kippte die Stimme des Jungen über vor Entsetzen. »Ich kann Waltraud nie mehr sehen?« fuhr er fort.

»Du kannst sie nie sehen, Leppas, das stimmt. Aber du wirst sie fühlen können. Und sie wird für dich sehen, daran sollst du immer denken. Das ist viel – mehr, als die meisten Menschen bekommen, die sehen können.«

Aus den toten Augen quollen Tränen. Es war ein trostloser Anblick, und Brückner wandte erschüttert den Kopf ab. Der Schmerz dieses Jungen war ergreifend. Er hatte das Bedürfnis, wegzulaufen, sich vor dem Anblick dieser Augen zu verstecken, die zwar tot, aber voller Tränen waren. Diese verzweifelte Unmöglichkeit jeder

Hilfe war es, die ihn erschütterte. Dieser Beweis der unerbittlichen, gnadenlosen Zerstörung eines jungen Menschen, die ihm zeigte, daß der Krieg eine bösartige Verirrung war und nicht der Vater aller Dinge, wie man es ihn hatte glauben machen wollen.

»Sie braucht dich, Leppas!« sagte er fest. »Schwester Waltraud braucht dich! Verstehst du? Du kannst dich nicht so einfach davonstehlen wie Dengler vorhin. Du mußt leben! Weiterleben, weil Waltraud dich braucht.«

Brückner nickte der Schwester zu. Sie nahm den Arm des jungen Grenadiers.

»Komm, Horst, wir müssen aufsitzen, es geht weiter!«

Sie gingen nebeneinander hinaus. Und während Lore und Irina die beiden anderen hinausführten, nahm Maria Magierowna ihren Sohn auf die Arme. Igor legte seinen Kopf auf die Schulter der Mutter und blickte den Oberleutnant an.

Das Jungengesicht war schmal geworden und das Haar struppig. Aber in seinen Augen blinkten Leuchtfeuer, die Hoffnung signalisierten. Ja, warum sollten sie nicht hoffen? Trotz allem, was geschah, trotz allem, was noch geschehen mochte. Nichts war zu Ende, solange dieses Ende nicht Wirklichkeit geworden war. Bis dahin gab es Hoffnung. So verließen sie das Haus und kletterten auf den Lastwagen, dessen Motor bereits lief.

»Der Jeep bleibt hier!« befahl Brückner, als Karlheinz Böse in den Flitzer einsteigen wollte.

»Dann fahre ich den Lastwagen, Herr Oberleutnant«, sagte Böse und dachte an den Kameraden, der ihn vorher gefahren hatte und der nun hier in einem Sandloch zurückblieb.

Sie fuhren wieder querfeldein. Und als es völlig dunkel war, saßen sie mitten im Sumpf. Myriaden von Mücken umschwirrten sie. Das Gesumme machte sie verrückt. Wenn man eine totschlug, setzten sich hundert andere auf die nackte Haut. Und dann passierte es.

Als sie durch eine sanft abfallende Senke fuhren, sackte plötzlich der Boden unter ihnen weg. Obwohl Böse sofort bremste, den Rückwärtsgang einlegte und zurückziehen wollte, sank der Wagen tiefer und tiefer in den Grund.

»Aussteigen!« brüllte Brückner, und sämtliche Männer halfen mit, die Verwundeten, die Schwestern und die beiden Russen vom Wagen herunterzuheben.

»Was nun?« fragte Possler. Diesmal war selbst er, der eisenharte, in jeder Lage besonnene und zuversichtliche Soldat, unsicher.

»Wir werden weitergehen. Wir müssen durchhalten und versuchen, querbeet nach Motol zu kommen. Dort werden wir uns — ganz gleich wie — einen Wagen organisieren.«

»Der Jeep!« warf Waldi Niermann ein.

»Es sind mindestens vier Stunden zu Fuß zum Gehöft zurück«, gab Possler zu bedenken.

»Trotzdem müssen wir versuchen, den Jeep zu holen!« erklärte sich Oberleutnant Brückner einverstanden.

»Ich werde gehen«, erbot sich Possler.

»Nein, dich brauchen wir hier.«

»Nicht alle auf einmal melden«, stotterte Böse und grinste breit. »Waldi und ich genügen, um den Karren zu holen.«

»Gut, geht in Ordnung. Ihr werdet es schon schaffen. Damit wir einander auf keinen Fall verfehlen, wollen wir einen Platz ausmachen, an dem wir euch zurückerwarten. Und zwar hier an dieser Stelle. Das ist genau zehn Kilometer östlich von Motol.« Brückner hatte die Karte ausgebreitet. »Hier ist eine Höhe eingezeichnet. Dort treffen wir uns.«

»Höhe ist gut. Ganze elf Meter.«

»Es ist jetzt 0.35 Uhr. In vier Stunden seid ihr dort und könntet noch vor der Morgendämmerung starten und uns bei Tagesanbruch erreichen.«

»Schafft ihr es auch bis zur Höhe elf? Mit den Verwundeten?« fragte Böse besorgt.

»Wir schaffen es auf alle Fälle«, erwiderte Possler.

»Seht zu, daß wir frischen Kaffee haben, wenn wir zurückkommen.«

Mit diesen Worten verabschiedeten sich die beiden Männer von den Zurückbleibenden.

Brückner sah ihnen nach, bis sie in der Nacht verschwunden waren. Seine Lippen preßten sich zu einem Strich zusammen.

Würde er die Kameraden wiedersehen? Dann wandte er sich den anderen zu.

»Schwester Waltraud, Sie führen Leppas. Ihr anderen tragt Heinermann und achtet auf die beiden anderen.«

»Und die Russin?« fragte Kneisel.

»Wir werden ihr helfen, sobald es ihr zuviel wird«, entschied Brückner.

Zehn Minuten später brachen sie auf. Sie gingen durch den Sumpf. Marschkompaßzahl 270 – genau nach Westen. Die Mücken sirrten als dichter Schleier um sie herum. Es war auch bei Nacht drückend warm, und der matschige Boden stank wie die Pest.

Kneisel ging hinter der alten Russin. Er wunderte sich. Aber dieses Wort war zu schwach, um das auszudrücken, was er angesichts der kleinen Frau vor sich empfand, die ihren Sohn auf dem Rücken schleppte.

Einmal rutschte sie aus, sackte bis zu den Knien in den blasenwerfenden Sumpf. Sie versuchte vergebens, sich mit ihrer Last wieder zu befreien. Gustav Kneisel sprang hinzu.

»Gib her, Mutter!« sagte er.

Sie blickte ihn zwei, drei Sekunden lang fragend an. Dann lösten sich ihre Arme, die den Sohn umklammert hielten. Kneisel nahm den Jungen Huckepack. Brückner bemühte sich um die schweratmende Frau, dann ging es weiter, Schritt für Schritt. Jeder Schritt eine Qual.

Nach einer Stunde waren sie wie aus dem Wasser gezogen. Die Zunge klebte ihnen am Gaumen fest. Einmal flog ein dichter Pulk russischer Bombenflugzeuge über ihre Köpfe hinweg nach Westen.

Dann war wieder Stille, die nur durchbrochen wurde von den heftigen Atemzügen der Männer, die den verwundeten Kameraden trugen.

»Ablösung!« rief Brückner zurück, und zwei ausgeruhte Männer nahmen die Trage zwischen sich, die noch aus dem Lazarett in Shlobin stammte.

Als sie einen Weg erreichten, blieben sie stehen. Die Männer setzten die Trage ab und legten sich daneben auf den warmen Boden. Sie waren ausgepumpt und atmeten schwer.

»Über den Weg geht es jetzt besser«, meinte Reutter, dessen Schulter verbunden war. Er hatte das MG an Feldwebel Berke abgegeben.

»Was macht die Schulter?« fragte Berke, als er zu dem Grenadier aufgeschlossen hatte.

»Es tuckt da drinnen wie eine Dampframme.«

»Das gibt sich bis zur goldenen Hochzeit, Friedhelm.«

Plötzlich tauchte Ingrids Gesicht vor Reutters geistigem Auge auf. Seit mehreren Tagen hatte er nicht mehr an sie gedacht. Er blickte zum Himmel empor, sah den Nordstern.

Wenn jetzt Ingrid zu Hause emporblickte, wenn sie den Nordstern in diesem Augenblick ebenfalls sah und an ihn dachte ... Bestimmt dachte sie an ihn. Sie machte sich Sorgen, daß er nicht schrieb. Aber bald waren sie durch. Friedhelm Reutter zweifelte plötzlich nicht mehr.

»Den Weg können wir nicht nehmen«, sagte jetzt Brückner, der die Karte mit der abgeschirmten Taschenlampe studiert hatte. »Er führt stetig nach Nordwesten und dreht nach zwei Kilometern nach Norden.«

»Also weiter durch den Sumpf?«

Die nächsten beiden Stunden wurden zur Qual. Zweimal mußten die erschöpften Männer einen breiten Bach durchwaten. Der Bachgrund war schlammig und brütete üble Gerüche aus. Schließlich waren sie so fertig, daß sie einfach liegenblieben.

Friedhelm Reutter spürte einen so heftigen Krampf in der rechten Wade, daß er hätte schreien können. Dazu schmerzte die Schulter, als habe jemand mit einem Schmiedehammer darauf geschlagen. Kneisel, der den jungen Russen noch immer trug, war fix und fertig, und auch Feldwebel Berke spürte, wie das MG, das er trug, schwerer und schwerer wurde.

»Ich sehe mal nach«, meinte Possler und ging ein paar Dutzend Schritte weiter.

Als er einen freien Blick nach vorn hatte, sah er die Erhebung, die sie so fieberhaft zu erreichen suchten. Sie lag keinen Kilometer entfernt. Er lief zurück.

»Wir haben es gleich geschafft! Nur noch knapp fünfhundert Meter!« log er überzeugend.

Sie rafften sich noch einmal auf, gingen torkelig weiter, fielen zu Boden, krabbelten sich wieder hoch und gingen dem Hügel entgegen. Und dann hatten sie es geschafft und ließen sich fallen, wo sie gerade standen. Sie waren am Ziel, und jetzt brauchten nur noch Niermann und Böse mit dem Jeep zurückzukommen.

XIII.

Am 4. Juli 1944 wurde in Moskau zum erstenmal wieder Salut geschossen. Dieser Salut galt der siegreichen Roten Armee, die Minsk erobert hatte. Die Zeitungen in der russischen Hauptstadt brachten diese Nachricht in großer Aufmachung. Auf den Straßen rissen die Menschen, die keine Zeitung mehr bekommen hatten, den anderen die Blätter förmlich aus der Hand, um selbst zu lesen, was die »Prawda« als Sondermeldung zu berichten hatte:

»Die Befreiung von Minsk, welche die baldige Befreiung von ganz Belorußland ankündigt, ist ein großer, strahlender Festtag des belorussischen Volkes.

Die Befreiung von Minsk ist ein freudiges Ereignis für die gesamte fortschrittliche Menschheit, denn es sind die Mauern einer weiteren Bastion gefallen, die die Deutschen für die Verteidigung ihrer räuberischen Eroberung aufgerichtet hatten.«

Die fünfzig Verbände und Truppenteile, die sich an der Befreiung von Minsk beteiligt und dabei ausgezeichnet hatten, erhielten durch einen Sondererlaß von Generalissimus Stalin den Ehrennamen »Minsker«.

In der offiziellen Verlautbarung des Obersten Sowjet vom 4. Juli 1944 hieß es:

»In elf Tagen haben die Truppen unserer vier Fronten in harten Kämpfen große Erfolge erzielt. Ihre Offensive war mit einem durchschnittlichen Angriffstempo von 20 bis 25 Kilometern am

Tag verlaufen. Der Gegner wurde in diesem Zeitraum um 280 Kilometer zurückgeworfen, die Hauptkräfte der deutschen Heeresgruppe Mitte sind zerschlagen und Minsk ist befreit.

Östlich von Minsk wurden zahlreiche gegnerische Kräfte in Stärke von 100 000 Mann eingeschlossen.

Im Unterschied zu den Einschließungen von Bobruisk, wo nur die Panzerkorps der 1. Belorussischen Front, und von Witebsk, wo die Schützenkorps benachbarter Armeen der 1. Baltischen und der 3. Belorussischen Front beteiligt waren, nahmen an der Einschließung von Minsk Truppen von drei Fronten teil, wobei die Panzerverbände der 3. und 1. Belorussischen Front die entscheidende Rolle spielten.

In den ersten beiden Fällen wurden die Einschließungen in einer Entfernung von 20 bis 60 Kilometern, im letzten Falle 250 Kilometern von der vordersten Linie durchgeführt.

Diese neuerliche Einschließung starker deutscher Kräfte war durch das genaue Zusammenwirken der drei Belorussischen Fronten möglich, die den zurückweichenden Gegner sowohl parallel überholend als auch frontal verfolgten.

Darin zeigen sich die Qualitäten der Strategie und Taktik sowie der hohe Stand der sowjetischen Kriegskunst.

Mit der völligen Vernichtung dieser 100 000 Hitleristen ist in den nächsten Tagen zu rechnen.«*

Am 4. und 5. Juli 1944 setzten sich die schwachen deutschen Sicherungen, die noch am Feind standen, aus dem Raum Minsk auf die Linie Baranowitschi – Molodetschno ab. Von hier aus führten sie den Kampf mit größter Erbitterung fort. Währenddessen versuchten die zwischen Borissow und Minsk stehenden Verbände der deutschen 4. Armee, südlich an Minsk vorbei, den russischen Einschließungsring nach Westen zu durchbrechen.

Die deutsche Luftaufklärung konnte in diesen kritischen Tagen mit ihren wenigen Maschinen letztmalig beobachten, daß das XII.

---

* Siehe Telpuchowskij: a. a. O.

und XXVII. deutsche AK noch den taktischen Zusammenhalt bewahrte. Funksprüche zeigten jedoch an, daß die Munition knapp wurde. Im Lufttransport wurden diese Truppenteile am 4. und am 5. Juli versorgt. Die letzte Versorgung erfolgte im Raum von Smilowitschi, südöstlich von Minsk.

Während die Knotenpunkte der Rollbahn in der neuen Abwehrlinie Baranowitschi – Molodetschno zu Schwerpunkten der verzweifelten Abwehrschlacht wurden, während auf den Landengen und Flußübergängen der Kampf mit größter Erbitterung geführt wurde, versuchten es die beiden Armeekorps der 4. Armee – obgleich nun völlig eingeschlossen – noch einmal. Erst am 8. Juli 1944 stellte der Kommandierende General des XII. AK, Generalleutnant Vinzenz Müller, den Kampf ein.

Auch das XXXIX. AK der 4. Armee, ferner Teile des XXXV. AK der 9. Armee, wurden in dieser großen Falle gefangen oder vernichtet.

Südöstlich von Wolma kämpften ungefähr um dieselbe Zeit die Restverbände des XXVII. AK unter General der Infanterie Völkkers. Generalleutnant Traut, der Kommandeur der 78. Sturmdivision, führte die Restgruppen. Er versuchte am 6. Juli 1944 noch einmal, das Schicksal zu wenden.

»Wir brechen nach Dsershinsk durch!« befahl der General am frühen Morgen dieses Tages. »Wenn es uns gelingt, den Flugplatz von Oserzo in die Hand zu bekommen, haben wir eine dicke Chance, es doch noch zu schaffen.«

Noch einmal stürmten die Männer der 78. Sturmdivision, soweit sie die Verteidigung von Orscha, den folgenden Ausbruch und den Rückzug bis hierher überlebt hatten.

Aber ihr Ziel erreichten sie nicht. Das Gros der Angreifer fiel in einem letzten blutigen Gemetzel.

Und dennoch waren einige kleine Gruppen willens, einen neuen Durchbruch zu wagen. Diese Reste unternahmen einen letzten Versuch, als sie in der Nacht zum 7. Juli 1944 kämpfend über den Ptitsch gelangen wollten. Bei Samochwalowitschi erreichten sie den Fluß und – stießen auf das 121. Schützenkorps der 50. Sowjetarmee. Damit war auch dieser Kampf zu Ende.

Interessant, ja aufschlußreich auch im Hinblick auf Himmlers Version des Verrats ist dazu der Schlußbericht von Generalleutnant Müller:*

»Unsere Lage ist nach wochenlangen schweren Kämpfen aussichtslos geworden. Wir haben unsere Pflicht erfüllt. Unsere Kampfkraft ist auf ein Minimum gesunken, und es besteht keine Aussicht auf Versorgung.

Russische Kräfte stehen nach dem Bericht des Oberkommandos der Wehrmacht bei Baranowitschi. Der Weg über den nächsten Flußabschnitt ist uns versperrt, ohne Aussicht auf Öffnung mit unseren Mitteln. Wir haben Riesenzahlen von Versprengten und Verwundeten.

Der Kampf wird ab sofort eingestellt.«

Die Rote Armee ließ diesen Befehl umgehend in einigen hunderttausend Exemplaren vervielfältigen und aus über hundert Flugzeugen über dem gesamten Frontgebiet abwerfen.

Viele versprengte Verbände stellten daraufhin den Kampf ein und gingen in die Gefangenschaft.

Wie verbissen die sowjetische Führung in diesen entscheidenden Tagen versuchte, die deutschen Truppen am Laufen zu halten, sie auf keinen Fall zur Ruhe kommen zu lassen, wird durch die Gegebenheiten dieser entscheidenden Tage verdeutlicht.

Während südlich und östlich von Minsk der deutsche Widerstand im Hagel der Bomben, im Sturmgewitter der Artilleriesalven zusammenbrach, stürmten Sowjetdivisionen auch nördlich von Minsk gegen die dünnen deutschen Auffangstellungen an. Auch hier wurden die Stellungen durchbrochen und umfahren, die deutschen Soldaten eingekesselt und ihr Durchbruch nach Westen vereitelt.

Einmal mehr in dieser gigantischen Offensive waren es die sowjetischen Fliegerkräfte, die hier das Zünglein an der Waage spielten. Aus der Luft wurden die einzelnen deutschen Kampfgruppen in den Wäldern, im weglosen Sumpf und in den buschbestandenen

---

* Siehe Müller, Vinzenz: »Ich fand das wahre Vaterland«, Berlin 1963

Senken aufgespürt. Jede Truppenansammlung, und war sie noch so klein, wurden von den Augen der »Roten Falken« aufgespürt und über Funk gemeldet.

Und dann kamen die Panzer in dichten Pulks. Wo einige wenige mit Panzerfäusten oder den letzten Pakgeschützen abgeschossen wurden, folgten Dutzende neuer Panzer aller Größen.

Die sowjetischen schnellen gepanzerten Verbände stürmten immer weiter vorwärts. Nichts war vorhanden, was sie hätte aufhalten können. Wenn es dennoch einzelnen Gruppen deutscher Soldaten gelang, den Weg in die Freiheit zu erreichen, dann verdankten sie dies denjenigen Divisionen, die bis zuletzt standhielten: der 60. Infanteriedivision (mot.) »Feldherrnhalle«, der 102. Infanteriedivision, der 296. Infanteriedivision, der 36. Infanteriedivision (mot.) und einigen anderen Verbänden, die sich der Übermacht der Gegner immer wieder entgegenwarfen. So auch die 110., die 197., die 45. und die 206. Infanteriedivision und andere, soweit sie nicht im ersten Donnerschlag der Offensive vernichtet worden waren.

In einer schrecklichen, strapazenreichen und tödlichen Odyssee schossen sich die einzelnen Kampfgruppen nach Westen durch. Unter ihnen noch immer die Kampfgruppe von Oberst Jüttner, die den Wald von Baranowitschi erreichte. Hier wurde sie in dramatischen Kämpfen aufgerieben, so daß sich Oberst Jüttner entschloß, einzelne Gruppen von fünfzehn bis zwanzig Männern zu bilden, weil ein großer Verband einfach nicht mehr verpflegt werden konnte. Die ersten feindlichen Sperrkommandos wurden überrannt. Die Zukunft und das Weiterleben schienen einigermaßen gesichert. Aber noch lagen über vierzig Tage unerhörter Strapazen vor den Männern. Es war gut, daß sie nichts von dieser Hölle wußten, durch die sie in den folgenden Wochen gehen mußten.

Auch die Kampfgruppe, der sich Oberleutnant Vielwerth vom IR 87 der 36. ID (mot.) angeschlossen hatte, stürmte verzweifelt, zum Letzten entschlossen, nach Westen. Mit durchschossenem Oberschenkel kämpfte der Oberleutnant weiter. Er wollte den Anschluß nicht verpassen. Er wollte nicht in die Gefangenschaft gehen, darum mußte er die Schmerzen überwinden.

Zum Divisionskommandeur, Generalmajor Conrady, gesellte sich noch der Kommandeur des IR 118 mit einigen Offizieren.

Es gelang Erich Vielwerth, einen Platz auf einem Schützenpanzer zu ergattern, als es weiterging.

Vor einem Waldstück wurden von schnellen Spähtrupps russische Panzeransammlungen entdeckt.

»Wir brechen durch mit voller Pulle!« entschied Generalmajor Conrady.

Als die Fahrzeuge, die wenigen eigenen Panzer an der Spitze, den Wald verließen, eröffneten die Sowjets das Feuer. Granaten zischten dicht an Vielwerth vorüber. Er duckte sich tief auf den Stahl der Abdeckung hinunter. Mit schmetterndem Krachen wurde der rechts von ihnen fahrende Panzer getroffen. Flammen stoben aus seinen Luks, Menschenleiber wirbelten durch die Luft, als die gewaltige Explosion die aufgesessenen Grenadiere von dem Stahlkoloß hinunterfegte.

»Zacken, zacken!« brüllte Vielwerth.

Sie klammerten sich fest, denn was nun anlief, war ein Todesslalom. Vor und hinter ihnen, zur Rechten und Linken hämmerten Granaten in den Boden.

»Weiter Zickzack!« befahl Vielwerth, als der Fahrer geradeaus lenkte, um schneller in die voraus auftauchende Senke zu gelangen.

Sie rollten in wahnwitziger Fahrt auf den direkt gegenüberstehenden T 34 zu, sahen die Flammen aus seiner Kanone und aus den MG spritzen, hörten das Zischen und Sausen der vorbeiflitzenden Geschosse. Dann waren sie auf gleicher Höhe, passierten den ersten gegnerischen Panzer und fuhren auf eine Hecke zu, hinter der die Rollbahn aus dem Dunst auftauchte.

Plötzlich setzte sich die Hecke in Bewegung. Es war ein gutgetarnter T 34, der nun anrollte und sie zusammenzukarren versuchte.

»Haaalt!« brüllte einer der drecküberkrusteten Landser.

Ruckartig stoppte der SPW. Der Mann brüllte etwas. Vielwerth warf sich zur Seite, und schon spritzte mit dumpfem Blaffen die

Rückstoßflamme einer Panzerfaust über ihn hinweg und versengte ihm fast den Rücken. Der Sprengtopf bohrte sich aus knapp zwanzig Metern Entfernung zwischen Turm und Unterwagen in den T 34 und ließ den schweren Panzerturm mit der langen 7,62-cm-Kanone durch die Luft wirbeln.

»Über die Straße!« rief der Oberleutnant dem Fahrer zu. Dieser gehorchte sofort, weil er instinktiv spürte, daß hier ein erfahrener Ostkämpfer die Initiative ergriffen hatte.

Aufheulend zog der SPW über Büsche und Bäumchen. Weit, sehr weit neigte er sich über, wurde wieder mit harten Rucken zurückgeschwenkt und – erreichte die Straße.

Rotarmisten stoben brüllend und schießend nach allen Seiten auseinander, um nicht überrollt zu werden.

Die Straße war – soweit der Oberleutnant blicken konnte – übersät mit russischen Wagenkolonnen. Dann waren sie mitten auf der Rollbahn und fanden eine Lücke in der Fahrzeugschlange. Überrascht starrten die Rotarmisten auf den SPW, der aufheulend die Straße überquerte und, vom russischen Infanteriefeuer verfolgt, im kusselbestandenen Gelände jenseits der Straße wieder verschwand.

Aber auch hier lagen russische Infanteriegruppen, die größtenteils biwakierten. Aus dem SPW wurden Handgranaten und Sprengmittel geworfen. MG-Salven ließen die Rotarmisten in volle Deckung gehen. So gelang es der kleinen Gruppe, sich eine Gasse freizuboxen und schließlich einen Weg zu erreichen.

In der Ferne tauchte der Stadtrand von Ossipowitschi auf. Sie fuhren direkt darauf zu. Beiderseits des Weges befand sich Sumpfgelände. Rechts voraus stieg eine kleine Höhe aus der Ebene auf. Vor dem buschbestandenen Hügel floß ein Bach entlang, die darüberführende Brücke war zerstört.

Der SPW hielt. Ratlos blickte sich der Fahrer zu dem Oberleutnant um.

»Die Böschung hinunter! Wir müssen es versuchen!«

Der Fahrer ließ den SPW im ersten Gang langsam die Schräge hinunterrollen. Es schien zu klappen.

»Festhalten!« rief er, als er ein Loch entdeckte.

Röhrend schob sich der Stahlkoloß darauf zu, legte sich weit und immer weiter über, um schließlich mit Donnergepolter umzustürzen.

Die Insassen des SPW kullerten übereinander und wurden hinausgeschleudert. Einer brach sich den rechten Arm. Er schrie vor Schmerzen laut auf.

Da hetzten auch schon die ersten Rotarmisten querfeldein zu ihnen herüber. Sie schossen im Laufen. Kugeln patschten in den Boden.

»Die Anhöhe hinauf!« übernahm Vielwerth wieder die Führung.

Sie hasteten durch die Kusseln nach oben. Einer der Grenadiere blieb liegen. Er stöhnte, schrie um Hilfe. Aber wer hier nicht weiterlief, der wurde von den Kugeln und MPi-Salven erreicht und für immer zu Boden geworfen. Wer hier fiel, der blieb liegen.

Oben angekommen, sahen sie sich einer weiteren Gruppe Rotarmisten gegenüber. Die gesamte Anhöhe war voller biwakierender Sowjets.

Erich Vielwerth spürte auf einmal seine Verwundung nicht mehr. Er lief nach Norden – stieß hier ebenfalls auf Russen. Links und rechts von ihm schossen die Kameraden. Auch er feuerte. Dann wandten sie sich nach links. Wieder tauchten Rotarmisten auf.

Mit einem weiten Satz warf der Oberleutnant sich in eine Mulde und kroch, so schnell er konnte, zur Seite unter ein Gebüsch.

Dichter, stark duftender Ginster nahm ihn auf. In der gründämmrigen Düsternis dieses Verstecks blieb er mit pumpenden Lungen liegen. Russen strichen keine fünf Meter von ihm entfernt vorbei. Einmal drang einer in den Ginster ein. Drei Meter vor Vielwerth schlug er sein Wasser ab, bevor er die Suche wieder aufnahm. Schüsse peitschten um ihn herum und zeigten dem Oberleutnant, daß die Russen immer wieder einen seiner Kameraden gefunden hatten. Es war wie eine Treibjagd – auf Menschen.

Vorsichtig kroch er weiter und sah, am Rande der Höhe angekommen, daß die Russen die gesamte Besatzung des SPW gefangengenommen hatten. Ein verwundeter deutscher Stabsarzt war auch dabei.

Oberleutnant Vielwerth durchlebte die ganze Verlorenheit, die unsagbare Verzweiflung, vor der alle Worte als unzulänglich verblassen müssen. Daß er hier untätig liegen mußte und nichts zur Befreiung der Kameraden tun konnte, war das Schrecklichste.

Stunde um Stunde verrann. Die Sowjets suchten noch immer das Höhengelände ab. Bald würden sie auch sein Versteck entdecken, wenn er nicht bald ein besseres fand.

Erich Vielwerth schleppte sich weiter. Niemals vorher hätte er geglaubt, daß ein Mensch soviel aushalten kann. Er kroch über die Hochfläche dahin, erreichte einen Sumpf, kroch mitten in die Miasmen brütende Fäulnis hinein und steckte bald darauf bis zur Brust im brackigen Wasser. Es stank wie die Pest, aber dieses Versteck war für ihn die einzige Möglichkeit, den suchenden Rotarmisten zu entkommen. Allein hier konnte und durfte er hoffen.

Er blickte nicht auf, hielt den Kopf ständig im Grün der Moos- und Sumpfpflanzen verborgen, um sich nicht zu verraten. Nur die Stimmen der sich einander durch Zurufe verständigenden Sowjets konnte er hören. Aus ihnen schloß er auf deren Nähe.

Bald darauf wurde es am Rande des Buschgebietes lebendig. Dort schienen sich die Sowjets erneut zu sammeln und zu rasten. Damit hatten sie den Standort des versteckt liegenden deutschen Offiziers überlaufen. Die größte Gefahr war gebannt.

Die Sonne prallte unterdessen mit sengender Gewalt auf die Erde. Die Sekunden vertickten in die Vergangenheit, als wären es Stunden. Niemals zuvor war Vielwerth die Zeit bis zur Abenddämmerung so lang geworden. Niemals zuvor die Gefahr so groß, geschnappt und einfach erschossen zu werden.

Stunden vergingen. Ein Niesreiz brachte ihn in die akute Gefahr, entdeckt zu werden. Er preßte sein Gesicht gegen das Grün, prustete hinein und wäre dabei um ein Haar erstickt. Aber die Russen hatten wenigstens nichts bemerkt.

Endlich brachen die Rotarmisten auf. Einige Befehle wurden gegeben, weiteres Stimmengewirr erscholl, das sich rasch im Südwesten verlor. Dann war Ruhe um ihn.

Vielwerth wartete noch zehn Minuten, bis er auf allen vieren aus dem Sumpf hinauskroch. Er robbte auf seinen alten Platz zwischen dem Ginster zurück, brachte seine Kleider wieder in Ordnung und reinigte die Pistole. Von dieser Waffe konnte sein Leben abhängen.

Als die Dämmerung einfiel, versuchte der Oberleutnant, durch die Büsche über die kleine Höhe in Richtung Rollbahn zurückzukommen. Doch dieses Vorhaben mußte er bald aufgeben. Das Gelände wimmelte von Russen. Er versuchte es noch an mehreren anderen Stellen – vergebens.

Dennoch gab Vielwerth nicht auf, denn allem Anschein nach waren die Russen dabei, sich zum Weitermarsch fertigzumachen.

Bei seinen Versuchen, die Rollbahn zu erreichen, stieß Vielwerth nacheinander auf einen Oberfeldwebel der Feldgendarmerie und drei Gefreite. Alle waren sie Versprengte und gleich dem Oberleutnant glücklich, nun nicht mehr allein zu sein.

»Wir wollen bei völliger Dunkelheit versuchen, an die Rollbahn heranzukommen!« entschied der Oberleutnant, als sie in einem dichten Gebüsch beratschlagten.

»Wenn erst die Russen hier abgezogen sind, könnten wir es schaffen!« stimmte der Oberfeldwebel zu. »Doch weiß überhaupt einer, wie das Gelände bei Ossipowitschi aussieht?«

Für eine halbe Minute blieb es still. Erich Vielwerth blickte auf die Rollbahn, die nach wie vor dicht befahren war.

»Wenn wir in die Stadt wollen, müssen wir über die Rollbahn, denn die führt nördlich an Ossipowitschi vorbei. Ich kenne das Gelände gut. Hier haben wir einmal vor langer Zeit zur Auffrischung gelegen.«

Der Oberleutnant griff in die Brusttasche und zog eine Karte heraus.

»Wir befinden uns hier – im Raum Marina Gorka.« Kurz informierte er seine Schicksalsgenossen über den jetzigen Standort und die vorgesehene Marschroute.

Es wurde rasch finster. Die fünf Männer brachen auf. Sie setzten im Einzelsprung über die Straße, erreichten die feindbesetzte Ortschaft und verschwanden jenseits davon in den dichten Wäldern.

Bei Tag versteckten sie sich, entgingen mehrfach der Gefahr des Entdecktwerdens, und in der nächsten Nacht atmeten sie für eine

Minute lang auf, denn vor sich entdeckten sie einen deutschen Posten.

»Wir haben es geschafft!« rief einer der Gefreiten. »Das ist unsere Front!«

Aber der Oberleutnant war nicht so sicher. Und seine Ahnung sollte ihn nicht getrogen haben. Es war lediglich der Posten einer im Wald liegenden deutschen Kampfgruppe, die es ebenfalls bis hierher geschafft hatte.

Die Kampfgruppe in Bataillonsstärke wurde von einem Divisionskommandeur geführt.

»Schließen Sie sich uns an, Vielwerth«, schlug der Generalmajor vor.

Doch der Oberleutnant hatte Bedenken. Eine so große Gruppe konnte nicht ungeschoren durchkommen. Einerseits war sie zu schwach, es mit Gewalt zu versuchen; andererseits zu groß, um ungesehen durch die russischen Sperrverbände schlüpfen zu können.

Es gehörte schon etwas dazu, die scheinbare Geborgenheit und die vielen Kameraden zu verlassen, um mit nur ein paar Männern weiter ins Ungewisse zu marschieren. Erich Vielwerth wagte es. Er hatte eine Karte vom General erhalten, die ihm eine wertvolle Hilfe werden sollte.

Die vier Kameraden blieben bei ihm. Zwei Nächte hindurch marschierten sie. Dann stießen sie abermals auf eine 150 Mann starke Kampfgruppe, die noch zehn Pferde mitführte. Auch hier hielt sich Vielwerth nicht auf. Nach kurzem Erfahrungsaustausch setzte er seinen Marsch in Richtung Minsk fort.

Die fünf Männer überquerten die Rollbahn Minsk—Marina Gorka und kamen wieder in einen Sumpf. Hier konnten sie auch am Tage marschieren.

Es ging jetzt mitten durch die Pripjetsümpfe. Das Gefühl für Tage und Stunden schwand. Einmal fanden sie einen deutschen Soldaten. Er lag tot am Rande eines Sumpfloches.

»Wir müssen sehen, wer er ist. Zu Hause wartet vielleicht jemand auf ihn«, sagte der Oberleutnant.

Aber sie fanden keine Erkennungsmarke, keine Papiere. So blieb er im Sumpf liegen — unbekannt, einer der vielen Vermißten.

Die Gruppe Vielwerth hatte ihren Weitermarsch gerade fortgesetzt, als sie aus großer Entfernung beschossen wurde.

Erich Vielwerth winkte mit seinem geschnitzten Stock, und das Feuer wurde eingestellt.

»Das sind Deutsche, Herr Oberleutnant!«

»Sieht so aus«, erwiderte Vielwerth. »Aber warum haben sie geschossen?«

Sie erreichten einige niedrige Heuschober, die mitten in einer Sumpfwiese standen. Als sie bis auf fünfzig Meter herangekommen waren, peitschte ihnen MPi-Feuer entgegen. Sie schwenkten schnell nach rechts in den Sumpf und rannten buchstäblich um ihr Leben, während die Geschosse mit sattem Geräusch in den Sumpf patschten.

Als erster erreichte der Oberleutnant einen fünf Meter breiten Bach. Hinter ihm folgten die Kameraden.

Drei Rotarmisten stürzten aus dem vordersten Heuschober ins Freie und schossen aus ihren Maschinenwaffen. Mit einem Satz sprang Vielwerth in den Bach. Er verschwand bis über den Kopf im Wasser und erreichte mit einigen Schwimmstößen das andere Ufer. Einer der Männer hinter ihm schrie um Hilfe.

»Ich bin Nichtschwimmer!« gellte sein Ruf über das Wasser.

In einer Reflexbewegung wendete Vielwerth, erreichte den fast Ertrinkenden, griff nach dessen Riemenzeug und zog ihn ans andere Ufer.

Neben ihm platschten Kugeln ins Wasser. Mit einem Blick sah der Oberleutnant, wie einer der Russen, der bis dicht an den Fluß gekommen war, seine MPi hochriß und abzog. Aber der gefürchtete Feuerstoß blieb aus. Offenbar hatte die Waffe Ladehemmung.

Vielwerth zog sich am jenseitigen Ufer hoch und rannte weiter um sein Leben. Schüsse peitschten hinter ihm her. Nach ungefähr achtzig Metern brach er zusammen. Die mit Wasser vollgesogene Uniform war doppelt so schwer wie normal. Zwischen Birken und Schilfgras blieb er liegen.

Würden die Russen ebenfalls versuchen, den Fluß schwimmend zu durchqueren? Würden sie herüberkommen? Die Russen kamen nicht.

Aber wo waren seine Kameraden? Oberleutnant Vielwerth spähte vorsichtig aus. Ein leiser Zuruf erreichte ihn. Ganz in der Nähe meldete sich der erste, dann ein zweiter und schließlich der dritte. Vom vierten fehlte jede Spur.

»Liegenbleiben, bis es dunkel wird!« befahl Vielwerth.

Nun wußte er auch, warum die eigenen Landser die Schüsse abgegeben hatten. Um sie zu warnen! Aber sie hatten die Situation nicht rechtzeitig genug erfaßt und diesen Irrtum beinahe mit dem Leben bezahlt.

Im Liegen entkleideten sich die vier Männer, um ihre Uniformen von der Sonne trocknen zu lassen. Vielwerth riß ein Stück seines Hemdes ab und legte sich einen neuen Oberschenkelverband an.

Dann kam die Nacht, und sie brachen wieder auf. Ein Mann fehlte. Was aus ihm geworden war, wußten sie nicht. Der einzige Gedanke, der sie bewegte, war: Wie kommen wir heil aus dem moskitoverseuchten Sumpf wieder heraus?

In den folgenden weißen Nächten im Sumpf schwirrte die Luft von Myriaden von Moskitos, und jedes dieser winzigen Lebewesen trug den Keim der Malaria in sich.

Sie hielten sich etwas nördlicher und erreichten schließlich ein Waldgebiet.

»Hier gibt es Waldbeeren!« rief einer der Gefreiten. Heißhungrig fielen sie darüber her. Pfundweise konnten sie die dunkelblauen Beeren ernten.

Sie waren noch dabei, sich einen bescheidenen Mundvorrat zusammenzusuchen, als sie wieder Feindfeuer erhielten. Die Besatzung eines russischen Lastwagens, die ebenfalls hier rastete, hatte sie aufgespürt.

In wilder Flucht brachen sie durch den Wald. Die Stille des Waldes wurde zerfetzt vom Knallen, Rattern und Krachen der Waffen.

Während des hastigen Laufes stellte der Oberleutnant fest, daß ihm seine Oberschenkelverwundung immer mehr zu schaffen machte.

Kurz darauf, als sie etwas zur Ruhe kamen, traten die Beschwerden verstärkt auf. Die Leistendrüsen schwollen an und begannen zu schmerzen. Dort, wo der Stiefelschaft endete, hatte sich ein ekelhaftes Geschwür gebildet, das verwundete Bein war dicker geworden. Wenig später mußte sich der Oberleutnant übergeben.

Damit war eine Situation eingetreten, die ihm nur noch übrig ließ, sich in sein Schicksal zu fügen.

Aber Vielwerth wollte noch immer nicht aufgeben. Er schleppte sich hinter den Kameraden einher, die ihm selbstlos weiterhalfen. In den ersten Morgenstunden erreichten sie abseits eines Dorfes eine alleinstehende Hütte. Eine Frau öffnete auf ihr Klopfen.

»Wir haben Hunger!« radebrechte der Oberfeldwebel.

Die Frau nickte. Im Ausdruck ihres breiten bäuerlichen Gesichts lagen Mitleid und Furcht. Sie brachte, was sie hatte: Brot und Milch. Und zum erstenmal seit vielen, vielen Tagen auch etwas Salz. Sie gab ihnen ein paar Streichhölzer und ein Stück Reibfläche.

Sie ahnte nicht, daß sie diese vier Männer gerettet hatte und daß fünfundzwanzig Jahre später ein deutscher Offizier ihre selbstlose menschliche Güte und mütterliche Hilfsbereitschaft vergelten würde.

Hier trafen sie auch auf einen jungen Russen. Es stellte sich heraus, daß dieser junge Mann kein Russe war, sondern Hamburger und als Unteroffizier einer Artilleriebatterie östlich von Minsk im Einsatz gestanden hatte. Minsk war gefallen. Die Russen waren bereits durchgestoßen, das erfuhren sie.

Die Sowjets hatten vor zwei Nächten ihre Stellungen erobert. Der Unteroffizier hatte sich totgestellt und war entkommen.

»Wir nehmen dich mit. Du kommst genauso wie wir nach Hause!« versprach Vielwerth. Woher er – selbst krank und fast am Ende – den Mut zu dieser kühnen Prognose nahm, wußte er selber nicht.

»In der kommenden Nacht geht es weiter«, sagte er, als sie sich in der kleinen angebauten Scheune des Anwesens berieten. »Wir müssen die Straße Minsk–Baranowitschi passieren, dann haben wir es geschafft. Südwestlich von Minsk sollen noch deutsche Divisionen stehen und den Feind aufhalten.«

Auf dem Höhepunkt der Krise der Heeresgruppe Mitte, am 3. Juli 1944, als Minsk fast völlig eingeschlossen war, unternahm der General des Transportwesens Mitte, Oberst im Generalstab Hermann Teske, einen Erkundungsflug. Aus seinem provisorischen Hauptquartier in Lida, wo er mit seinem Stab behelfsmäßig in Transportzügen arbeitete, mußte er diesen Orientierungsflug unternehmen. Die schlechten Nachrichtenverbindungen zwangen ihn dazu.

Noch am 1. Juli war es Oberst Teske gelungen, genügend Transportraum nach Minsk zu schaffen, um allein aus dieser Stadt über 8000 Verwundete nach dem Westen zurückzubringen.

Mit dem Aufklärer ging sein Erkundungsflug zunächst nach Molodetschno. Der Oberst sah aus der Vogelperspektive, daß der Bahnhof mit ungefähr zwanzig Zügen bis auf das letzte Gleis belegt war, weil die nach Westen weiterführenden Strecken unterbrochen waren.

Auf der von Minsk nach Molodetschno führenden Strecke standen auf dem nach Westen führenden Gleis Zug an Zug hintereinander aufgefahren. Der Oberst zählte insgesamt sechsundvierzig Züge. Zum überwiegenden Teil Räumungszüge. Aber auch fünf Urlauberzüge und drei Lazarettzüge staken noch mitten in diesem Tohuwabohu.

Auf den Wagen erkannte er durch sein Fernglas aus der niedrigfliegenden Maschine dicht bei dicht Trauben von Verwundeten, Wehrmachthelferinnen, Soldaten und Zivilisten. Sämtliche Lokomotiven standen unter Dampf und bewegten sich meterweise vorwärts. Der am weitesten nach Osten herausgestaffelte Zug wurde gerade von russischen Panzern beschossen.*

Geben wir Oberst i. G. a. D. Teske hier das Wort:**

»Der Weiterflug durch die Wälder westlich der bereits feindbedrohten Stadt Minsk bot eine – gottlob sommerliche – Parallele zum Napoleonischen Rückzug 1812: ungeordnete Haufen von Tau-

---

* Daß es gelang, diese Züge trotz allem doch noch zu retten, ist ein Ruhmesblatt in der Geschichte der deutschen Reichsbahn und ein Verdienst des Generals des Transportwesens und seines Stabes.

** Siehe Teske, Hermann: »Die silbernen Spiegel«, Heidelberg 1952

senden von Soldaten, zum Teil Verwundete, deren weiße Verbände zu mir heraufleuchteten. Viele Fahrzeuge bewegten sich in hastiger Flucht nach Westen.

Das nächste Erkundungsgebiet war die zweite Abfahrstrecke von Minsk nach Südwesten, auf der – aufatmend – keine Räumungszüge festgestellt wurden.

Das letzte Ziel unseres Fluges war Stolpce und die Feststellung, ob es gelungen war, die Eisenbahnbrücke dieser künftig wichtigsten russischen Nachschublinie über den Njemen zu zerstören. Das war leider nicht der Fall, und auch der gerade in Gang befindliche Angriff der 4. Panzerdivision hat dafür nicht die Voraussetzungen schaffen können – ein schwerer Nachteil für die deutschen Absetzbewegungen.

Über Stolpce geriet die Maschine in schweres feindliches MG- und Flakfeuer. Mit einem brennenden Motor gelangte sie, einer Notlandung im Njemenbett dauernd gewärtig, nur dank der kaltblütigen Ruhe des Flugzeugführers, eines jungen Oberfähnrichs, noch heil bis zum Heimatflughafen Lida.«

Tag und Nacht waren die Stabsoffiziere und der Führer des Transportwesens Mitte tätig. Von ihnen allein hing es ab, ob und wie viele deutsche Soldaten und ihr Material aller Art gerettet werden konnten.

Viele Transport- und Eisenbahndienststellen wurden zeitweilig völlig abgeschnitten. Sie arbeiteten trotzdem weiter.

Am 4. Juli 1944 erschien auf dem Gefechtsstand der Heeresgruppe Mitte in Druskieniki der Staatssekretär im Reichsverkehrsministerium, Dr. Ing. Ganzenmüller*. Es war die Zeit des Höhepunktes der Krise. Minsk war inzwischen gefallen, und Feldmarschall Model war den ganzen Tag an der Front gewesen.

Als er am späten Abend deprimiert zurückkam, lehnte er es schroff ab, Dr. Ganzenmüller zu empfangen, der ihm um 23.30 Uhr gemeldet wurde.

Die Schroffheit Models hatte ihre Wurzeln in der prekären Lage an der Front. Von ihm – dem Oberbefehlshaber – hing es ab, ob

* Ritterkreuz zum Kriegsverdienstkreuz am 18. September 1943

gehalten wurde. Auf seinen Schultern ruhte die ganze Last der Verantwortung. Er hielt das Schicksal der gesamten Ostfront in der Hand.

Um Mitternacht kam es in dem Salonzug Dr. Ganzenmüllers zu einem Gespräch zwischen diesem und Oberst Teske. Oberst Teske machte dabei überaus deutlich, daß das ganze Ausmaß der Katastrophe im Mittelabschnitt der Ostfront in Deutschland bagatellisiert worden war.

Dr. Ganzenmüller wollte nicht begreifen, was ihm der Chef des Transportwesens Mitte vortrug: daß es sich nämlich nicht um einen planmäßigen Rückzug handelte, sondern um die Vernichtung der gesamten Heeresgruppe und die kopflose Flucht ihrer kleinen Reste.

An diesem frühen Morgen des 5. Juli 1944 verfügte die gesamte Heeresgruppe Mitte nur noch über fünf einigermaßen intakte Divisionen.

Waldi Niermann und Karlheinz Böse gingen den Weg zurück, den sie vor kurzem erst gefahren waren.

»Wenn wir uns verfranzen, Waldi, haben uns die Russen am Arsch«, stotterte Böse, nachdem sie bereits eine halbe Stunde schweigend nebeneinander hergegangen waren.

»Wir verfranzen uns nicht, Karlheinz«, beruhigte ihn Niermann. »Lohischyn liegt etwas höher, und das Anwesen am Südrand der Ortschaft ist nicht zu verfehlen.«

»Aber es wird bald hell werden.«

»Dann können wir es auch besser erkennen und . . .«

». . . werden auch besser gesehen«, ergänzte Böse.

Danach versiegte das Gespräch. Waldi Niermann legte noch einen Zahn zu. Der wuchtige Ostpreuße, nach Wanne-Eickel verschlagen, und Karlheinz Böse, der »Stotterbock«, wie ihn die Kameraden zuweilen ohne böse Absicht nannten, schritten weit aus. Sie paßten ihre Schritte einander an.

Nach zwei Stunden wurde es langsam hell. In der Richtung, in die sie marschierten, färbte sich der Himmel grün. Es wurde lichter, und als die Sonne blutrot über den Horizont stieg, sahen sie weit voraus Lohischyn liegen.

»Wenn wir da drüben durch den Wald gingen, hätten wir eine gute Deckung.«

»Du vergißt, Karlheinz, daß sich im Wald ein Partisanenlager befindet.«

»Na schön, gehen wir direkt darauf zu!« schloß Böse den Disput.

Sie schafften es in gut drei Stunden. Als die hohe Haselnußhecke des Anwesens vor ihnen auftauchte, grinste Böse den Kameraden an.

»Olympiaverdächtig, was, Waldi?« stotterte er.

Niermann nickte. Er starrte auf die Hecke, die er mit seinen Blicken förmlich zu durchbohren schien.

»Ich habe Bammel. Mir geht der Arsch mit Grundeis, Karlheinz.«

»Na, und was denkst du, was ich habe? Muffensausen. Eins zu einer Million.«

Sie passierten den Wiesengrund, bis die Einfahrt vor ihnen lag. Niermann, der an der Spitze ging, ließ sich auf alle viere nieder und robbte direkt auf den Eingang zu.

Als er den Heckenrand erreicht hatte und unten um die Kante herumspähte, sah er den Jeep. Er stand rechts neben dem Haupthaus, in der Gasse zwischen der rechtwinklig anschließenden Scheune.

Alles schien so, wie sie es verlassen hatten. Und dennoch: etwas war anders, etwas war nicht so wie vorher. Aber was?

»Na, siehst du etwas?«

Böse arbeitete sich zu Niermann vor. Der schüttelte den Kopf.

»Nichts!« wisperte er.

»Worauf warten wir noch?«

Sie erhoben sich, hielten die Waffen unauffällig nach unten und gingen über den Hof auf den Jeep zu. Ihre Blicke wanderten über die Fenster, glitten zum Brunnen.

Dann erreichten sie den Wagen und – blickten in die Mündungen zweier Maschinenpistolen, die ihnen von zwei bärtigen Männern in Phantasieuniformen entgegengereckt wurden.

Die beiden Männer kamen hinter der Scheunenwand hervor.

»Rucki werch!« brüllte der eine.

»Was ist los? Sind eure Augen vom Schlaf verklebt?« herrschte Niermann sie an. »Seht ihr nicht, daß wir Rotarmisten sind?«

Die Haustür öffnete sich. Ein Offizier in der Uniform eines Oberstleutnants tauchte auf. Waldi Niermann kannte ihn nur zu gut. Es war der Offizier, der von ihnen vor knapp vierundzwanzig Stunden niedergeschlagen worden war.

Hinter ihm und aus der großen Tür der Scheune quollen Rotarmisten ins Freie.

»Das sind Deutsche! Zieht ihnen die Uniform aus!« dröhnte der Oberstleutnant.

Ein Dutzend Russen drang auf die beiden Männer ein, nahm ihnen die Waffen ab, riß ihnen die Kleider vom Leibe und stieß sie in einen Lastwagen, der gerade hinter der Scheune hervorrollte.

Plötzlich wußte Waldi Niermann, was ihn gestört hatte: die breite Lastwagenspur, die quer über den Hof verlief, ihre alte Lastwagenspur kreuzte und hinter der Scheune verschwand.

»Fahrt sie ins Partisanenlager. Sie haben eure Männer umgebracht, also sollt ihr auch euren Spaß mit ihnen haben.«

Ein halbes Dutzend Partisanen kletterten zu ihnen auf die Ladefläche. Sie hielten den beiden Männern, die im dünnen Unterzeug auf dem Wagen hockten, die Mündungen ihrer Waffen unter die Nase.

»Wenn ihr abhauen wollt, dann pusten wir euch ein paar Löcher in das Fell!« drohte der Anführer der Gruppe.

Sie fuhren auf einem schmalen Weg in den Wald hinein und schwenkten bald nach Südwesten ab.

Eine Stunde dauerte diese Fahrt, die überwiegend im Schritttempo verlief. Dann erreichten sie eine dichte Fichtenschonung.

Ein paar Bäume, die als Tarnung hier standen, wurden zur Seite gerissen, und über niedriges Gebüsch holpernd, erreichten sie ein Waldlager mit mehreren Blockhütten und einigen deutschen Wehrmachtszelten.

Halbwüchsige Jungen, Frauen mit Waffen und verwilderte Männer umringten den Wagen.

»Herunter mit euch!«

Auf dem Weg zum Blockhaus wurden sie geschlagen und bespuckt. Steine flogen. Einer traf Niermann so heftig am Kopf, daß er zu Boden ging. Alles brüllte vor Lachen, als er sich mit schmerzverzerrtem Gesicht wieder aufrappelte.

»Heute nacht, Genossinnen und Genossen, werden wir diese beiden Hitleristen rösten, bis sie uns das Versteck der anderen verraten haben. Heute nacht werden wir unsere Rache erleben!« versprach der Anführer der Partisanen. Alles brüllte Beifall, johlte und schrie begeistert Zustimmung.

Niermann und Böse wurden in eines der Zelte gestoßen und fanden sich in einer graugrünen Dämmerung wieder.

»Bist du schwer verletzt, Waldi?« fragte Böse leise, als er den Kameraden stöhnen hörte.

»Nicht der Rede wert«, erwiderte Niermann.

»Wir müssen um jeden Preis hier 'raus, Waldi!«

»Das wäre schön, aber wie?«

Ein Russe trat ein, gefolgt von zwei Männern, die das Licht ihrer Taschenlampen auf die Gesichter der beiden Gefangenen richteten.

»Wo sind die anderen?« fragte der Anführer. »Wir wissen, daß ihr viel mehr Leute seid. Wo stecken sie?«

Er hob die Reitpeitsche. Aber schon stotterte Böse los.

»Ich will alles sagen. Sie sind nach Süden gefahren und wollen einen Bogen schlagen nach Drohitschyn. Dort sollen keine Rotarmisten stehen.«

»Verdammt, das lügst du!«

Die Reitpeitsche sauste nieder. Schmerzhaft traf die Lederschnur die Schulter des Stabsgefreiten.

»Es ist so. Wir sollten den Jeep holen, um dann zu ihnen zu stoßen und vorauszufahren — zur Erkundung.«

»Und warum habt ihr den Jeep nicht sofort mitgenommen, wenn ihr diese Absicht hattet?«

»Wir hatten sie ja nicht. Wir faßten sie erst unterwegs, als wir erfuhren, daß Motol voller Truppen der Roten Armee ist.«

»Gut, wir werden weitersehen, sobald der Genosse Kommissar kommt.«

Die Russen verließen das Zelt. Draußen sprach der Anführer mit den Wachen.

Die Stunden vergingen. Es wurde Mittag, und sie rochen den Duft von Kohlsuppe mit Fleisch.

»Verdammt, ich habe Kohldampf wie ein Bär«, knurrte Niermann.

»So, wie wir jetzt sind, können wir nicht zurückkommen.«

»Ich würde splitternackt zurücklaufen und barfuß dazu, wenn ich nur könnte.«

Niermann versuchte, die Rückseite der Zeltwand anzuheben. Aber es war unmöglich, sie war gut verpflockt.

Noch zweimal kamen Russen, um sich die Hitleristen anzusehen, die ihre Genossen erschossen hatten. Sie brüllten Verwünschungen und malten sich genüßlich aus, was sie mit diesen beiden Deutschen machen würden.

Als es dunkel wurde, scholl von draußen Gesang herein. Glas zerklirrte, ein Feuer loderte auf der Lichtung auf.

Für die Partisanen war die Zeit des Versteckspielens vorüber. Nun konnten sie sich offen zeigen.

»Weiber!« quetschte Böse heraus und lauschte auf das hysterische Gekreische der Frauen.

Dann verharrten beide plötzlich wie versteinert.

»Was ist das?« fragte Böse.

Das Kratzen an der Rückwand des Zeltes wiederholte sich. Niermann glitt zu der Stelle und kratzte ebenfalls.

Ein paar Sekunden war es völlig still. Dann gab es ein kurzes reißendes Geräusch. Ein fingerbreiter Spalt klaffte in der Zeltwand auf und wurde länger und länger. Das Licht des Mondes, der dicht über den Bäumen hing, fiel auf ein Mädchengesicht.

»Kommt!« wisperte sie leise. »Schnell, schnell!«

Niermann zögerte eine halbe Sekunde. Das konnte eine Falle sein. Aber war es nicht auch eine winzige Möglichkeit?

»Los, Karlheinz!«

Sie zwängten sich durch den Spalt und krochen, dicht an den Boden gepreßt, die niedrigen Büsche als Deckung benutzend, hinter dem Mädchen her und erreichten den Waldrand.

»Wer bist du?« fragte Niermann, als sie schwer atmend verschnauften.

»Später, später!« wehrte das Mädchen ab. »Folgt mir!«

Ihr Deutsch war fehlerhaft, aber Niermann kam es vor, als habe er noch niemals vorher eine so liebliche Stimme gehört.

Sie folgten dem Mädchen vorsichtig durch den Wald. Das war gar nicht so einfach, denn es führte fast im Laufschritt. Einmal stürzte Böse schwer, kam aber sofort wieder auf die Beine. Schließlich erreichten sie ein undurchdringliches Dickicht aus Brombeergeranke und mannshohem Ginster.

Hinter dem Mädchen krochen sie in das Gebüsch, bewegten sich kriechend weiter und erreichten ein Erdloch, das oben mit Balken und einer Gras- und Buschinsel abgedeckt war.

Sie schlüpften hinein und hörten plötzlich die Atemzüge eines weiteren Menschen.

»Hast du sie, Natalja?« fragte eine Frauenstimme.

»Ja, Mutter, ich habe sie geholt. Sie haben nichts an außer ihrer Unterwäsche.«

Wortlos reichte ihnen die Frau, die sie noch immer nicht sehen konnten, einige Kleidungsstücke. Als Natalja den Vorhang zurückschlug, damit etwas Mondlicht hereinfallen konnte, hörten sie aus der Richtung des Partisanenlagers Geschrei und wildes Geknalle.

»Jetzt haben sie entdeckt, daß ihr fort seid«, sagte das Mädchen.

Irrte er sich, oder hatte Niermann wirklich einen Unterton von Triumph in ihrer Stimme vernommen?

Jetzt entdeckten sie, nachdem sich ihre Augen an das spärliche Licht gewöhnt hatten, einen niedrigen Tisch. Darauf standen zwei Schalen.

»Eßt, es ist genug da!« sagte die Frau. Auch sie sprach ein leidliches Deutsch.

Da spürten sie wieder den nagenden Hunger. Sie stopften den lauwarmen Hirsebrei in sich hinein und tranken dazu den Tee, der kalt war.

Die Frau hatte inzwischen eine Kerze angezündet. Natalja saß am Eingang und horchte hinaus. Aber immer wieder wanderte ihr Blick zu den beiden Deutschen hinüber.

»Hat Vater damals auch so ausgesehen, Mutter?« fragte sie, als die zwei Männer fertig waren. Die Russin nickte.

»Das wäre geschafft!« sagte Böse nach dem letzten Schluck Tee. »Aber wie kommen wir zu unserem Jeep?«

»Wir müssen dorthin zurück und ihn holen – ganz egal, was passiert«, antwortete Niermann. Er wandte sich an die Frau. »Mein Kamerad und ich möchten Ihnen und Ihrer Tochter danken. Sie haben uns das Leben gerettet.«

»Sie brauchen uns nicht zu danken. Wir haben es nicht Ihretwegen getan, sondern wegen Nataljas Vater.«

Die Frau wandte den Kopf ab, um nicht zu zeigen, daß Tränen in ihren Augen standen.

»Wo ist Ihr Mann?« fragte Niermann weiter.

»Er ist bei der Partisanengruppe. Man hat ihn gezwungen, gegen seine eigenen Landsleute zu kämpfen, weil er sonst erschossen worden wäre.«

»Ihr Mann ist Deutscher?«

»Ja. Er kam zu Ende des Ersten Weltkrieges nach Rußland. Er war überzeugter Kommunist und hat gegen das Zarenregime gekämpft. Ich lernte ihn in Brest kennen, und er kam mit mir nach Lohischyn.«

»Und woher wußten Sie, daß wir gefangengenommen wurden?«

»Meine Tochter sprach heute nachmittag mit ihrem Vater. Er allein kennt dieses Versteck. Unser Haus in Lohischyn ist vom Ortskomsomolzen besetzt worden und ...«

Natalja gab ihrer Mutter vom Eingang her ein Zeichen. Abrupt verstummte jedes Gespräch. Mit der Rechten griff die Frau zu der Kerze und löschte sie. Böse roch den Duft von Wachs. Und dann vernahmen sie die Geräusche, die von den suchenden Russen verursacht wurden, die durch das Gebüsch brachen.

»Ganz still!« wisperte die Russin.

Die Geräusche wurden lauter. Keine fünf Meter neben dem Erdloch ging ein Mann der Suchmannschaft vorbei. Seine Schritte entfernten sich; es wurde wieder still.

»Jetzt sind sie alle draußen, bis auf die wenigen Männer und die Frauen in den Betten«, sagte das Mädchen.

Es klang wie eine Aufforderung, und Waldi Niermann stieß seinen Kameraden in die Seite.

»Könnten wir jetzt zu dem Anwesen zurückkommen und uns den Jeep schnappen?«

»Ich kenne eine Abkürzung und werde euch führen. Aber ihr müßt leise sein.«

Sie verabschiedeten sich von der Frau. Es war nicht mehr als ein Wort und ein Händedruck. Aber es war zugleich auch ein Versprechen, daß sie dies hier nie wieder vergessen würden.

Als sie ins Freie kamen, war Mitternacht schon vorüber. In der Ferne, im Südosten, wurden Leuchtkugeln abgeschossen. Vielleicht hatten die Suchtrupps eine andere Flüchtlingsgruppe entdeckt. Darauf deutete auch das hektische MG-Feuer hin, das von dorther durch die Nacht hackte.

Sie folgten abermals dem Mädchen. Diesmal ging es mitten durch das Unterholz. Auf halbem Wege zu dem Anwesen der Partisanen begegnete ihnen eine Streife.

Sie gingen blitzartig zu Boden und preßten sich eng aneinander. Dicht neben seiner Schulter spürte Karlheinz Böse den heftigen Atem des Mädchens. Er atmete den Duft von Kinderhaut und Seife, und eine bisher nie gekannte Rührung überfiel ihn.

Dieses Mädchen hatte auf ihre Jugend verzichtet. Es lebte wie ein Mann; oder sollte er sagen wie ein Tier? Im Wald, in einem Erdversteck – jedem Zufall preisgegeben.

»Weiter!« zischte das Mädchen und erhob sich, als die Stimmen der Suchenden verhallt waren.

Sie erreichten den zum Gehöft ansteigenden Wiesengrund. Hier blieb das Mädchen stehen.

»Ich warte, bis ich euch abfahren höre«, sagte sie.

Waldi Niermann schloß sie für eine Sekunde in die Arme und küßte sie nach russischer Sitte auf beide Wangen.

Dann umfaßte Böse ihre Schultern. Ihr Mund war weich, warm und bereit zum Küssen. Sie atmete heftiger als vorhin im Wald, als er sie jetzt küßte und sich dann von ihr losriß.

Einzelne Weiden als Deckung benutzend, kamen sie oben an der Hecke an. Als Böse zurückspähte, sah er, wie das Mädchen für eine halbe Sekunde aus der Deckung heraustrat und zu ihnen heraufstarrte. Das Mondlicht fiel genau auf ihr Gesicht. Die Augen blinkten hell aus dem kreidigen Oval. Sie mußten sich beide von diesem Anblick losreißen. Dann krochen sie durch ein Loch und befanden sich hinter der Scheune. Hier an diesem Baum war ihr Kamerad von den zurückkehrenden Partisanen erstochen worden.

Sie krochen weiter, erreichten die vordere Ecke der Scheune und – sahen einen Posten, der genau vor dem Jeep in einem Ohrensessel lag.

»Den müssen wir schnappen«, wisperte Niermann dicht an Böses Ohr. Der nickte zum Zeichen, daß er verstanden hatte.

Eine Minute verging. Böse tastete den Boden nach Steinchen ab. Als er den ersten Brocken in das Gebüsch drei Meter weiter rechts hineinwarf, fuhr der Posten jäh auf. Seine MPi richtete sich auf den Busch.

»Wer da?« fragte er.

Wieder verstrichen zwei Minuten, bis der Posten das Gebüsch wieder aus den Augen ließ. Der zweite Stein flog.

Diesmal schleuderte es den Posten förmlich hoch. Er entsicherte seine Waffe und ging halb gebückt, die MPi im Hüftanschlag, auf den Busch zu.

Waldi Niermann wuchs langsam hinter ihm in die Höhe. Der schwere Stein, den er zuvor aufgeklaubt hatte, schmetterte auf den Schädel des Postens. Scheppernd fiel dem Russen die Waffe aus der Hand. Niermann fing den Bewußtlosen auf und zerrte ihn hinter die Scheune.

»Jetzt haben wir wieder eine Kugelspritze!« stotterte Böse triumphierend, als er die MPi des Postens aufhob.

»Los, zum Jeep!«

Sie erreichten das Fahrzeug, ohne daß es Alarm gegeben hätte. Der Zündschlüssel steckte. Als Böse ihn herumdrehte, leuchtete die Ladekontrollampe auf.

»Tank ist voll!« jubelte er unterdrückt.

Niermann hatte die 72schüssige Waffe übernommen. Die Tasche mit den Reservemagazinen lag neben ihm.

Hoffentlich kommt der Motor, dachte Böse, dann betätigte er den Anlasser. Hörte denn niemand dieses Geräusch, das den beiden Deutschen im Wagen doppelt laut schien?

Da kam der Motor endlich, spuckte zwei-, dreimal und lief dann sofort rund.

»Das Tor!« rief Niermann. Langsam setzte sich der Jeep in Bewegung. Im Obergeschoß des Hauses wurde klirrend ein Fenster zurückgeschlagen.

»Nada suda?« brüllte eine versoffene Stimme in die Nacht.

»Wir sind's, Genosse Kommissar!« rief Niermann auf russisch zurück.

»Macht nicht so einen Krach, da wird ja mein Täubchen wach!« rief der Mann im Hemd und knallte das Fenster trotz seines schlafenden Täubchens zu.

Vor dem Tor mußten sie halten. Niermann sprang hinaus, riß es auf und ließ den Wagen passieren. Im Vorbeifahren schwang er sich auf den Beifahrersitz, und dann fuhren sie los, so schnell es ging. Sie nahmen denselben Weg, den sie zu Fuß gekommen waren.

Böse fuhr zügig und ohne Licht. Es rumpelte zwar ein paarmal recht gefährlich, aber nach einer knappen Stunde Fahrt sahen sie in der Ferne die Höhe neun aus dem Morgendunst auftauchen.

»Noch ein paar Minuten, dann haben wir es geschafft, Kumpel!« rief Niermann.

»Himmelarmundwolkenbruch!« erleichterte sich Böse. »Dieses Mädchen, Waldi, ich glaube fast, es war ein Engel.«

Sie fuhren weiter, ihrem Ziel entgegen. Bald würden sie es erreicht haben, wenn auch genau einen Tag später als verabredet.

XIV.

Schwer lastete die Sonne auf dem Land. Sie sog den in der Nacht gefallenen Tau auf der Höhe neun, keine zwölf Kilometer östlich von Motol, langsam auf.

Oberleutnant Brückner, der neben Schwester Lore gelegen hatte, richtete sich auf.

»Wie weit sind Sie mit dem Kaffee, Doktor?« fragte er die Russin, die am Spirituskocher hantierte.

»Er ist gleich soweit«, erwiderte Irina Perewitsch.

Mit einer anmutigen Bewegung strich sie sich das in die Stirn gefallene blonde Haar zurück. Beinahe körperlich spürte sie den Blick von Feldwebel Berke. Sie sah zu ihm hinüber. Ihrer beider Blicke begegneten sich, verfingen sich ineinander und kamen nicht mehr voneinander los.

So war es auch damals gewesen, als sie sich im Lazarett Shlobin das erstemal gesehen hatten. Wie ein Blitz aus heiterem Himmel, überraschend und gleichzeitig doch schon immer ersehnt, war es über sie beide gekommen. Sich sehen und wissen: Wir sind füreinander bestimmt.

Nun machte Irina die Fahrt nach Westen mit, trug alle Gefahren, arbeitete wie besessen, um das Leben der drei Verwundeten zu erhalten, die ihr noch anvertraut waren. Den blinden Grenadier Leppas zählte sie nicht mehr dazu, er wurde von Schwester Waltraud versorgt.

»Übernimmst du, Lore?« fragte die Ärztin. »Ich sehe mal nach meinen Patienten.«

Die dunkeläugige, quicklebendige Rheinländerin nickte. Sie ging zum Wasserkessel hinüber, spülte die große Aluminiumkanne aus und wartete darauf, daß das Wasser zu kochen begann. Irina Perewitsch ging zum Platz der Verwundeten hinüber.

Heinermann versuchte sich aufzurichten, als die Ärztin kam.

»Fräulein Doktor«, sagte er schwach, »geben Sie mir etwas, damit es zu Ende ist. Ich bin den Kameraden nur eine Last.«

»Sie sind ein Dummkopf, Heinermann! Glauben Sie, wir hätten Sie so lange durchgeschleppt, um Sie jetzt, wo es Ihnen bald wieder gutgeht, liegenzulassen?«

»Fräulein Doktor, wie wäre es mit einem schönen Morgenkuß?« fragte der eine der beiden Verwundeten, die bereits wieder wohlauf waren. Auch darauf wußte Irina eine Antwort.

»Ich sehe, Sie sind wieder kriegsverwendungsfähig. Ich werde Sie dem Oberleutnant zum Wachdienst melden«, versprach sie schmunzelnd.

Der andere, dessen Schulterschuß ebenfalls fast verheilt war, lachte laut auf.

Wo die Ärztin hinkam, verbreitete sie ein Gefühl von Geborgenheit. Sie strahlte Zuversicht und Sicherheit aus. Auch hier zeigte es sich wieder, denn Heinermann sank beruhigt zurück.

»Wann sollen die Kameraden denn hiersein, die mit dem Jeep?« fragte der mit dem Schulterschuß.

»Wenn sie es auf Anhieb geschafft haben, sollten sie eigentlich schon hiersein«, erwiderte die Ärztin.

Wenig später blickte Richard Brückner auf die Uhr. Sie zeigte fünf Minuten nach sieben Uhr an.

»Sie müßten längst hiersein«, sagte er leise.

Kneisel nickte. »Irgendeine Panne könnte sie aufgehalten haben, Richard.«

»Hoffen wir das Beste!«

Eine Stunde später wußten sie alle, daß etwas schiefgelaufen sein mußte. Feldwebel Possler erkletterte eine Fichte und suchte durch das Fernglas, das er ergattert hatte, das Gelände ab. Keine Spur von Böse und Niermann. Dafür aber sah er einen langen Heerwurm aus Infanteriepanzern, dem einige T 34 vorausrollten. Wenn sie ihre Richtung beibehielten, mußten sie direkt auf die Höhe zukommen.

Der Feldwebel rutschte den Stamm hinunter und lief zu Oberleutnant Brückner hinüber.

»Panzer und Infanterie auf Schützenpanzern, Richard.«

Der Oberleutnant sprang auf die Füße. Er blickte sich suchend um.

»Die Verwundeten und die Frauen sofort in das Dickicht dort drüben!«

Sie trugen Heinermann. Die beiden Genesenden folgten, zum Schluß kamen die Frauen. Als letzte trug Maria Magierowna ihren Sohn in die Deckung.

»Die Spuren verwischen! Wir bleiben hier hinter den Büschen am Sumpfloch. Das MG mit Schußrichtung auf den Weg.«

Friedhelm Reutter wollte die Waffe wieder übernehmen, aber der Oberleutnant winkte ab.

»Sie bleiben bei mir, Reutter!« entschied er mit einem Blick auf den Verband, der durch die auf der Schulter aufgeschnittene Feldbluse herausleuchtete. »Berke übernimmt das eine MG. Kneisel und Zeller mit dem anderen MG nach rechts hinüber, wo der Wacholder steht.«

Der wuchtige Westfale ergriff die Waffe.

»Komm, Alberich!« sagte er zu Zeller, der die beiden MG-Kästen trug. Sie verschwanden im Wacholder.

Mit Reutter ging Brückner nach vorn zum Rand der Hochfläche. Durch sein Glas konnte er deutlich die Spitzengruppe des Feindverbandes erkennen.

»Vielleicht sind Niermann und Böse deswegen noch nicht hier, Herr Oberleutnant«, meinte Reutter.

Brückner nickte. Das konnte möglich sein. Wahrscheinlich hatten die beiden die Marschkolonne der Russen gesehen und waren nach Süden ausgewichen. Oder die Russen waren bereits vor ihnen gewesen.

Die Spitzenpanzer rollten jetzt direkt auf den Hügel zu. Die Kommandanten in den Luks waren schon deutlich zu erkennen. Während das Gros am Fuße des Hügels entlang weiterrollte, drehten zwei schnelle Schützenpanzer auf die Höhe ein und rollten im Schrittempo herauf.

»Zurück zu den anderen! Volle Deckung! Keiner rührt sich!«

Reutter hastete zurück, während Richard Brückner weiter beobachtete. Die beiden SPW kamen schnell näher. Dahinter die russischen Schützen, die in den offenen Fahrzeugen saßen. Brückner zog sich zurück, tauchte im Ginster unter und wartete.

Röhrend erreichten die beiden SPW die Hochfläche und blieben oben stehen. Die beiden Kommandanten nahmen durch ihre Gläser einen Rundblick, dann riefen sie einen Befehl. Fast gleichzeitig fuhren die SPW wieder an.

Keine dreißig Meter kamen sie an dem dichten Gebüschring vorüber. Das Dröhnen ihrer Motoren und das Rasseln der Ketten verschluckten jedes andere Geräusch. Endlich waren sie am jenseitigen Abstieg verschwunden. Eine halbe Stunde später war die regimentsstarke Gruppe vorbeigefahren.

Der Morgen war von unvorstellbarer Bläue. Schnell wurde es warm. Die Verwundeten blieben in ihrem Versteck liegen, auch die beiden Schwestern und die russische Ärztin blieben dort.

Das war gut so, denn gegen halb zehn Uhr dröhnten drei dichtgeschlossen fliegende Pulks russischer Bomber über die Höhe hinweg nach Nordwesten. Ihnen folgten mindestens fünfzig Schlachtflugzeuge, die nur knapp dreihundert Meter hoch flogen und jede Regung auf der Höhe bestimmt bemerkt hätten.

Als die Maschinen verschwunden waren, rief Oberleutnant Brückner die Männer im Ginster zusammen.

»Ich fürchte, etwas ist schiefgegangen«, begann er. »Daraus ergibt sich für uns die Frage: Laufen wir nach Einbruch der Dunkelheit weiter, oder warten wir noch die kommende Nacht ab?«

»Ich bin für abwarten. Dabei könnten wir uns alle etwas erholen«, meinte Feldwebel Berke.

»Aber das wären wieder vierundzwanzig Stunden Vorsprung für die Russen«, warf Possler ein.

»Was schlägst du statt dessen vor?«

»Daß zwei Männer hier auf der Höhe zurückbleiben, während die anderen ihren Weg nach Westen fortsetzen. Wir brauchen nur einen Mann zu tragen. Es müßte zu schaffen sein, daß die Hauptgruppe Motol erreicht. Ich schlage vor, im Wald vor der Brücke über die Jassiolda, östlich von Motol, ein Lager aufzuschlagen. Dorthin werde ich mit dem Jeep kommen, sobald Niermann und Böse eingetroffen sind.«

»Wer bleibt noch zurück?« fragte der Oberleutnant.

»Ich!« meldete sich Feldwebel Berke schnell.

»Also gut. Das wäre erledigt. Hoffen wir, daß die beiden doch noch vor unserem Aufbruch eintreffen.«

Irina wartete auf Heinz Berke. Sie sah, wie er den Weg in das Gebüsch nach rechts einschlug. Jetzt löste sie sich aus dem Schatten der Büsche, hinter denen sie gelegen und gelauscht hatte, und lief dorthin, wo der Feldwebel ihren Augen entschwunden war.

Sie fand ihn auf einer schmalen Lichtung dicht am Nordrand der Höhe. Fast lautlos glitt Irina neben ihn. Seine starken Arme umfingen sie, sein Mund preßte sich auf den ihren.

»Warum wieder du?« keuchte sie, als er sie freigab. »Warum immer du, Heinz? Willst du ein Held werden? Was nützt mir ein toter Held? Lieber will ich einen lebendigen Feigling.«

Wieder küßte er sie und erstickte so ihre Vorwürfe.

Dies waren die kurzen Augenblicke, in denen sie Vergessen fanden. Dies war die Zeit ihrer Liebe, die Zeit, die alles andere auslöschte, als wäre es überhaupt nicht vorhanden. Dies hier, das kurze Sterben in Verzückung.

Stunden, gestohlen aus den langen Jahren der Pflicht und der Tränen. Stunden, die diese langen Jahre auslöschten und alle Gefahr vergessen ließen. Stunden, die im vorhinein für Tage und Wochen unsagbarer Qualen entschädigten.

Hoch über ihnen flog ein Raubvogel. Berke folgte seinen majestätischen Kreisen, bis er eingeschlafen war.

Als es ruhig geworden war, als alles schlief, von den Strapazen der vergangenen Nacht ermattet, regte sich Heinermann. Er warf die Decke zurück und kroch zur Seite. Kriechend erreichte er die Trage mit der dicken Bindekordel.

Einer der schlafenden Kameraden regte sich. Heinermann blieb sofort reglos liegen. Dann knüpfte er die Kordel vorsichtig ab und kroch weiter. Jede Bewegung verursachte ihm neue Schmerzen. Er wußte, daß er es nicht schaffen konnte. Und er wußte auch, daß er für seine Kameraden zu einer für sie drohenden, ja todbringenden Last werden konnte. Sein Entschluß war gefaßt.

Es dauerte fast eine halbe Stunde, bis er weit genug weg war und eine verkrüppelte Erle erreicht hatte. Unter Aufbietung aller

Kraft zog er sich in die Höhe. Dabei brach seine Brustwunde erneut auf. Warm lief ihm das Blut am Körper herunter. Mit fahrigen Fingern band er die Kordel an einem Ast fest.

Als er die Schlinge schon in der Hand hielt, überfiel ihn ein Schwindel. In seinen Ohren dröhnte es, die Knie wurden ihm weich. Die ganze Welt schien zu schaukeln. Der Hügel wurde zu einem Schiff, das ihn wegtrug – weit weg in ein Land, in dem es keine Schmerzen und keine Furcht mehr gab.

Er stürzte nach vorn, die Schlinge entglitt seiner Hand. Schwer prallte er mit dem Gesicht auf den Boden.

Noch einmal wurde er wach und wollte um Hilfe rufen. Er spürte, wie das Leben aus der neu aufgebrochenen Wunde rann und wie er schwächer und schwächer wurde.

Dann fühlte er sich auf einmal leicht und froh. Er dachte an seine junge Frau mit den Zwillingen, die in Hamburg unter den Trümmern ihres Hauses lagen und noch nicht geborgen waren.

»Gertrud!« rief er, glaubte er zu rufen. »Gertrud, ich komme!«

Feldwebel Berke fand ihn am Fuß des Baumes. Er entdeckte auch die Kordel, mit der Heinermann seinem Leben ein Ende bereiten wollte. Und daß der Tod dem Kameraden zuvorgekommen war.

Er knotete die Kordel vom Baum ab und warf sie weit weg in ein Gebüsch. Heinermann war tot, er war verblutet; niemand brauchte zu wissen, daß er den Tod gesucht hatte.

Gegen 22 Uhr brachen sie auf. An der Spitze Friedhelm Reutter, dicht gefolgt von Kneisel und Zeller mit dem MG. Dann kamen die beiden Genesenden, gefolgt von der Russin, die ihren Sohn trug. Als letzte gingen die drei Frauen.

Oberleutnant Brückner verabschiedete sich von den beiden Zurückbleibenden.

»Ihr wißt Bescheid. Drei Stunden nach Mitternacht ist Aufbruch. Wir warten auf euch im Wald vor der Jassioldabrücke.«

»Gut, Richard. Und Hals- und Beinbruch!«

Richard Brückner eilte nach vorn, um die Spitze zu übernehmen. Er passierte den Grenadier Leppas, der von Schwester Waltraud geführt wurde. Dann schloß er zu Lore auf. Ihre Hand glitt für eine halbe Sekunde in die seine. Nur widerstrebend ließ sie ihn los.

»Richard!« rief sie leise hinter ihm her, von einer plötzlich sie anspringenden Furcht übermannt. Er verhielt und wartete, bis sie zu ihm aufgeschlossen hatte.

»Ja?« fragte er.

»Ich liebe dich«, hauchte sie, und er nickte ihr zu, ehe er weiterging.

Aber noch hatte er Kneisel und Zeller nicht erreicht, als weiter vorn, dort, wo Reutter ging, eine mächtige Explosion aufflammte.

Für eine Sekunde oder auch zwei sah er, wie Reutters Körper durch die Luft geschleudert wurde, wie er — scheinbar aller Schwerkraft spottend — auf der Spitze einer Feuersäule hing, um dann zurückzufallen.

Die Männer hatten sich zu Boden geworfen. Brückner hastete nach vorn. Als er Reutter erreicht hatte, sah er mit einem Blick, daß dem Kameraden nicht mehr zu helfen war.

Die Mine, auf die Reutter getreten war, hatte ihm beide Beine abgerissen. In pulsierenden Stößen sprudelte das Blut aus den Schlagadern.

Irina Perewitsch war ebenfalls nach vorn gerannt. Sie kniete neben dem Oberleutnant auf der anderen Seite des Sterbenden, dessen stoppelbärtiges Gesicht auf einmal sehr schmal geworden war.

Dieser Junge war in den vergangenen Tagen über sich hinausgewachsen. Er hatte seine Furcht besiegt und wollte, ebenso wie seine Vorbilder, kämpfen und seinen Teil auf dem Weg in die Freiheit leisten. Nur eine Minute später, und er — Oberleutnant Brückner — hätte die Führung übernommen und wäre statt seiner auf diese Mine gelaufen.

Der eine Anruf von Lore, das kurze Stehenbleiben und Verharren, der lange Blick in ihre dunklen Augen hatte verhindert, daß er nun hier lag; zerrissen, verblutet — tot.

Sie begruben Reutter in dem Loch, das die Mine gerissen hatte. Es dauerte eine halbe Stunde, bis sie sich wieder auf den Weg machten.

»So folgt einer dem anderen, Gustav«, sagte Zeller, und zum erstenmal war das spitzbübische Lächeln aus seinem Gesicht verschwunden. »Und keiner weiß, wann er an der Reihe ist.«

»Nein, das weiß keiner, Jupp. Und ich will es auch nicht wissen. Wenn es kommt, ist es immer noch früh genug.«

Oberleutnant Brückner hatte die Führung übernommen. Wenn das Gebiet tiefer minenverseucht war, dann würde er der nächste sein, der hier liegenblieb.

»Laß mich führen, Richard!« drängte Kneisel. »Die Gruppe braucht dich!«

»Unsinn, Gustav!« wehrte Brückner den Kameraden ab. »Das ist mein Geschäft, und das lasse ich mir von dir nicht nehmen.«

Gustav Kneisel trat zurück. Von jetzt an versuchten er und alle anderen, die folgten, dicht in die Fußstapfen des Oberleutnants an der Spitze zu treten.

Der Gefreite Kneisel aus Eilsen bei Paderborn schämte sich. Er schämte sich, daß er dem Oberleutnant und Freund nicht mehr zugesetzt, sondern dessen Ablehnung sofort akzeptiert hatte. Er schämte sich über die unendliche Erleichterung, die ihn bei dieser Ablehnung seines Vorschlages durchströmt hatte.

Sie gingen weiter, mußten einmal nach rechts einschwenken, als aus Richtung Motol die Scheinwerfer zweier Lastwagen aufblendeten und ihnen zeigten, daß die Wagen über die Straße in ihrer Richtung näher kamen.

Sie duckten sich in die Büsche. Die beiden Wagen fuhren vorbei, dicht bei dicht mit Rotarmisten besetzt.

Als sie den Weg fortsetzten, gab Kneisel seine Waffe an den führenden Oberleutnant ab. Das zweite MG, das Feldwebel Berke bisher getragen hatte, war bei Possler und Berke zurückgeblieben. Kneisel näherte sich der Russin, deren Kopf vornüber gesunken war. Sie atmete schwer. Das Haar war schweißnaß.

»Na, Mutter, jetzt bin ich an der Reihe«, meinte Kneisel gutmütig, und sein grobgeschnittenes Gesicht wurde von einem schüchternen Lächeln erhellt.

Die dunklen Augen der Russin glänzten. Ihre Rechte haschte nach der Hand Kneisels, doch der war auf der Hut und zog sie rasch zurück. Noch jetzt spürte er dort die Lippen der Russin, die diese beim vorigen Mal dankbar auf die hilfreiche Hand gedrückt hatte. Er wollte diese Art der unterwürfigen Dankesbezeigung nicht.

»Also, aufgesessen, Igor!« meinte er und spürte, wie sich die Arme des Jungen um seinen Hals legten. Der Junge sagte etwas. Fragend blickte Kneisel die Ärztin an.

»Was meint er?«

»Er sagt, Sie seien fast so gut wie ein Pferd, das sie einmal besessen haben. Es hieß Mischa. Aus Igors Mund ist das soviel wie ein Kompliment.«

Kneisel versuchte ein Wiehern, das kläglich genug ausfiel.

Und zum erstenmal lachte Igor. Es war ein brüchiges Lachen. Ein Lachen aus einer Kehle, die dieses Geräusch lange nicht mehr hervorgebracht hatte. Aber es war ein Lachen, das seiner Mutter die Tränen in die Augen trieb.

Sie gingen weiter, erreichten das Wäldchen, das sie auf der Generalstabskarte ausgesucht hatten, und fanden ein gutes Versteck. Von hier aus hörten sie die Geräusche der über die Jassioldabrücke fahrenden Wagen.

Berke und Possler saßen auf einem Grashügel ein paar Meter unterhalb der Höhe. Der Feldwebel rauchte eine Selbstgedrehte. Possler suchte mit seinem Fernglas das Gelände ab, auf dem das Mondlicht allen Büschen einen geheimnisvollen grünsilbernen Schimmer verlieh. Nachtvögel flatterten durch den Sumpf. Eulen schrien, und ab und zu erklang das erschreckte Fiepen einer gejagten Maus.

Ein Blick auf die Uhr zeigte, daß es bereits drei Stunden nach Mitternacht war.

»Wir müßten jetzt aufbrechen, Günther«, bemerkte Berke.

Possler nickte. »Aber wir legen noch eine Stunde zu. Dann schaffen wir es immer noch bis zum Hellwerden.«

»In Ordnung!« sagte Berke lakonisch.

Weiter vertickten die Sekunden. Zehn Minuten später brach Berke abermals das Schweigen.

»Du, Günther, glaubst du, daß ich Irina später heiraten kann?« fragte der Feldwebel.

»Will *sie* dich denn heiraten? Seid ihr euch einig?«

Berke nickte. »Sie will, und ich will. Nur die Zeit, in die wir hineingeboren wurden, will nicht. Sie hat nichts übrig für glückliche Menschen. Sie will Krieg, Tote und Feindschaft zwischen den Völkern.«

»Ich glaube, da besteht überhaupt keine Schwierigkeit. Ihr müßt es nur geschickt genug anfangen. Deine Irina muß sich als Deutsch-Ukrainerin ausgeben, verstehst du? Sie muß einen deutschen Namen annehmen. Schmidt oder Müller oder Knust. Ich habe solche Namen in der Ukraine oft gehört.«

Berke dachte nach. Er nahm den letzten Zug aus seiner Zigarette und verscharrte dann die Kippe mit dem Stiefelabsatz im weichen Boden.

»Ich glaube, das wäre *die* Lösung. Normalerweise kann doch kein Angehöriger der deutschen Wehrmacht eine Russin heiraten. Russen sind Untermenschen, hat uns der NSFO* in den Instruktionsstunden eingebläut. Aber sieh dir nur die Russin an, wie sie ihren Sohn schleppt. Wer eine solche Frau zur Mutter hat, sollte Gott danken. Das können doch keine Untermenschen sein.«

Verlegen verstummte Berke. Aber Possler hatte ihn bereits verstanden.

»Sie sind vielleicht manchmal etwas grausamer als wir. Aber wir sind ja auch keine Engel. Weißt du, damals, als wir nach Rußland marschierten, da glaubte ich, daß dies unser gutes Recht sei. Ich bin eben Berufssoldat. Aber jetzt, nachdem ich das alles hier erlebt habe, diese verfluchten Jahre im Osten, jetzt bin ich — verdammt noch mal! — nicht mehr sicher, daß es richtig war. Nicht weil sie uns jetzt am Arsch haben, sondern weil ich zuviel gesehen habe, was nicht recht sein kann.«

Heinz Berke nickte. Er wußte nicht so recht, was er darauf sagen sollte. Er spürte nur, daß Possler zu einer Überzeugung gekommen

---

* Nationalsozialistischer Führungsoffizier

war, die auch er schon lange unbewußt mit sich herumgetragen hatte.

Wieder hob Possler das lichtstarke Nachtglas. Es war noch das Fernglas des Kompaniechefs der Neunten, der nun ein paar hundert Kilometer weiter im Osten in russischer Erde lag.

Er stieß einen unterdrückten Laut aus.

»Siehst du was?«

»Und ob! Das ist der Jeep. Zwei Männer sitzen drin, und ich will nicht mehr Possler heißen, wenn das nicht Niermann und Böse sind.«

Sie warteten noch etwas, bis sie ganz sicher sein konnten, dann liefen sie hügelabwärts, erreichten den Fuß der Höhe und rannten dem querfeldein heranhüpfenden Jeep entgegen, bis Böse sie bemerkte.

Der Wagen hielt vor ihnen.

»Unteroffizier Niermann und Stabsgefreiter Böse vom Einkaufen zurück, Herr Feldwebel.«

»Verdammt, wo habt ihr denn so lange gesteckt?« herrschte Possler die beiden an. Es war die Erleichterung, daß sie es doch noch geschafft hatten.

»Das erzählt Waldi euch unterwegs. Kommt 'rein, damit wir losbrausen können!«

Sie wuchteten das MG auf den Rücksitz, schwangen sich hinterher, und Niermann berichtete von ihrer Odyssee. Sie fuhren immer noch querfeldein, denn auf der Straße rollten Panzer und Mannschaftswagen der Russen. Ab und zu röhrten ein paar Panzer durch das Gelände, dann blieben sie im Schatten der Büsche so lange stehen, bis die Kolosse vorbei waren.

Nach einer knappen Stunde – es war inzwischen fast hell geworden – erreichten sie das Wäldchen vor der Jassioldabrücke. Oberleutnant Brückner hätte sie beinahe umarmt.

»Ich kann gar nicht sagen, welcher Stein mir vom Herzen fällt«, sagte er statt dessen.

»Es ist schon zu hell. Wir sollten über Tag hierbleiben«, meinte Possler nach einem prüfenden Blick auf den Osthimmel.

»Ja, das müssen wir wohl. Aber unsere Verpflegung, die bis hierher gereicht hat, ist aufgebraucht. Wir müssen sehen, daß wir etwas zu beißen bekommen.«

»Und einen neuen fahrbaren Untersatz auch«, ergänzte Böse. »Denn mit dieser Karre allein kommen wir nicht alle auf einmal weiter.«

»Aber mit der Karre werden wir in der kommenden Nacht nach Motol fahren und uns ein größeres Fahrzeug besorgen«, schloß der Oberleutnant optimistisch.

XV.

Sie hatten den Jeep etwa einen Kilometer vor Motol in einer dichtbewachsenen Balka zurückgelassen und pirschten sich jetzt vorsichtig an die Ortschaft heran.

Waldi Niermann war als Wache bei dem Fahrzeug zurückgeblieben. Oberleutnant Brückner, Irina Perewitsch und Gefreiter Kneisel schlichen dem Gehöft entgegen, das sich wie ein Scherenschnitt vom hellen Nachthimmel abhob.

Es war die Nacht zum 8. Juli 1944, und sie wollten versuchen, einen größeren Wagen für sich und die Verwundeten zu organisieren. Außerdem brauchten sie Verpflegung und Wasser.

Als sie das Gehöft erreicht hatten, das völlig dunkel dalag, klangen aus dem Dorf Geräusche zu ihnen herüber.

»Ich versuche es«, wisperte Irina.

Der Oberleutnant nickte und versicherte der Ärztin: »Wir holen Sie auf alle Fälle heraus, wenn etwas schiefgeht.«

Kneisel und Brückner versteckten sich hinter dem Brunnen. Sie sahen der Ärztin nach, die zielsicher zur Tür ging.

Irina klopfte ein paarmal, aber niemand meldete sich. Als sie es schon aufgeben wollte, wurde plötzlich ein Fenster aufgestoßen. Ein Jungenschopf beugte sich heraus, und eine schlaftrunkene, kindlich hohe Stimme fragte:

»Wer ist da?«

»Freunde! Wir wollen deinen Vater sprechen!« rief die Russin zu dem Jungen empor.

»Das könnt ihr nicht!« In der Stimme des Jungen schwang Stolz. »Vater ist im Krieg, und Großvater ist mit Popolitsch und Grulenko zur Besprechung im Dorf.«

»Dann wollen wir auch dorthin fahren. Gute Nacht, Söhnchen!«

Irina kam zu ihnen zurück. Der Junge blickte ihr nach, bis er sie nicht mehr sehen konnte, dann schlug er das Fenster zu.

»Das ist d i e Gelegenheit, Oberleutnant!« sagte die Ärztin und deutete auf die Stallungen.

»Ja, wir müssen es hier versuchen. Im Dorf ist es bestimmt schwieriger.«

Während Kneisel ihnen mit dem MG Deckung gab, drangen sie lautlos in den Pferdestall ein. Es roch durchdringend nach Ammoniak und dem warmen Atem der Pferde, die schnaubend und stampfend von dem Eindringen Fremder Kenntnis nahmen.

»Ruhig, meine Tierchen!« murmelte die Ärztin. Sie wählte drei Pferde aus. Richard Brückner spürte den warmen Atem der Tiere auf seinem Gesicht, als er zwei beim Kopf nahm und nach draußen führte.

»Ich bereite den Wagen vor.«

Die Ärztin verschwand in der halboffenen Remise. Als sie winkte, führte Brückner die Pferde dorthin.

»Das übernehme ich«, sagte Kneisel. Er stellte die Waffe griffbereit neben sich und begann die Pferde anzuschirren. »Sieh du nach der Verpflegung, Richard.«

Brückner ging in die Scheune zurück. Er fand nicht viel. Einen Sack Mehl und ein paar frische Rüben.

»Wir müssen noch einmal ins Haus, in die Vorratskammer«, sagte er zu der Ärztin, als sie sich schließlich am Wagen trafen.

»Das werde ich machen. Passen Sie inzwischen hier auf.«

Eine Viertelstunde verging mit quälendem Warten, bis Irina Perewitsch endlich hochbepackt wieder ins Freie kam.

Der Oberleutnant lief ihr entgegen und nahm ihr die Last ab.

»Ich habe sogar etwas Salz gefunden«, flüsterte die Russin aufgeräumt.

»Los, ab dafür!«

Sie führten die beiden angeschirrten Pferde, während das dritte Tier als Reserve hinter dem Wagen hertrottete.

Als sie den Jeep in der Balka erreichten, atmete Niermann hörbar auf.

»Hafermotor, prima!« sagte er. »Dafür brauchen wir wenigstens kein Benzin.«

Eine halbe Stunde später trafen sie in dem Versteck ein, das bereits westlich der Jassiolda lag, die sie vor zwei Stunden gemeinsam überschritten hatten. Sie wurden freudig begrüßt.

»Alle Verwundeten und die Frauen auf den Panjewagen. Kneisel und Zeller als MG-Bedeckung dazu. Berke und Possler ebenfalls.«

»Und der Jeep, Richard?« fragte Possler.

»Böse fährt mit mir voraus. Wir machen jeweils fünf Kilometer Weg und sichern, bis ihr nachgekommen seid.«

»Der neue Kurs?«

»Marschkompaßzahl ist 265 Grad. Damit zielen wir genau zwischen Chomsk und Drohitschyn hindurch, Richtung Brest.«

»Also los!«

Die beiden Männer im Flitzer warteten, bis die Verwundeten und der beinamputierte Russenjunge auf den Wagen gehoben waren. Als alles bereit war und Possler ihnen vom Bock des Panjewagens herunter ein Zeichen gab, fuhren sie los. Sie kamen zügig vorwärts, und nach einer halben Stunde hielten sie an, um den Wagen nachkommen zu lassen.

Es waren jedoch noch keine fünf Minuten Wartezeit vergangen, als von Westen her Panzergeräusche herübergrollten. Wenig später tauchten die ersten T 34 auf. Die Panzer rollten im Schritt und schalteten ab und zu ihre Scheinwerfer ein, so daß Richard Brückner feststellen konnte, daß sie genau auf Motol zuhielten.

Rasch wurde das Dröhnen der Motoren und das Rasseln der Ketten stärker. Lastwagen folgten, dann Schützenpanzer.

»Da kommen wir nicht durch. Das sieht ganz so aus, als hätte der Kommissar in Lohischyn die Russen alarmiert. Wir müssen nach Norden ausweichen, Herr Oberleutnant.«

»Im Süden ist also auch eine Schweinerei im Gange. Los, zurück zum Wagen!«

Karlheinz Böse drehte, und in schneller Fahrt rollte der Jeep den Weg zurück, bis sie den stehengebliebenen Panjewagen erreichten.

»Ich dachte schon, ihr wärt Russen«, meinte Possler, als er sie erkannte.

»Sie kommen hinter uns her.«

»Dann müssen wir uns verstecken.«

»Das geht nicht so schnell. Wir müssen abdrehen.«

Sie wandten sich nach Norden, fuhren rasch weiter und erreichten gegen zwei Uhr die Straße Motol—Chomsk—Kobrinj.

Auf dieser Straße fuhren ebenfalls russische Kolonnen nach Westen. Panzer hielten die Spitze; sie fuhren alle mit eingeschaltetem Licht.

Hinter sich vernahmen sie bereits die Panzergeräusche der von Süden näher kommenden Kolonne.

»Wir sitzen in der Falle, Herr Oberleutnant!«

Richard Brückner überlegte, dann wandte er sich Berke zu.

»Feldwebel Berke und ich werden die Russen ein paar hundert Meter weiter östlich aufhalten. Sobald das geschehen ist, geht ihr im Schweinsgalopp über die Straße und fahrt wieder genau nach Norden.«

»Das geht nicht, Herr Oberleutnant. Dann werden sie hinter euch her sein und ...«

»Da — eine Lücke!« rief Niermann unterdrückt.

Der Strom der Fahrzeuge war für kurze Zeit versiegt.

»Das klappt wie bestellt — jetzt hinüber!«

Sie rollten schnell über die Straße und tauchten auf der anderen Seite in einem kusselbestandenen Grund unter. So schnell sie konnten, fuhren sie einen Kilometer weit und stellten beruhigt fest, daß ihnen niemand folgte.

Eine Viertelstunde später waren sie wieder einmal in einem Sumpf.

»Wir fahren weiter nach Nordosten, bis wir auf die Jassiolda treffen, der wir dann nach Westen folgen«, entschied Brückner.

Dreimal wurden sie in dieser Nacht von fast unüberwindlichen Sumpfstücken aufgehalten. Einmal blieb ihr Flitzer im Modder stecken und mußte von den beiden Pferden herausgezogen werden. Als es hell wurde, hatten sie nicht mehr als fünfzehn Kilometer zurückgelegt.

Sie fanden eine Buschinsel, die dicht genug war, im Notfall als Versteck zu dienen. Als die Sonne aufging, sanken sie erschöpft zu Boden. Alle drei Pferde waren versorgt, das hatten Kneisel und Zeller übernommen.

Der 9. Juli war heraufgezogen.

Das letzte, was Richard Brückner noch denken konnte, ehe er in einen bleiernen Schlaf fiel, war die Frage: Wo standen die Russen? Hatten sie Baranowitschi schon erreicht?

Der Kampf der Angreifer wie auch der Verteidiger konzentrierte sich mehr und mehr auf den wichtigen Knotenpunkt Baranowitschi. Sowohl Marschall Schukow als auch Feldmarschall Model wußten, welche entscheidende Bedeutung dieser Knotenpunkt für beide Seiten hatte.

»Geben Sie keine Ruhe, Batow!« hatte Schukow dem Oberbefehlshaber der 65. Sowjetarmee zugerufen, als sich dieser am 5. Juli von ihm verabschiedet hatte. »Sie haben es bei Bobruisk geschafft, Sie müssen jetzt auch Baranowitschi nehmen!«

General Batow hatte versprochen, sein möglichstes zu tun. Er fuhr zu seinen gepanzerten Spitzenverbänden und gab das Ziel bekannt:

»Marschrichtung Baranowitschi! Und wer von den Divisionskommandeuren es zuerst schafft, dem werde ich ein Korps geben.«

Das spornte an, und Generalmajor Frolenko trieb seine schnelle Division in Richtung Baranowitschi. Er wollte der erste sein; und es sah ganz so aus, als würde er es auch schaffen.

Am 7. Juli erreichte Generalmajor Frolenko an der Spitze seiner Division zuerst den Ostrand von Baranowitschi. General Batow, der dicht zu dieser Division aufgeschlossen hatte, ließ in Wielka halten. Diese Ortschaft, ein paar Kilometer östlich von Baranowitschi, kam ihm gerade gelegen. Seit zehn Tagen und Nächten war er nicht mehr aus den Kleidern herausgekommen, hatte er keine Möglichkeit mehr gehabt, sich zu rasieren und zu baden. Hier wollte er es tun.

Doch er hatte die Rechnung ohne seinen Chef, Marschall Schukow, gemacht, der wie aus heiterem Himmel in den provisorischen Armeegefechtsstand gestürmt kam. Er riß die Tür zu einem Hinterzimmer auf.

»Was sehe ich, Batow?« brüllte er wütend. »Sie waschen, rasieren und parfümieren sich gar? Und Baranowitschi ist noch immer nicht befreit? – Warum nicht? Warum lassen Sie halten? Ich verlange eine klare Antwort!«

»Herr Marschall, darf ich die Situation erläutern?« Kriegsrat Radeckij, der von der STAWKA der 65. Armee zugeteilt worden war, sprang in die Bresche.

Eine Karte wurde gebracht, und Kriegsrat Radeckij versuchte, dem Marschall ganz nüchtern die Leistungen der Armee aufzuzeigen und zwischen ihm und dem gescholtenen Armeeoberbefehlshaber zu vermitteln. Aber damit kam er bei Marschall Schukow nicht an. Der Koordinator der 1. und 2. Weißrussischen Front wandte sich dem General zu, der sich eilig angekleidet hatte.

»Sie fahren mit allem, was Sie hier haben, sofort nach Baranowitschi. Und Sie kommen nicht eher zurück, bis Sie mir melden können, daß die Stadt durch unsere siegreiche Rote Armee befreit ist. Wenn Baranowitschi nicht fällt, dann ...«

Der Marschall beendete seinen Satz nicht. Aber die Zurückbleibenden, die durch das Fenster hinter seinem Wagen herstarrten, wußten, was er meinte.

»Also los, wir greifen Baranowitschi frontal an!« befahl Batow.

Die Rote Armee stürmte. Aber noch hielten die Deutschen. So mußten neben der 65. Armee Batows noch Divisionen der 28. und 48. Sowjetarmee in den Kampf um Baranowitschi eingreifen.

Die Schlacht dauerte bereits acht Stunden, und es schien zweifelhaft, ob es überhaupt gelingen würde, die Deutschen zu werfen, als General Batow die Unterstützung der 16. Luftarmee erhielt.

»Ich werde mit fünfhundert Bombern eingreifen!« versprach Generaloberst S. I. Rudenko, der Oberbefehlshaber dieser Armada.

Rudenkos Bomber bildeten schließlich das Zünglein an der Waage. Sie flogen in vier aufeinanderfolgenden Wellen an und bombten alles zusammen, was sich da regte. Es hagelte Bomben aller Kaliber, von denen die deutschen Artilleriestellungen umgewühlt wurden.

Dann erfolgte der Befehl zum Sturmangriff. Mit der 7. Division Frolenkos an der Spitze, drang die 65. Armee in Baranowitschi ein. Der Kampf wurde mit letzter Erbitterung geführt, bis die Würfel zugunsten der Sowjets gefallen waren.

Die dezimierten deutschen Kräfte wichen. Die Russen drangen weiter vor, säuberten Straßenzüge und hißten die rote Fahne auf allen wichtigen Gebäuden. Baranowitschi war gefallen.

Genau zwanzig Stunden nach dem denkwürdigen Treffen zwischen Schukow und Batow meldete der Heeresbericht über den Moskauer Rundfunk:

»Unsere Truppen unter General Batow haben soeben Baranowitschi genommen.

Der Angriff geht weiter, bis der letzte Hitlerist aus dem Lande verschwunden ist!«

Von diesem Zeitpunkt an waren die sowjetischen Divisionen nicht mehr zu halten.

In dem großen Kessel zwischen Minsk und Baranowitschi kämpften die letzten deutschen Verbände völlig eingeschlossen. An glutheißen Tagen und in den weißen, mückendurchschwirrten Nächten versuchten sie, dem endgültigen Verhängnis zu entkommen. In dem am weitesten nach Osten vorgeschobenen Kessel, im Dreieck Minsk – Tscherwen – Borissow, waren die Reste von fünf Armeekorps der 4. und 9. Armee eingeschlossen.

Noch versuchten einige Gruppen, nach Westen durchzustoßen, denn irgendwo im Westen mußte es doch eine feste Front, eine neue Auffanglinie geben.

Mit den letzten paar hundert Männern seiner Division versuchte auch Generalmajor von Steinkeller den entscheidenden Ausbruch in

Richtung Südwesten. Andere Einheiten, so die Reste der 78. Sturmdivision, der 14. und 57. Infanteriedivision und der 18. Panzergrenadierdivision, marschierten genau nach Westen.

Das 1. Gardepanzerkorps der Sowjets vereitelte den Ausbruch der 57. ID, die von Generalmajor Trowitz geführt wurde. Mit dem Deutschlandlied auf den Lippen stürmten die Grenadiere gegen den unbezwingbaren Riegel der Roten Armee. Mit Hurra stürmten auch die Grenadiere von Generalmajor Steinkellers Division »Feldherrnhalle«.

Generalmajor Trowitz geriet in Gefangenschaft, und in den frühen Morgenstunden des 9. Juli wurde auch Generalmajor von Steinkeller mit den letzten Resten seiner Division bei einem mißglückten Ausbruchsversuch südlich von Minsk gefangengenommen. Auch er wurde nach Moskau geschafft wie so viele Generale der Heeresgruppe Mitte vor und nach ihm.

Eine der wenigen Kampfgruppen, die sich mit letztem Einsatz den Weg nach Westen freikämpfte, waren die Sturmgeschütze von Oberleutnant Nävie, die den Beresinaübergang bei Borissow so lange wie möglich offengehalten hatten. Am 6. Juli noch hatte Oberleutnant Nävie bei einem russischen Angriff fünf schwere Panzer und drei Pak abgeschossen, als auch sein Geschütz einen schweren Treffer erhielt. Der Oberleutnant wurde am Kopf verwundet. Mit Oberwachtmeister Windmeier und dem Ladekanonier stieg er aus. Wenige Sekunden später erhielt das Geschütz einen weiteren Treffer. Der Fahrer fiel.

Am nächsten Tag durchbrach diese Kampfgruppe mit den letzten Sturmgeschützen die russische Riegelstellung. Bei einem nächtlichen Partisanenüberfall wurde die Kampfgruppe auseinandergerissen. Die Überlebenden gingen in Einzelgruppen weiter zurück.

Während die sowjetischen schnellen Verbände, von ihren Fliegerkräften unterstützt, jeden Tag mindestens weitere zwanzig Kilometer nach Westen vorstießen, waren die Schützendivisionen, verstärkt durch Werferbataillone und Panzer, dabei, die einzelnen Kessel auszuräumen. Bis zum 11. Juli 1944 waren in den drei großen Kesseln um Minsk das XII. und XXVII. Armeekorps und das

XXXIX. Panzerkorps der 4. Armee vernichtet oder gefangengenommen worden. Teile des XXXV. Armeekorps und des XXXI. Panzerkorps der 9. Armee teilten dieses Schicksal. Gegen diese Truppenreste setzte die russische Führung die 33. Armee der Belorussischen Front und Teilkräfte der 50. und 49. Armee der 2. Belorussischen Front ein.

Südlich der Fernverkehrsstraße Moskau–Minsk war es die 33. Armee, die den deutschen Kampfgruppen den Weg nach Westen abschnitt und sie auf Wolma abdrängte. Die Armeen der 2. Belorussischen Front setzten jedoch mit ihren Hauptkräften den Angriff nach Westen fort und versperrten damit den deutschen Verbänden auch die Rückzugswege nach Südwesten und Süden.

Am 9. Juli befahl der Oberbefehlshaber der 2. Belorussischen Front, Generaloberst Sacharow, der 49. Armee, die Reste der eingeschlossenen Divisionen endgültig zu vernichten.

Das 38. Schützenkorps und mehrere selbständige Divisionen sowie Truppen des Volkskommissariats des Innern durchkämmten gemeinsam mit den Partisanenverbänden die Wälder östlich des Ptitsch, stöberten die einzelnen kleinen deutschen Gruppen auf und vernichteten sie.

Eine Woche später kam der große Paukenschlag in Moskau.

Man schrieb den 17. Juli 1944, als am Morgen 56 000 deutsche Gefangene durch die Straßen von Moskau zogen. Es waren die Grenadiere, die Generale und Landser, die in Weißrußland in Gefangenschaft geraten waren. Es waren dieselben deutschen Soldaten, die seit Jahren im Westen und Osten als Sieger in die Städte einmarschiert waren.

Sie waren schon einmal kurz davor – im Winter 1941 – die russische Metropole zu erreichen. Damals wären sie als Sieger gekommen. Jetzt waren sie Besiegte. An ihrer Spitze gingen mehr als zwanzig gefangengenommene deutsche Generale. Es dauerte drei Stunden, bis der unendliche Zug an den Moskauern vorbeigezogen war.

In dem sowjetischen Werk über die Geschichte des großen vaterländischen Krieges wird dieses Schauspiel mit folgenden Worten geschildert:

»Etwa drei Stunden lang schritten die gefangenen Deutschen in Zwanzigerreihen an den schweigenden, zornigen Moskauern vorbei, die auf den Gehsteigen in dichten Reihen standen.

Der Held der Sowjetunion, Oberleutnant Wlassenko, der wie viele andere den Zug betrachtete, drückte die Gefühle und Gedanken von Millionen Sowjetbürgern treffend aus. Er hob seinen Sohn Shenja hoch und sagte:

›Sieh, Söhnchen, sieh und vergiß nicht. Nur so können die Feinde in unsere Hauptstadt gelangen!‹ «*

Doch auch andere Regungen gab es, die uns überliefert sind.

Angesichts der zerlumpten, verdreckten und verwundeten Landser, angesichts des Elends und Grauens dieses Zuges – von den Russen dem Nürnberger Gefangenenzug nachgeahmt – waren viele Menschen betroffen, ja entsetzt. Eine alte Frau mit weißen Haaren brach in Tränen aus. Sie sprach aus, was so viele Menschen in den Straßen der russischen Hauptstadt ebenfalls bewegte:

»Genau wie unsere armen Jungens. – Auch sie hat man in den Krieg getrieben.«

Es waren die Mütter, die auf der ganzen Welt gleich empfanden. Sie kannten keinen Haß. Die deutschen Mütter wie die französischen, die englischen und russischen Mütter. Die Mütter dieser Erde, deren Söhne in den Krieg mußten und im Norden und Süden, im Westen und Osten irgendwo hinfielen und nicht mehr aufstanden: Dünger für die Erde der ganzen Welt.

Achtundzwanzig deutsche Divisionen waren zerschlagen worden. Annähernd 400 000 deutsche Soldaten waren von den Lagekarten und – aus dem Leben verschwunden.

Nach russischen Angaben sollten 200 000 von ihnen gefallen sein. 85 000 gerieten in Gefangenschaft, der Rest blieb – bis auf wenige kleine Gruppen, denen die endgültige Flucht gelang – in den Wäldern und Sümpfen verschollen.

Von den in der Heeresgruppe Mitte befehlsführenden 47 deutschen Generalen waren 31 tot oder gefangengenommen. Zehn weitere blieben vermißt.

---

* Siehe Telpuchowski, Boris S., a. a. O.

Die Katastrophe war schon jetzt vollkommen. Stalingrad, bisher schwerste und opfervollste Niederlage in der Geschichte des Zweiten Weltkrieges, wurde übertroffen. Der Zusammenbruch der Heeresgruppe Mitte hatte ihr den entsetzlichen blutigen Rang abgelaufen. Aber noch immer gaben die letzten nicht auf. Es waren die Gruppe unter Oberst Jüttner, die kleine Gruppe um Oberleutnant Vielwerth, die Gruppe von Unteroffizier Johannes Dierks und die von Oberleutnant Brückner. Und noch andere, von denen wir nichts wissen. Sie flohen weiter. Tag für Tag in ihren Verstecken ausharrend, in den Nächten gejagt und geschlagen, verwundet, getötet und mit dem überlebenden Rest immer wieder entkommend.

Sowjetische Jagdkommandos, Tieffliegerangriffe, Partisanenüberfälle galt es zu überstehen. Zehntausend Fliehende wurden so ausgelöscht. Nichts kündete mehr von ihnen, von ihrem Leiden, ihrem Kämpfen und Sterben.

Kein Wehrmachtsbericht meldete die selbstverständlichen Taten opfermutiger Männer. Keine Orden zierten die Brust derjenigen, die immer wieder in die Bresche sprangen und ihre Kameraden retteten. Sie flohen weiter. Sie wußten, was mit ihnen geschehen würde, wenn die Suchkommandos sie fanden. Sie hatten das ihnen drohende Schicksal mit eigenen Augen gesehen: an den Leichen ihrer unglücklichen Kameraden, die aufgespürt und wie Hunde erschlagen worden waren.

Seit fünf Tagen zog die Gruppe von Oberleutnant Brückner mit dem Panjewagen durch den Sumpf. Vor zwei Tagen hatten sie den Jeep stehenlassen müssen, weil der Sprit zu Ende war. Auch die Verpflegung war wieder zur Neige gegangen.

Der Sumpf machte sie verrückt. Die Nächte mit ihrer Mückenplage und die Tage mit den Fliegern, die in geringer Höhe über sie hinwegflitzten und sie in volle Deckung zwangen. Am Abend des 15. Juli erreichten sie Bjerjosa Karluska, an der Rollbahn Bobruisk—Brest gelegen.

Oberleutnant Brückner, der mit Kneisel und Zeller zweihundert Meter vor dem Panjewagen ging, sah die Schlange der Fahrzeuge, die über die Straße nach Westen rollten, und erschrak.

»Russen, Herr Oberleutnant!« sagte Zeller, und durch seine Stimme klang ein Schluchzen mit.

Richard Brückner biß knirschend die Zähne zusammen. Er hatte immer gehofft, daß sie es noch vor den Sowjets schaffen würden.

Wenig später, nachdem sie gedreht hatten und parallel zur Rollbahn nach Westsüdwesten fuhren, stießen sie auf eine Gruppe von acht deutschen Landsern, die ihnen berichteten, daß Wilna am Vortag gefallen war.

Sie hörten auch, daß Pinsk im Süden ebenfalls am 14. Juli gefallen war und daß sowjetische schnelle Verbände bereits auf Brest-Litowsk vorstießen.

Die acht Landser trennten sich eine Stunde später wieder von der Gruppe Brückner, weil sie ihnen zu langsam war.

Mit Einfall der Morgendämmerung befahl Richard Brückner, in einem dichten Buschwald in Deckung zu gehen.

Hier versammelte er die Männer um sich.

»Los, Niermann, horche mal an dem russischen Empfänger. Vielleicht kriegst du die Frühnachrichten aus Moskau noch mit.«

Waldi Niermann drehte an der Abstimmung. Es zirpte und dröhnte im Äther, dann kam die Stimme des Nachrichtensprechers.

Niermann übersetzte sofort:

»Das Oberkommando der Roten Armee gibt bekannt:

Am 13. Juli sind auch die Truppen der 1. Ukrainischen Front unter Ausnutzung unserer Angriffserfolge in Belorußland zur Offensive angetreten. Die Stoßgruppierungen dieser Front greifen in Richtung Rawa-Russkaja an. Vorausabteilungen stürmen auf den westlichen Bug vor. Mit dieser Operation werden die Angriffsoperationen auf dem linken Flügel der 1. Belorussischen Front gut unterstützt.«

Als die Meldung beendet war, blickte Richard Brückner lange Zeit überlegend auf die Karte.

»Brest ist noch feindfrei. Und Brest wird bestimmt gehalten werden, denn von dort aus könnten die Russen direkt auf Warschau durchstoßen. Wir müssen also – koste es, was es wolle – nach Brest durchkommen, auch wenn sich schon russische Verbände vor uns geschoben haben sollten.«

»Dann wäre es besser, wenn wir die Rollbahn überquerten, denn sie macht bis Kobryn einen Knick nach Süden und schwenkt von dort wieder auf Brest ein. Diesen Bogen könnten wir abschneiden.«

Brückner sah auf der Karte nach.

»Wir müßten genau auf Tewle zuhalten, hier, nördlich von Kobryn. Wenn wir es schaffen, in der nächsten Nacht über die Straße zu kommen und wenn wir dann noch den letzten Teil schnell zurücklegen, könnten wir in ein paar Tagen bei Brest in Sicherheit sein.«

XVI.

Mit Einfall der Abenddämmerung des 16. Juli brachen sie auf. Diesmal führten Feldwebel Berke und Feldwebel Possler. Den Schluß hinter dem Panjewagen machten Kneisel und Zeller. Sie sicherten gleichzeitig nach rückwärts. Oberleutnant Brückner pendelte von vorn zum Wagen und dann wieder nach hinten.

Die erste Stunde fuhren sie noch parallel zur Straße.

»Hoffentlich kommen wir da hinüber, Gustav«, meinte Zeller und deutete auf die Straße, von der aus ein nicht enden wollender Motorenlärm gegen das Trommelfell paukte.

»Der Alte wird es schon schaffen, Jupp. Ich habe so einen Animus, daß wir bald aus dem Schneider sind.«

»Dein Wort in Gottes Ohr, Kumpel!« erwiderte Zeller.

Sie sahen, wie der Panjewagen nach Norden einschwenkte, und gingen hinterher. Als der Wagen schließlich stehenblieb, schlossen sie nach vorn auf.

»Was ist los?« fragte Kneisel.

»Wir stehen dicht an der Straße und ...«

»Da, der Alte!«

Vorn tauchte Brückner auf und winkte. Der Lärm der russischen Fahrzeuge war verstummt.

»Hü!« rief Irina Perewitsch auf dem Bock.

»Schneller, schneller!«

Sie holperten über die zerfahrene Straße. Die Räder krachten, als sie durch den Graben schaukelten. Dann brachen sie durch die Büsche und fuhren, so rasch sie konnten, in Richtung Nordwesten.

»Haaalt!« befahl Brückner in einer Mulde.

Sie hielten an, und Kneisel, der oben am Rand stehengeblieben war, stellte fest, daß die russischen Fahrzeuge unbeirrt weiterfuhren.

»Alles in Ordnung, Herr Oberleutnant!« meldete er, als Brückner dazukam.

»Dann weiter! Wir müssen jetzt vor Bludenj einschwenken.«

Auf der Weiterfahrt erreichten sie einen ausgefahrenen Feldweg, der direkt auf Bludenj zuführte.

»Ein Stück können wir ihn unbesorgt nehmen«, meinte Possler. Brückner nickte. Der Wagen ächzte jedesmal, wenn er durch ein Schlagloch fuhr.

Als die ersten Häuser von Bludenj auftauchten, verließen sie den Weg und fuhren mitten in einem Maisfeld weiter, durch das eine breite Schneise führte.

Am Ende dieses Feldes peitschte ihnen plötzlich das hektische Stottern mehrerer Schnellfeuergewehre und MPi entgegen. Feldwebel Possler sah die roten Mündungsfeuer. Er wollte sich noch in Deckung werfen, doch da hatte es ihn bereits erwischt. Er stürzte schwer, wußte nicht mehr, daß er geschrien hatte, spürte nicht, daß Feldwebel Berke ihn zurück in die Deckung des Feldes zog, und hörte auch nicht mehr das Schnattern von Kneisels MG.

Gustav Kneisel hatte die ersten aufblitzenden Feuerstöße ebenfalls gesehen.

»Folgen, Jupp!« rief er und rannte weiter vor, um den Gegner auffassen zu können.

Sie erreichten den Wagen, der heftig beschossen wurde. Im Vorbeilaufen hörte Kneisel die Schreie der Getroffenen. Dann sah er schemenhaft ein paar rennende Gestalten, sah das Aufgrellen neuer Feuerstöße und schoß selber.

Als das Feuer auf ihn einschwenkte, ging er zu Boden. Er robbte weiter, erreichte einen Haufen Heu und spähte vorsichtig herum.

Mindestens dreißig Partisanen kamen von halbrechts aus dem nördlich gelegenen Feld herausgelaufen. Er erkannte sie zuerst am Aufblitzen der Schüsse, die sie im Laufen abgaben. Er jagte einen ganzen Gurt durch. Zeller legte den nächsten ein, und schon raste den Gegnern ein neuer Feuerstoß entgegen.

»Absetzen nach Westen! Kneisel und Zeller geben Feuerschutz!«

Oberleutnant Brückner winkte den Wagen ein. Ein, zwei patschende Schläge ließen das Reservepferd schmerzhaft aufwiehern. Sie rumpelten weiter, obwohl das hinten angebundene Pferd wegen seiner Verletzung nur noch schwer mitkam.

Kneisel sah, daß der Oberleutnant wieder zu ihnen zurückgelaufen kam. Er sah auch, wie einige Russen ihm den Weg abschneiden wollten. Die Nacht wurde von Flammen durchzuckt.

»Folgen, Jupp!« rief er und rannte zur Seite. Er schoß im Laufen von der Hüfte aus und erhielt ebenfalls Feuer.

Oberleutnant Brückner ging in Deckung; in derselben Sekunde schrie Zeller gellend auf und stürzte zu Boden.

Kneisel hatte gerade den Oberleutnant erreicht.

»Gib Feuerschutz, Richard!« brüllte er und rannte im Zickzack zu Zeller zurück.

Oberleutnant Brückner streute das Gelände mit kurzen Feuerstößen ab. Er sah, wie Kneisel sich den Kameraden auf die Schulter warf und zurückrannte.

Total ausgepumpt kam er zurück, ließ den Kameraden sorgfältig zu Boden gleiten, und während sich der Oberleutnant um Zeller bemühte, übernahm Kneisel wieder sein MG.

Als es hinter ihm still blieb, wandte er sich halb um. Er sah, daß Richard Brückner die Mütze abgenommen hatte.

»Er ist . . . ?«

»Ja, Gustav. Jupp Zeller ist tot.«

Sie nahmen Wertsachen und Erkennungsmarke an sich und liefen hinter dem Wagen her. Der Oberleutnant trug das MG, Kneisel die beiden Munitionskästen.

Sie erreichten den Wagen, als Heinz Berke gerade Feldwebel Possler hinaufhob. Aber was war das? Neben dem Fahrzeug, dicht bei dem verwundeten Pferd, lagen zwei in Zeltplanen eingehüllte Gestalten.

»Wer?« fragte Brückner mit tonloser Stimme.

»Die beiden Genesenden, Herr Oberleutnant!« erwiderte Berke.

»Drei Tote und ein Verwundeter«, sagte Brückner bitter. Seine Mundhöhle war trocken. »Wie geht es Possler?« wandte er sich an die Ärztin, die den Bewußtlosen untersucht hatte.

»Ich habe ihm eine Spritze gegeben. Ich fürchte, daß er die Nacht nicht überleben wird.«

Kneisel sah ein paar Schatten, die sich an den Wagen heranschoben, und schoß einen langen Feuerstoß in die Nacht. Blitzartig verschwanden die Schemen.

»Alles aufsitzen! Wir müssen weiter!«

Sie schwangen sich auf den Wagen.

»Aber das Pferd, Richard!« rief Kneisel entsetzt.

»Wir müssen hoffen, daß es durchhält. Wir können es hier nicht töten, weil wir das Fleisch brauchen.«

Kneisel schwang sich als letzter auf den Wagen. Es ging weiter nach Westen. Die Ortschaft hatten sie bald hinter sich, und wenig später befand sich die kleine Gruppe wieder im sumpfigen Kusselgebiet.

Hier hielten sie endlich an, und Kneisel gab dem verwundeten Tier, das viel Blut verloren haben mußte, den Gnadenschuß. Dann schnitten sie das beste Fleisch aus dem Tierkörper heraus.

»Wir müssen es bald braten, damit es in der Hitze nicht verdirbt«, sagte Brückner.

Zwei Stunden später wurde es hell. Sie schlugen ihr Lager mitten im Busch auf. Weit und breit war nichts von einem Gegner zu sehen.

Hier brieten sie gegen Mittag das Fleisch und aßen wenig später zum erstenmal seit langem wieder eine warme Mahlzeit, bestehend aus Hirsebrei und Pferdefleisch.

Hoch über ihrem Versteck flogen sowjetische Bomberverbände nach Südwesten.

»Die fliegen nach Brest, Herr Oberleutnant«, meinte Berke.

Richard Brückner, der sich Notizen gemacht hatte, schrak auf. Er nickte.

»Hoffentlich hält sich Brest. Wenn wir gut weiterkommen, könnten wir es in drei bis vier Nächten schaffen.«

In der nächsten Nacht brachten sie annähernd fünfundzwanzig Kilometer hinter sich und überschritten die Querstraße zwischen Linowo und Kobryn.

Wiederum vierundzwanzig Stunden später erreichten sie Tewle. Sie waren jetzt noch vier kampffähige Männer. Feldwebel Possler hatten sie schon in der Nacht zuvor begraben. Seine letzten Worte klangen Brückner noch in den Ohren:

»Wenn ich in den Himmel kommen sollte, Richard«, hatte er gesagt, »dann werde ich dort oben darum bitten, daß ihr durchkommt.«

So hatte er noch in den letzten Minuten seines Lebens an die anderen gedacht.

Als fünfter Mann kam Leppas hinzu, aber der war ja blind.

»Heute nacht müssen wir unbedingt versuchen, in Tewle Verpflegung zu ergattern«, sagte Feldwebel Berke, als Brückner ihn und die anderen auf dem Rastplatz zu einer kurzen Besprechung zusammenrufen ließ.

»Vor allen Dingen müssen wir herausbekommen, ob Brest noch hält. Die gestrige Nachrichtensendung der Russen läßt darauf schließen, daß sie Brest bald erobern wollen.«

»In einer Stunde wissen wir mehr, Herr Oberleutnant«, ließ sich Waldi Niermann vernehmen.

Als sie den russischen Heeresbericht abhörten, stellten sie zu ihrer eigenen Überraschung fest, daß man bereits den 22. Juli schrieb. Dann begann der Sprecher:

»Unsere Truppen sind dabei, Brest von Norden und Süden her zu erreichen. Die Befestigungsanlagen der Stadt werden beiderseits umgangen, und die bei Lublin und Brest stehenden Feindkräfte sind zerschlagen worden. Von Brest aus wird die siegreiche Rote Armee den Angriff in Richtung Warschau vortragen und die Weichsel auf breiter Front erreichen.«

»Verdammt!« rief Böse wütend. »Hält denn niemand mehr den Iwan auf, seitdem wir weggemacht haben?«

»Sei still, es geht weiter. Das war doch nur der Anfang!« rief Niermann, um Ruhe bittend.

»An der Lublin-Brester Operation sind starke Kräfte beteiligt. Und zwar neun allgemeine Armeen, unter ihnen die 1. Polnische Armee, eine Panzerarmee, zwei Panzerkorps, ein mechanisiertes Korps, drei Kavalleriekorps und zwei Luftarmeen.

Der Hauptstoß wird von den Truppen auf dem linken Flügel der Front geführt. Die 70., 47. und 69. Armee sowie die 8. Gardearmee stehen im ersten Treffen. Der Angriff hat bereits begonnen. Im Raum Kowel verfügt die Front weiterhin über die 2. Panzerarmee, das 11. Panzerkorps, das 2. und 7. Gardekavalleriekorps sowie die 6. Luftarmee.

Der 47. Armee unter Generalleutnant N. I. Gussew, der 8. Gardearmee unter Generaloberst W. I. Tschuikow und der 69. Armee unter Generalleutnant Kolpaktschi fallen die Aufgabe zu, die gegnerische Verteidigung westlich von Kowel zu durchbrechen. Danach werden diese Verbände das Einführen der Panzerarmee und der Kavalleriekorps in die Schlacht sicherstellen und im Zusammenwirken mit ihnen den Angriff aus zwei Richtungen auf Siedlce und Lublin entwickeln.

Unsere Armeen haben eine dreifache Truppenüberlegenheit und eine fünffache Artillerie- und Panzerüberlegenheit. In der Luft verfügt die 6. Luftarmee unter Generalleutnant F. P. Polynin über 1465 Flugzeuge.«

»Verdammt, das ist ja die gesamte Geschichte der Roten Armee«, stotterte Böse mißmutig.

»Jetzt kommen die Erfolge!« sagte Niermann, und sofort herrschte wieder Ruhe.

»Die am 18. Juli begonnene Offensive der 1. Belorussischen Front hat nach zwei erfolgreichen Tagen bereits am 20. Juli den westlichen Bug auf breiter Front erreicht, den Fluß an drei Stellen überschritten und damit die ersten Brückenköpfe auf polnischem Gebiet gebildet.

Die 2. Panzerarmee unter Generalleutnant S. I. Bogdanow stürmt in Richtung Lublin vor.

Auch der Angriff auf dem rechten Flügel der 1. Belorussischen Front entwickelt sich erfolgreich. Die 65. und 28. Armee stoßen nördlich von Brest auf den Bug vor. Sobald sie ihr Ziel erreicht haben, ist die Voraussetzung für die Einschließung der Brester Faschistengruppen geschaffen.

Das faschistische Oberkommando sieht Brest als wichtigen Rückhalt der Verteidigung in Richtung auf Warschau an; es zieht im Augenblick die Reste seiner 2. und 9. Armee heran und versucht nordöstlich und östlich der Stadt eine stabile Verteidigung zu organisieren.«

Als Waldi Niermann so weit übersetzt hatte, brachen die Männer in befreienden Jubel aus.

»Jetzt packen wir es! Dort hält die Front! Wir schaffen es!« schrie Böse begeistert.

»Stop, stop! Es kommt noch etwas Wichtiges!«

Während die Frauen herübergerannt kamen, übersetzte Waldi weiter:

»Außerdem führen die Hitleristen Gegenstöße von Nordwesten und Süden her auf Tschermecha. Dadurch wurde der Angriff unserer Truppen etwas verzögert, jedoch nicht aufgehalten.

Die 70. Armee unter Generalleutnant W. S. Popow wurde den beiden anderen in Richtung Brest operierenden Armeen zugeteilt, um den Feind einzukesseln und zu vernichten.«

»Kinder«, sagte Brückner, als der Jubel verebbt war, »ich sehe einen rosa Streifen am Horizont. Die Front hat sich stabilisiert. Jetzt müssen wir uns 'ranhalten. Wenn wir schnell genug durchkommen, ist alles in Ordnung.«

Die Frauen umarmten einander und riefen alles mögliche durcheinander. Maria Magierowna kam aus der Deckung gelaufen.

»Was ist?« fragte sie die Ärztin.

»Wir werden es bald geschafft haben, Maria. Die deutsche Front hat sich stabilisiert und . . .«

»Und jetzt bekommt Igor seine Beine aus Eisen und Holz?« fragte die Russin.

»Ja, ich verspreche es dir, Maria. Er wird sie bekommen und wieder allein gehen können.«

Es war so, als würde ganz tief innen in der Russin ein Licht entzündet. Ihr schmal gewordenes Gesicht mit der durchscheinenden pergamentenen Haut strahlte auf einmal hell und rein.

Sie lief zurück, erreichte ihren Jungen, der neben Grenadier Leppas auf dem Boden hockte und dem Mundharmonikaspiel des Blinden lauschte.

»Igor«, rief sie, »Söhnchen, bald haben wir es geschafft. Bald werden die deutschen Ärzte dir die neuen Beine machen. Freust du dich?«

Der Junge nickte. Die dunklen Augen in dem schmalen Gesicht glühten.

»Ja, Mütterchen, ja, ich freue mich«, erwiderte er.

Leppas rief nach Waltraud. Die Schwester eilte zu ihm hinüber und erzählte, was Waldi gehört hatte.

»Das ist eine gute Nachricht, Waltraud«, sagte Leppas wie von einem Alpdruck befreit.

»Wir werden bald draußen sein, Horst. Und dann wollen wir heiraten.«

»Hast du es dir auch gut überlegt, Waltraud?« fragte er mit schwerer Zunge. »Ich meine, ein Blinder wird für seine Frau ewig eine Last sein.«

»Eine Last? Das sollst du nie wieder sagen, Horst. Ich liebe dich! Hörst du: Ich liebe dich!«

Sie kniete neben ihm, nahm seinen Kopf in beide Hände und drückte ihn an ihre Brust. Sie spürte seinen Atem, sie fühlte seine Hände, und ihr Mund verschloß seinen Mund.

Am späten Nachmittag brachen Brückner und Waldi Niermann auf. Sie trugen komplette russische Uniformen und gingen geradewegs auf das Dorf zu. Als sie es erreicht hatten, sahen sie, daß sie wieder einmal vom Glück begünstigt waren, denn es lag kein Militär in Tewle.

Sie erreichten ein Gehöft, das von einem großen Obstgarten umgeben war. Als Brückner an der verschlossenen Tür rüttelte, kamen die Bewohner so schnell, als hätten sie gewartet – ein verrunzelter Alter mit langem Bart und drei Frauen. Eine davon schien uralt zu sein und nur noch aus Knochen, Sehnen und Haut zu bestehen.

Waldi Niermann führte die Unterhaltung. Er bat um Brot, Kartoffeln und Fleisch.

Der alte Bauer kam dicht an die beiden Männer heran.

»Ihr seid keine Russen«, sagte er schnuppernd. »Ihr seid Deutsche. Ihr seid auf der Flucht.«

Er wehrte ab, als sie widersprechen wollten.

»Gut, gut. Marjora, hole Brot und Mehl. Bringe auch den Schinken, den wir versteckt haben.«

Es stellte sich heraus, daß es eine nach Tewle verschlagene ukrainische Familie war. Brückner und Niermann erfuhren die Geschichte der männlichen Bewohner dieses Anwesens, die ohne Ausnahme zu den Partisanen gepreßt worden waren. Auf ihre Frage, ob denn die Partisanen noch in der Gegend seien, nickte der Alte.

»Ganz in der Nähe – südlich von hier in einem Waldstück.«

Südlich, dort lagen auch die anderen. Den Oberleutnant hielt nun nichts mehr.

»Los, schnell, Niermann!«

Sie rafften die beiden Säcke mit Verpflegung an sich, verabschiedeten sich mit kurzem Dank und rannten den Weg zurück.

Inzwischen war es dämmrig geworden. Fern im Westen ging eben die Sonne unter.

Sie hatten ihren Lagerplatz im Busch noch nicht ganz erreicht, als sie schon das Gejohle der betrunkenen Horde hörten. Sie hörten die Frauen schreien, ließen ihre Vorräte fallen und rannten, so schnell sie konnten.

Sie kamen gerade noch zurecht, denn in diesem Augenblick zwängte einer der Partisanen Lore auf den Boden, während jeweils drei bis vier andere Berke und Kneisel festhielten; wieder eine andere Gruppe hielt mit schußbereiten Waffen die übrigen in Schach.

Aus der Dämmerung leuchteten hell die nackten Schenkel der Schwester, als ihr der Russe, der über ihr kniete, das Kleid vom Leibe riß.

Lore schrie gellend auf.

Mit einem Ruck machte sich Gustav Kneisel los, stürzte auf den Russen, der vollauf mit Lore beschäftigt war, und — wurde durch einen Kolbenhieb von hinten zu Boden geworfen.

»Jetzt, Niermann!« zischte der Oberleutnant.

Aus der MPi jagten drei Feuerstöße, unter denen die Russen zu Boden gingen.

Ein paar Partisanen schossen zurück. Da waren der Oberleutnant und Niermann auch schon mitten unter ihnen.

Karlheinz Böse warf sich zur Seite, als die Russen überrascht herumfuhren. Er angelte nach einer zu Boden fallenden Maschinenpistole, schoß im Liegen, sah, wie die Gegner fielen, sah, wie Brückner mitten in die Gruppe hineinsprang und wie hinter ihm ein Partisan die Pistole hochriß.

Noch in der Bewegung schoß er schon, der Russe mit der Pistole drehte sich halb um sich selbst und stürzte schwer zu Boden.

Irina Perewitsch stand vor den beiden Verwundeten, vor Leppas und dem beinamputierten Russen. Sie hatte die Arme ausgebreitet, als wollte sie noch jetzt den Partisanen verwehren, sich an den Verwundeten zu vergreifen.

Mit einem langen Satz war Feldwebel Berke bei ihr und riß sie zu Boden. Gerade noch rechtzeitig, denn eben begannen die in den Büschen verschwundenen Russen zu feuern.

»Keiner darf entkommen!« befahl der Oberleutnant.

Er wußte, was geschehen würde, wenn die Partisanen entkamen: Dann würden sie gejagt, die ganze Nacht und den nächsten Tag, bis sie eingeholt waren; und dann — war alles aus.

Sie rannten hinter den letzten Russen her. Nur Berke blieb als Rückendeckung und zum Schutz zurück.

Karlheinz Böse sah trotz der inzwischen eingefallenen Dunkelheit dicht vor sich eine Bewegung in den Büschen. Er gab zwei Feuerstöße ab, da klickte der Schlagbolzen seiner MPi plötzlich leer. Ein Knopfdruck, und das Magazin fiel aus der Halterung.

In dem Augenblick, als Böse nach der Tasche griff, um ein neues Magazin hervorzuholen, tauchte neben ihm ein Russe auf.

Böse sah nur das Weiß des Gesichts und die Zähne und Sekundenbruchteile später einen roten Feuerstrahl, der ihm die Brust zerfetzte. Es reichte nicht einmal mehr für ein Stöhnen, ehe er tot umsank.

Fast gleichzeitig schoß Niermann diesen Partisan nieder.

Inzwischen lief der Oberleutnant, so schnell er konnte, vorwärts. Niermann folgte. Sie überholten die um ihr Leben rennenden Partisanen, hielten an und gingen in Deckung.

Sie warteten mit flachem Atem und hörten, wie die Gegner näher schlichen. Dann tauchten sie auf.

Schüsse knallten, rissen die Partisanen von den Beinen. Dann war plötzlich Stille.

»Zurück, Niermann!« rief Brückner dem Unteroffizier zu, der gerade zu ihm aufgeschlossen hatte.

Sie erreichten den Lagerplatz, sahen trotz der Dunkelheit das Tohuwabohu, in das Feldwebel Berke Ordnung zu bringen versuchte, und hörten den Ruf des blinden Grenadiers:

»Waltraud?« rief er fragend und noch einmal: »Waltraud?«

Schwester Waltraud antwortete nicht.

»Wo stecken Sie, Schwester Waltraud?« rief nun Brückner laut. Er wandte sich an Lore, die, in eine Decke gehüllt, zitternd am Wagen lehnte.

»Hast du sie gesehen?« fragte er.

Die dunklen Augen des Mädchens blickten wie versteinert. Ihre Lippen bewegten sich, aber sie bekam kein Wort heraus.

Brückner sah, daß sie einen schweren Schock erlitten hatte. Dennoch mußte er wissen, was mit Waltraud war.

Die alte Russin kam zu ihnen herüber und sagte etwas zu der Ärztin, die blaß, aber völlig gefaßt dastand.

»Weiß sie etwas?« fragte Brückner. Als er sah, wie Irina Perewitsch die Tränen in die Augen stiegen, ahnte er, daß die nächsten Worte wie Keulenschläge sein würden. Und so war es auch.

»Sie sagte, daß Schwester Waltraud, kurz bevor der Überfall stattfand, austreten mußte. Sie sei dort hinübergegangen.«

»Sie soll mich da hinführen, wo sie Waltraud zuletzt gesehen hat!« befahl Brückner.

Plötzlich stand Grenadier Leppas mitten in ihrem Kreis. Seine blinden Augen starrten ziellos einen nach dem anderen an.

»Ihr müßt sie wiederholen! Ihr müßt sie mir zurückholen!« schrie er mit verzerrtem Gesicht, über das ein paar Tränen rollten.

Brückner zog Kneisel beiseite, dessen Kopf wie eine geschlagene Kesselpauke dröhnte.

»Paß auf ihn auf«, flüsterte er.

Dann wandte er sich Leppas zu.

»Sie wird sich versteckt haben, Leppas. Wir suchen sie jetzt und bringen sie zurück.«

»Böse fehlt auch, Herr Oberleutnant!« meldete Berke.

Richard Brückner spürte, wie sich sein Herz verkrampfte. Böse, der Mann, der ihm seit Jahren Scherereien gemacht hatte. Böse, der Mann, der in jeder Situation noch einen Witz wußte und der nie aufgab. Nein, Böse durfte nicht tot sein.

»Suchen Sie ihn, Berke! – Niermann geht mit mir!«

Die alte Russin schloß sich ihnen an.

»Hier ist sie in den Büschen verschwunden«, sagte sie, zu Niermann gewandt.

»Gut, danke. Sie können zurückgehen«, sagte Brückner zu ihr und deutete auf das Lager.

Die beiden Männer drangen in das Gebüsch ein. Der Mond war noch nicht aufgegangen, und es war inzwischen noch finsterer geworden. Dennoch fanden sie den Platz, an dem zwei Partisanen die Schwester überwältigt hatten. Sie fanden ein Stück von ihrer Bluse, der ganze Platz war mit Fußspuren übersät.

»Sie hat sich verzweifelt zur Wehr gesetzt, Niermann«, sagte Brückner tonlos.

»Die Schweine haben sie weggeschleppt. Dann haben sie das Getöse gehört und sind davongelaufen«, rekonstruierte Niermann das Geschehen.

Ja, so muß es gewesen sein.

Sie versuchten den Spuren zu folgen. Nur schrittweise kamen sie vorwärts, und schließlich erreichten sie einen Weg. Hier fanden sie einen Schuh von Schwester Waltraud. Das war alles! Außer den

Reifenspuren, die ihnen zeigten, daß hier ein Wagen in Richtung Tewle losgefahren war.

»Es ist aussichtslos, Herr Oberleutnant, und ...«

Niermann verstummte. Er deutete mit der ausgestreckten Hand in Richtung des Dorfes. Sie sahen zwei Lichtbalken, die sich durch die Dunkelheit fraßen, und gleich darauf zwei weitere.

»Hört sich wie ein Panzer an«, sagte Niermann.

Brückner hatte schon das Nachtglas aus dem Futteral gerissen und starrte hinüber.

»Ein Panzer, T 34, und ein Mannschaftswagen, dicht besetzt mit Partisanen. – Zurück!«

Als sie das Lager erreichten, hatte Feldwebel Berke bereits den toten Stabsgefreiten geborgen. Er war schon dabei, mit Hilfe der Ärztin eine Grube auszuheben, während Kneisel bei Leppas hockte und auf ihn einredete.

»Berke, die Panzerfäuste!« befahl Brückner.

»Wo ist Waltraud?« schrie Leppas, als er die Stimme des Oberleutnants erkannte. »Wo ist sie?« Er heulte auf wie ein Tier.

»Sie sind jetzt sofort still. Die Russen kommen. Nachher suchen wir Waltraud. Die Russen haben sie gefangengenommen. Aber wir holen sie wieder heraus, das verspreche ich.«

Aber Leppas war außer sich. Dieser Verlust war zuviel für ihn. Er hatte den schmalen Grat der seelischen Widerstandskraft überschritten, und nun stürzte er besinnungslos in wilde Raserei.

Kneisel schlug zu. Er hatte schwere, schwielige Hände, und er schlug kräftig zu. Links und rechts traf er Leppas, bis er verstummte.

Verzeih mir, Kamerad! sagte Kneisel unhörbar. Verzeih mir!

Berke hatte die Arbeit an Böses Grab unterbrochen, nur die Ärztin schaufelte noch. Er kam mit zwei Panzerfäusten herübergelaufen. Eine gab er dem Oberleutnant, die andere behielt er selbst.

»Geht mit den beiden MG nach Norden und Süden in Stellung, damit ihr von allen Seiten abwehrbereit seid. Niermann das eine, Kneisel das andere. Lore zu Kneisel und Sie, Doktor, zu Niermann als Schütze II.«

Nach diesen Anweisungen rannte Brückner, gefolgt von Berke, in Richtung zum Weg. Noch hatten sie ihn nicht erreicht, als sie den Panzer schon hörten. Er hatte die Straße verlassen und rollte jetzt direkt auf ihr Versteck zu. Auf dem Panzer hockten zwei Gestalten, die den Weg wiesen. Das mußten die Männer sein, die Waltraud erwischt und weggeschleppt hatten.

Der Mannschaftswagen holperte in fünfzig Meter Abstand hinter dem wegbereitenden Panzer her.

»Berke, Sie übernehmen den Panzer; warten Sie hier! Ich gehe fünfzig Meter weiter vor, damit wir beide Fahrzeuge möglichst gleichzeitig erwischen. Sie schießen erst, wenn ich geschossen habe.«

Der Feldwebel nickte.

Oberleutnant Brückner zwängte sich durch das Gebüsch. Er brauchte sich nicht in acht zu nehmen, denn inzwischen waren die Panzergeräusche brüllend laut geworden. Der Panzer fuhr an ihm vorbei, die Ketten rasselten ohrenbetäubend. Die beiden Russen auf dem Panzerheck riefen dem im offenen Luk stehenden Kommandanten eine Weisung zu. Der T 34 ruckte etwas herum und rumpelte nun direkt auf das Lager zu.

Als der Mannschaftswagen auftauchte, erkannte Brückner dreißig schwerbewaffnete Partisanen. Noch zwanzig Meter – jetzt war es Zeit.

Brückner hatte das Ausstoßrohr über die Schulter gelegt. Er visierte den Wagen an – drückte ab und hörte erleichtert das blaffende Puffen der Rückstoßflamme.

Als er in Deckung ging und die MPi nach vorn riß, hämmerte der Sprengtopf bereits in die Flanke des Lastwagens.

Mit einem brüllenden Explosionsschlag flog das Fahrzeug wie eine reife Frucht auseinander. Benzin lief aus, brannte sofort, und die überlebenden Partisanen sprangen wie Derwische durch das Feuer, wälzten sich wie irre auf dem Boden und versuchten die Flammen zu ersticken, die ihre Kleider ergriffen hatten.

Da krachte es zum zweitenmal. Ein mächtig hallender Schlag schmetterte durch den Panzer. Die Besatzung im Innern des Stahlkastens war sofort tot. Gleich darauf schnatterte Berkes MPi, der Oberleutnant feuerte auf die Gegner, die auf ihn zukamen. Er schoß, bis das Magazin leer war. In diesem Augenblick sah er eine rennende Gestalt, die aus Richtung des Panzers kam. Vielleicht war es einer der Kerle, die Schwester Waltraud weggeschleppt hatten.

Er rannte hinter dem Fliehenden her, spürte, wie ihm die Luft knapp wurde, wie das Herz mit mächtigen Schlägen gegen die Rippen hämmerte; aber er lief weiter, beseelt von dem unbändigen Willen, diesen Mann zu erreichen.

Hinter ihm verklang der Ruf von Feldwebel Berke. Noch zehn Meter, noch fünf ...

Der Fliehende hatte die Schritte hinter sich gehört. Er blieb plötzlich stehen. Brückner sah das angstverzerrte Gesicht, bemerkte aber auch das blitzende dreieckige Seitengewehr in der Faust des Mannes. Mit einem letzten langen Satz schnellte Brückner vor. Der Lauf seiner Waffe traf den Russen und warf ihn zu Boden. Das Seitengewehr fiel ihm aus der Hand, und da war Brückner auch schon über ihm.

»Wo ist das Mädchen?« radebrechte er auf Hiwi-Russisch. »Wo ist sie?«

Der Russe schüttelte den Kopf. Brückner hielt ihm die Mündung der MPi gegen den auf und nieder hüpfenden Adamsapfel.

Berke kam angerannt und blieb mit keuchenden Lungen vor den beiden Männern am Boden stehen. Als er hörte, daß der Russe etwas sagte und in Richtung Tewle deutete, übersetzte er sofort:

»Sie ist in einem Strohschober, ungefähr zwei Werst von hier. Sie wollten sie für sich behalten«, schloß Berke.

Brückner erhob sich und dachte eine Sekunde lang nach.

»Sie gehen zurück, Berke, und passen auf, daß im Lager nichts schiefgeht. In spätestens einer Stunde fahrt ihr ab. Auch wenn ich noch nicht da bin. – Das ist ein Befehl!«

Der Oberleutnant riß den Russen in die Höhe.

»Los!« sagte er auf russisch. »Vorwärts! Und wenn du weglaufen willst, dann bist du tot!«

Berke sah, wie sie querfeldein davongingen. Dann lief er zum Lager zurück, wo er die Zurückgebliebenen beruhigte: Die Gefahr war abgewendet.

Richard Brückner ging inzwischen hinter dem Russen her, der zielsicher durch die Felder lief. Nach gut zwanzig Minuten erreichten sie den Strohschober; der Partisan deutete hinauf. Eine Leiter stand am Fuß des Schobers, der ein schadhaftes Bretterdach und halbverfaulte Seitenwände hatte.

»Los, hinauf mit dir!«

Dicht hinter ihm stieg Brückner die Leiter empor. Es war nicht so finster, daß der Oberleutnant nicht auch so den Weg zu Schwester Waltraud gefunden hätte.

Sie lag auf einem Strohballen – völlig nackt. Ihre helle Haut schimmerte durch die Strohschicht hindurch, mit der sie ihre Blöße zu bedecken suchte. Die Schwester wimmerte leise. Blut floß aus ihrem Mund, ihr Gesicht war zerschunden. Alles das sah Brückner mit Entsetzen in dem gespenstischen Zwielicht. Er löste ihre Fußfesseln, die um den Mittelbalken geschlungen waren. Dann zog er seine Feldbluse aus und reichte sie dem Mädchen.

»Machen Sie schnell, Schwester Waltraud!« sagte er mit trockenem Mund.

»Ich kann nicht mit zurück«, erwiderte sie stammelnd.

»Sie können und Sie – müssen! Leppas braucht Sie!«

»Er wird mich nicht mehr brauchen, wenn er erst weiß, was sie hier mit mir gemacht haben.«

»Er wird es nie erfahren, Schwester Waltraud.«

Sie erhob sich und versuchte, ihren zerfetzten Rock anzuziehen. Es gelang ihr, nachdem sie ein Stück Bindfaden gefunden hatte, mit dem sie ihn notdürftig befestigen konnte. Dann zog sie die Feldbluse des Oberleutnants an.

»Gehen wir!« sagte Brückner hart.

Er ließ Waltraud die Leiter hinunterklettern, während er den Russen im Auge behielt. Der Partisan fiel auf die Knie und winselte ihn mit flehentlich erhobenen Armen an.

Verächtlich wandte sich Brückner ab. Er konnte nicht auf diesen um Gnade wimmernden Menschen schießen. Doch kaum hatte er sich der Leiter zugewandt, als plötzlich etwas haarscharf an seinem Schädel vorbeiflog. Brückner wirbelte herum. Der zweite Holzscheit traf ihn an der Wange. Wütend riß er die Waffe hoch. Der kurze Feuerstoß schleuderte den Russen ins Stroh.

Schwerfällig kletterte Brückner hinunter. Er nahm die Hand der Schwester und führte die Widerstrebende zurück.

»Glauben Sie mir, Schwester Waltraud«, sagte er unterwegs, »auch für Sie hat das Leben noch frohe Stunden. Auch wenn Sie es jetzt nicht glauben wollen. Denken Sie an Leppas!«

Schweigend erreichten sie die Lichtung. Dort hatte Feldwebel Berke inzwischen das Kommando übernommen. Alles war zum Aufbruch bereit.

Leppas rief nach der Schwester. Waltraud rannte zu ihm hinüber, warf sich neben ihn auf den Wagen und preßte seinen Kopf an ihre Brust.

»Du bist nicht verletzt?« rief er glücklich. »Dir ist nichts geschehen?«

»Nein, Horst«, log sie tapfer, »mir ist nichts geschehen.«

»Wo ist es?« fragte Brückner den Feldwebel.

Der wußte auch so, was gemeint war und führte ihn unter eine schenkelstarke Birke. Der Platz war völlig unkenntlich gemacht worden. Aber das, was von Karlheinz Böse sterblich war, ruhte hier. Er würde nie gefunden werden und hier wenigstens seine ewige Ruhe haben.

Richard Brückner hob mit einer Gebärde von Resignation die Hand an die Mütze.

Hier lag er, der »Stotterbock«. Der geborene Kämpfer und Waldläufer, der immer optimistische Kamerad. Er war aus ihrem Leben verschwunden. Aber vergessen, vergessen würden sie ihn nie.

Als sie weiterfuhren, hielten sie sich parallel zu der Bahnlinie, die von Baranowitschi über Wazewitschi, Tewle und Abramowitzi nach Brest führte.

Bei Tagesanbruch hatten sie zwanzig Kilometer hinter sich gebracht. Auf einer Anhöhe legten sie eine Pause ein, während Brückner die Gegend mit dem Fernglas inspizierte.

»Es sieht so aus, als sollten wir jetzt auch bei Tage fahren können. Wir sind womöglich schon vor den Russen, die aus der Flanke kommen. Die Bahnlinie ist jedenfalls gesprengt!«

»Fahren wir also weiter, Herr Oberleutnant!« stimmte auch Niermann der Ansicht Brückners zu.

Einmal mußten sie einer Gruppe russischer Kavalleristen ausweichen, die, aus Nordosten kommend, dicht vor ihnen dahingaloppierte und bald darauf wieder aus ihrer Sicht verschwunden war.

Gegen zehn Uhr rasteten sie auf einer Lichtung im Sumpfgelände. Als Brückner die Geräusche der Tiefflieger hörte, war es schon zu spät.

Er schrie noch eine Warnung, aber sein Ruf ging schon unter im Dröhnen vieler Motoren, im Geschnatter vieler MG und dem Stakkato der großkalibrigen Bordkanonen.

Die Steppnähte der Einschläge zogen sich rasend schnell zum Wagen hinüber. Sie fetzten durch die Plane, die Pferde wieherten schrill, stampften, wollten noch ausbrechen und stürzten, von mehreren Garben durchsiebt, zu Boden.

Irina Perewitsch sah die Rauchspur der Geschosse. Sie riß die Russin und den Jungen blitzschnell zu Boden. Keine zehn Zentimeter neben ihnen gingen die spritzenden Einschläge vorbei. Gleich darauf waren die Tiefflieger verschwunden, als hätte es sie nie gegeben.

»Sie drehen, Herr Oberleutnant!« schrie Kneisel.

»Volle Deckung!«

Ein Dutzend Maschinen kam zurück. Kneisel wuchtete das MG 42 hoch, legte den Lauf auf eine Astgabel und zielte mit viel Vorhalt. Dann peitschte sein Feuerstoß hinaus. Er wurde aus Bordwaffen erwidert. Aber Kneisel warf sich rechtzeitig zur Seite und entging so dem Todeshagel der Geschosse.

Niermann aber traf es. Er wollte gerade die Lichtung überqueren, als ihn eine Garbe aus einer 2-cm-Bordkanone in den Rücken traf. Wie eine Stoffpuppe wurde der wuchtige Ostpreuße vorwärts getrieben. Es sah so aus, als laufe er vor den Granaten davon, die seinen Körper durchbohrten und ihn schließlich in ein Gebüsch schleuderten.

Ganz unvermittelt war alles vorbei.

Hatte es eine Minute gedauert oder zwei? Sie wußten es nicht. Sie starrten entsetzt auf das Bild der Verwüstung, auf den brennenden Panjewagen und auf den Toten, der in den Büschen hing.

Urplötzlich schrie die Ärztin auf, und alles, was noch laufen konnte, rannte zu Irina Perewitsch hinüber. Das erste, was sie sahen, war Schwester Waltraud. Sie hatte sich schützend über den blinden Grenadier geworfen. Leppas' Hände hatten sich um ihren Nacken verkrallt. Beide waren tot.

Mit versteinertem Gesicht stand der Oberleutnant vor diesem Anblick, der Liebe und Vergänglichkeit zugleich versinnbildlichte.

Er sah sich um, von einem zum anderen, dann ging er mit hängenden Schultern zur Seite. Wie lange er hier gestanden hatte, wußte er nachher nicht mehr zu sagen. Es war Kneisel, der zu ihm herüberkam, ihn an der Schulter packte und herumriß.

»Es geht weiter, Richard! Wir müssen weiter. Wenn die Flieger melden, daß sie uns hier gefunden haben, werden wir bald die Russen auf dem Hals haben.«

Brückner wehrte mit einer Handbewegung ab. Gustav Kneisel blickte den Oberleutnant fest an.

»Wir dürfen nicht aufgeben, Richard. Wir dürfen einfach nicht!«

Der Oberleutnant straffte sich. Er ging zum Wagen hinüber, wo Feldwebel Berke eben die Trage herunterzog und das glimmende Segeltuch austrat.

»Wir sind drei Männer und drei Frauen. Dazu der beinlose Junge. Wir müssen zu Fuß weiter. Bis Brest sind es noch ungefähr 35 Kilometer. Und noch ist die Stadt in unserer Hand.«

Sie brachen sofort auf. Der Russenjunge wurde auf der Trage geschleppt. Die Männer wechselten einander ab. Als vor ihnen russische Verbände auftauchten, bogen sie nach Nordwesten ab, überquerten den Bahndamm und erreichten am Nachmittag das Sumpfgebiet nordwestlich von Abramowitzi. – Hier rasteten sie.

»Wir brechen gegen 22 Uhr wieder auf. Bis dahin wollen wir versuchen zu schlafen. Vielleicht schaffen wir es in der kommenden Nacht!«

Aber Richard Brückner konnte keinen Schlaf finden. Er hörte das kleinste Geräusch. Einmal wimmerte Berke, der eisenharte, nie versagende Soldat, im Schlaf. Dann spürte Brückner neben sich eine Bewegung. Es war Lore, die zu ihm unter die Decke schlüpfte und sich an ihn schmiegte. Die Wärme ihres Körpers löste seine Verkrampfung.

»Was habe ich falsch gemacht, Lore?« fragte er, und Verzweiflung schwang in seiner Stimme mit.

»Nichts, Richard. Du hast nichts falsch gemacht. Du kannst nichts dafür! Es ist die Zeit und der Krieg.«

»Wir gehen auf einer Straße ohne Ende, und wir hoffen und wünschen doch so sehr, daß es ein Ende geben möge. – Wenn wir Brest erreichen, was haben wir dann wirklich erreicht? Vielleicht sind diejenigen, die unterwegs liegengeblieben sind, besser dran als wir?«

»Nein, Richard! Nein, das stimmt nicht!« widersprach sie leidenschaftlich. »Das Leben wird es auch einmal gut mit uns meinen. Wenn wir dies schaffen, dann werden wir vielleicht wieder richtig leben können. Der Krieg geht zu Ende, wir werden uns gehören, und unser aller Leben wird wieder hell werden.«

Sie hielt ihn in den Armen. Geliebte und Mutter zugleich. Und der Oberleutnant spürte, wie seine Zweifel schwanden, daß die alte Kraft zurückkehrte.

»Wir werden es schaffen!« Mit diesen Worten auf den Lippen schlief er endlich ein.

XVII.

Richard Brückner erwachte, als Kneisel ihn schüttelte. Unwillkürlich griff er neben sich. Aber Lore war verschwunden. Er richtete sich benommen auf.

»Was ist?« fragte er in das hell glänzende Gesicht des Kameraden, das ihm aus der Dunkelheit entgegenleuchtete.

»Es ist zehn Uhr. Wir müssen aufbrechen, Richard!«

Die Russin wollte ihren Jungen wieder auf huckepack nehmen. Aber Kneisel winkte ab. Er deutete auf die Trage und lachte leise.

Die Russin senkte den Kopf. Es war eine demütige Gebärde, die Kneisel ans Herz griff. Er wußte nicht, warum, aber er mußte immer an seine Mutter denken, wenn er die Russin sah. Und dabei waren sie sich überhaupt nicht ähnlich.

Sie brachen auf. Brückner fühlte sich wieder frisch. Er übernahm die Spitze und erkundete den Weg. Es folgten Kneisel und Berke mit der Trage, dicht dahinter gingen Maria Magierowna, die Ärztin und Lore. Irina und Lore hatten die Maschinenpistolen der Gefallenen erhalten.

Die erste Stunde verging. Brückner löste Berke ab. Nach einer weiteren Stunde übernahm Berke Kneisels Stelle. So waren drei Stunden vergangen. Während der kurzen Rastpausen lagen sie wie tot auf dem schwankenden Sumpfboden.

Aus der Ferne grollten die Abschüsse und Einschläge der Artillerie zu ihnen herüber. Am Himmel über ihnen zogen unsichtbare Bombergeschwader in Richtung Brest. Am Horizont stand der rote Widerschein der Brände, die durch die Nacht flackerten.

Ganz überraschend stießen sie wenig später auf russische Marschkolonnen, die links von ihnen auf dem gerade noch sichtbaren Bahndamm in Richtung Brest marschierten.

Wortlos schwenkte Oberleutnant Brückner nach Nordnordwesten ein. Sie passierten eine russische Salvenwerfer-Feuerstellung und sahen mit Entsetzen die ungeheuerliche Gewalt der raketengetriebenen Werfergeschosse.

Die feuerschwänzigen Geschwader todbringender Raketen jagten fauchend in den Himmel und gingen irgendwo in den deutschen Stellungen vor Brest nieder.

Nur jetzt keinen Fehler machen! Ganz ruhig überlegen und das Richtige tun! Aber was war richtig?

Sollten sie wieder in der alten Richtung marschieren und auf dem schnellsten Wege durch die russische Front stoßen? Vielleicht waren die Feindlinien hier weniger dicht als an der Einschließungsfront vor Brest?

Die beiden Männer, die die Trage wieder übernommen hatten, atmeten schwer. Kneisel spürte, wie der Schritt von Feldwebel Berke hinter ihm unsicher wurde. Er blickte sich über die Schulter um.

»Sollen wir eine kleine Pause einlegen?« fragte er.

»Eine kleine?« echote Berke, trotz seiner Erschöpfung grinsend und zuversichtlich.

»Halt, Richard. Wir sind fertig!« rief Kneisel dem führenden Oberleutnant zu.

Brückner suchte zuerst einen geschützten Platz aus, ehe er halten ließ. Die beiden Träger stellten den Jungen ab, und sofort kam seine Mutter nach vorn und ließ sich neben ihm nieder. Die beiden Frauen schlossen auf.

»Ich sehe einmal nach, ob wir wieder auf den alten Kurs gehen können«, sagte Brückner und verschwand.

Er huschte in westlicher Richtung durch das Gebüsch. Noch hatte er keine dreihundert Meter zurückgelegt, als er Stimmen vernahm. Dann sah er die Umrisse einiger Geschütze, die in seitlichen Abständen von ungefähr dreißig Metern standen.

Plötzlich tauchte vor ihm die Silhouette eines Kopfes aus einem Loch auf. Es war ein Russe, der ihm etwas zurief.

Der Oberleutnant knurrte etwas, das sich wie eine russische Antwort anhören sollte, und ging einfach weiter. Der Iwan rief laut hinter ihm her, zwei, drei weitere Russen kamen angelaufen.

Mit einem Satz verschwand Brückner hinter einem Gebüsch, ließ sich zu Boden gleiten und robbte rasch nach Norden.

Die Russen ließen nichts mehr von sich hören, und als der Oberleutnant eben wieder einbog, um zu den Wartenden zurückzuschleichen, eröffnete die Batterie das Feuer.

Um ein Haar wäre Brückner an der eigenen Gruppe vorbeigelaufen, wenn nicht Berke ihn gesehen und sich bemerkbar gemacht hätte. Aufatmend langte er bei den anderen an und spürte auf einmal die Wärme, die die Anwesenheit dieser Menschen in seinem Innern verbreitete.

»Vor uns Russen! Wie eine dichte Mauer. Da kommen wir nicht durch. Wir müssen noch weiter nach Norden ausholen.«

Sie nahmen die Trage wieder auf, doch die Russin wollte ihren Jungen wieder selbst übernehmen. Kneisel winkte ab.

»Nicht doch, Mütterchen! Das schaffen wir schon!« sagte er begütigend.

Die Russin stieß einen trockenen Laut aus, der wie ein Schluchzen klang.

So gingen sie weiter wie zuvor. Nach einer halben Stunde erreichten sie einen Sumpfstreifen.

»Da müssen wir durch!« sagte Brückner und erkundete vorsichtig den Weg.

In einer halben Stunde legten sie knapp fünfhundert Meter zurück. Bis zu den Knöcheln sackten sie bei jedem Schritt in den Modder ein. Und mit jedem Meter scheuchten sie Myriaden von Mücken auf, deren hohes Sirren sie verrückt zu machen drohte.

Sie schlugen sich auf die angeschwollenen Gesichter. Sie fluchten und waren versucht, ihren Schmerz und ihre sinkende Hoffnung hinauszuschreien.

Als es endlich nach dieser für sie längsten Nacht fern im Osten tagte, erreichten sie einen Fluß.

»Hier bleiben wir!« sagte Brückner und deutete auf das dichte Weidengebüsch, das wie ein breiter Schutzgürtel vor dem Ufer lag.

»Müssen wir über den Fluß hinüber?« fragte Berke.

»Ich glaube, es ist *die* Chance! Drüben werden keine Russen sein. Wir werden gleich mal nachsehen, wo wir uns befinden.«

Mitten im Weidendickicht ließen sie sich nieder.

Als die Sonne aufging, hatten sie ihr Versteck gut getarnt. Oberleutnant Brückner breitete seine Karte aus und begann sich zu orientieren.

»Wir befinden uns ungefähr hier, wo die Jassiolda den Bogen nach Norden macht. Noch zwei Kilometer weiter, und wir wären auf die von Brest nach Norden auf Bialystock führende Straße gestoßen.«

Wachtmeister Berke beugte sich vor und inspizierte die Karte. Er fluchte unterdrückt.

»Dann müßten wir — wenn wir nach Brest wollen — noch einmal über die Jassiolda?«

»Stimmt!« räumte der Oberleutnant ein. »Aber ich hoffe, daß hinter dem Fluß bereits die deutschen Abwehrlinien beginnen.«

»Und wie sollen wir hinüberkommen?« fragte Kneisel. »Mit den Frauen und dem Jungen? Sicher kann die Russin nicht einmal schwimmen.«

»Wir müssen zusehen, daß wir ein Boot bekommen. Am späten Nachmittag suchen wir das Ufer ab. Vielleicht haben wir Glück.«

Sie stellten keine Wachen aus. Dazu waren sie alle zu erschöpft. Sie hofften, daß keine Russen hierherkommen würden.

Bald darauf waren sie eingeschlafen.

Der Gefreite Gustav Kneisel träumte zum erstenmal seit den letzten vierzehn Tagen wieder von zu Hause. Er sah sich mit einem Rucksack auf dem Rücken vom Bahnhof aus in Richtung auf seinen Hof gehen. Und am Eingang, neben den beiden Pappeln, die sein Vater zu seiner Geburt gepflanzt hatte, stand Hildegard. Sie hielt ihren – seinen Sohn auf den Armen, den er noch nicht gesehen hatte, und ihr Gesicht strahlte.

Er begann zu laufen, immer schneller; doch so schnell er auch lief, er erreichte Hildegard nicht. Sie rief ihm etwas zu und winkte verzweifelt. Und dann war plötzlich alles schwarz um ihn.

Gustav Kneisel erwachte mit schweißnassen Gliedern. Er richtete sich auf. Die Mittagssonne schien drückend auf den Lagerplatz zwischen den Weiden. Ein paar Drosseln hüpften auf dem Gras und pickten nach Würmern und Insekten. Er gähnte und reckte sich.

Mit einem langen Rundblick sah er, daß alle anderen noch schliefen. Vorsichtig, jedes Geräusch meidend, ging er durch das Gebüsch zum Flußufer hinunter. Die MPi nahm er mit. Ohne Waffe wäre er sich hier nackt vorgekommen.

Er fand eine kleine, halb vom Gebüsch verdeckte Bucht. Auf einem flachen Stein ließ er sich nieder und wusch sich.

In der Ferne donnerte und rumpelte das Gewitter der Schlacht. Aufblickend sah er, wie silberschimmernde Schlachtflieger über die Jassiolda hinwegflitzten, wie es um sie herum aufblitzte und sich die grauweißen Wattebäusche der explodierenden Flakgranaten langsam wieder auflösten.

Einer der IL-2-Schlächter erhielt einen Volltreffer. Augenblicklich platzte die Maschine in einem kreisrunden, grellen Feuerball auseinander.

Kneisel schluckte. Ein Geräusch am jenseitigen Ufer ließ ihn jählings in die Deckung zurückhuschen.

Am frühen Nachmittag war hier sonst alles still. Nur das Sprechen der beiden Russen, die in ihrem Boot über den Fluß gerudert kamen und ihn erschreckt hatten, war zu vernehmen.

Einer der beiden Rotarmisten hielt eine Angel. Sie kamen bis dicht an das diesseitige Ufer heran.

Wie ein Gespenst, überraschend und lautlos, tauchte Berke neben Kneisel auf.

»Das ist unser Boot!« wisperte er.

»Und wie kriegen wir sie hier herüber?«

»Ganz einfach! Indem wir sie rufen. Du gehst in das Gebüsch und hältst die Waffe feuerbereit.«

»Und du?« fragte Kneisel.

»Mach schon, das wirst du gleich sehen!«

Gustav Kneisel huschte in Deckung. Wachtmeister Berke aber taumelte zum Ufer hinunter.

»Helft mir!« rief er auf russisch über den Fluß, taumelte dann gekonnt wieder ein paar Meter rückwärts, wo er sich schwer zu Boden stürzen ließ.

»Aufpassen!« warnte er Kneisel unter dem angewinkelten Ellenbogen hervor.

Würde der Trick gelingen?

Die beiden Russen legten sich in die Riemen und kamen ans diesseitige Ufer herüber. Als ihr Boot mit dem Bug in das Ufergebüsch brach, atmete Kneisel erleichtert auf.

Die beiden Rotarmisten sprangen an Land. Während der eine das Boot am Bug hielt, rannte der andere zu Berke hinüber. Er beugte sich hinunter und – blickte in die Mündung der Pistole, die Berke ihm plötzlich vor das Gesicht hielt.

»Stoi!« warnte Kneisel den zweiten, der ins Boot zurückspringen wollte.

Wie angewurzelt verharrte der Russe.

»Rucki werch!« befahl Kneisel abermals. »Kommt her!« fuhr er fort und deutete ins Gebüsch.

Beide Russen krochen in das Gebüsch, Berke sprang auf die Füße und trieb sie in ihr Versteck.

»Paß auf«, rief er Kneisel zu, »ob sich am anderen Ufer etwas regt. Zieh das Boot ganz unter die Büsche und mache es fest!«

Kneisel zog das Boot in das überhängende Ufergestrüpp, bis nichts mehr von ihm zu sehen war. Dann beobachtete er das gegenüberliegende Ufer.

Drüben blieb alles still. Nichts regte sich. Niemand hatte diesen Zwischenfall bemerkt. Als Brückner kam, um Kneisel abzulösen, ging dieser zurück. Er stellte beruhigt fest, daß die beiden Russen gefesselt unter den Büschen lagen. Kaffeeduft kam ihm wie eine vielverheißende Wolke entgegen. Er schnupperte anerkennend.

»Ich habe ihn aufgehoben für diesen Tag!« sagte die Ärztin.

»Prima, das macht uns wieder munter!«

Auf dem Spirituskocher des ärztlichen Instrumentariums hatte Irina auch das letzte gebratene Pferdefleisch heiß gemacht. Dazu gab es einen Kanten Brot.

Maria Magierowna brachte ihrem Sohn das Essen. Dann kam sie noch einmal zu Irina zurück. Sie hielt der Ärztin ihr Kochgeschirr und ihren Trinkbecher hin und deutete mit einer Kopfbewegung auf die beiden Gefangenen.

Irina Perewitsch nickte. Sie füllte Becher und Kochgeschirr voll. Maria Magierowna ging damit zu den beiden Männern hinüber und fütterte sie, bevor sie selber zu essen begann.

Als Berke gegessen hatte, löste er den Oberleutnant ab. Brückner erhielt seine Ration von Lore. Er löffelte schweigend; das Mädchen saß neben ihm. Der Schrecken war von ihrem Gesicht verschwunden. Sie war jetzt zuversichtlich, und sie zeigte es ihm.

»In der kommenden Nacht werden wir es schaffen, Richard!« sagte sie, als er den Boden des Kochgeschirrdeckels auswischte.

»Hoffentlich, Lore! Drüben liegen Russen. Ich habe sie beobachtet. Aber es wird sich schon ein Weg finden.«

Der Tag verging. Allmählich wurde das Kampfgetöse lauter und intensiver. Geschütze hämmerten aus drei Richtungen auf die deutschen Verteidiger bei Brest herunter. Raketenwerfer fauchten, Bomberverbände flogen an, warfen ihre Bomben und drehten wieder ab.

Brückner und Lore gingen ein Stück zur Seite und ließen sich in einem dicht bewachsenen Wiesengrund nieder. Er hielt ihre Hand, und wenn sie sich anblickten, dann lag noch immer ein Hauch jener Fassungslosigkeit auf ihren Gesichtern, daß sie sich ausgerechnet hier getroffen hatten und daß es sie beide auf den ersten Blick gepackt hatte.

»In der kommenden Nacht müssen wir durch sein, sonst ist es aus«, sagte Brückner, als Lore seine Hand losließ.

»Ja, heute nacht, Richard. Heute nacht schaffen wir es!«

Sie wollte ihm Kraft und Zuversicht geben. Sie bemühte sich unablässig darum, ihm das Vertrauen wiederzugeben, das er verloren zu haben schien.

Sie nahm ihn in die Arme. Warum sollte sie ihm nicht zeigen, daß sie ihn liebte? Hier im Sumpfgebiet der Jassiolda-Niederung vergaßen sie noch einmal für eine kurze Zeitspanne den Krieg und das Grauen; und nichts anderes gehörte ihnen als das Sterben in Verzückung.

Das Boot war in die kleine Bucht gezogen worden. Kneisel und Berke hielten es vorn und achtern fest, damit Irina Perewitsch und der Oberleutnant einsteigen konnten. Sie nahmen der Russin ihren Sohn ab und betteten ihn im Heck auf die Bank. Die zusammengeklappte Trage nahmen sie mit. Als letzte stiegen Kneisel und Berke ein.

Vorsichtig pullte der Oberleutnant eigenhändig über den Fluß. Drüben führten zwei schmale Pfade durch das Gestrüpp.

»Wir müssen den Jungen tragen; Gustav, du nimmst ihn zuerst.«

Hintereinander gingen sie vorwärts, passierten die Sumpfniederung und durchschritten das erste Kornfeld dahinter.

Russische Artillerie schoß. Aber diese Schüsse kamen von der linken Flanke. Es sah so aus, als seien hier überhaupt keine russischen Truppen mehr. Aber das sollte ein Trugschluß sein, denn unversehens tauchten Nachschubkolonnen und biwakierende Einheiten auf. Sie wanden sich hindurch und erreichten bald die rückwärtigen russischen Stellungen. Vor ihnen feuerten plötzlich vier Russen-Pak auf ein Ziel im Norden von Brest.

»Rechts überholen!«

Sie schlichen vorsichtig weiter und liefen dabei einer Gruppe Russen genau in die Arme.

Der vorderste hob seine Waffe und schoß. Aber Kneisel, der den Russenjungen kurz zuvor an Brückner abgegeben hatte, war eine Fünftelsekunde schneller. Er ratschte einen kurzen Feuerstoß hinaus; der Russe ging zu Boden. Aber dann wurde die Nacht von drei, vier grellen Abschüssen durchzuckt. Kugeln umsirrten den wuchtigen Westfalen, eine traf ihn in die Schulter.

Gustav Kneisel sackte in die Knie.

Oberleutnant Brückner rannte zu ihm hinüber und kniete sich neben den am Boden Liegenden. Er sah das Blut aus der linken Schulter fließen, stopfte einen abgerissenen Hemdärmel in die Wunde und verband den Kameraden notdürftig.

Er half Kneisel hoch und stützte ihn beim Weiterlaufen. Sie versuchten Anschluß an die anderen zu bekommen. Berke hatte inzwischen den Russenjungen übernommen.

Im Rennen um ihr Leben sahen sie links und rechts Abschußflammen von Pak und Stalinorgeln; sie wetzten einfach hindurch. Stellten sich ihnen Russen in den Weg, schossen sie sich blindlings einen Fluchtkorridor frei.

Brückner sah, wie Berke zu Boden stürzte. Igor, der Russenjunge, flog über Berkes Kopf hinweg und landete in einem Trichter. Er rief laut nach seiner Mutter. Maria Magierowna rannte zu ihm hinüber und verschwand ebenfalls in dem Trichter.

Feldwebel Berke hatte sich wieder aufgerappelt und hinkte weiter.

»Dicht zu den Frauen aufschließen!« rief der Oberleutnant ihm zu. Berke nickte. Er spürte bei jedem Schritt den rasenden Schmerz des verstauchten Knöchels.

»Wo ist der Junge?« fragte er.

»Seine Mutter hat ihn genommen!«

Gustav Kneisel preßte seine rechte Hand gegen die durchschossene Schulter und versuchte, mit den anderen Schritt zu halten.

Die Nacht war jetzt durchloht vom Blitzen der Mündungsfeuer. Im Weitergehen hielten sie sich dicht beisammen. Brückner wollte der Russin den Jungen abnehmen, aber Maria Magierowna wehrte ab. *Sie* trug Igor jetzt, und *sie* würde ihn *nicht* fallen lassen.

Brückner hielt sich dicht neben Lore. Als sie einmal in volle Deckung gehen mußten, hielt sie seine Hand und drückte sie. Das gab ihm wieder Mut.

Noch ehe sie es richtig bemerkt hatten, befanden sie sich im Niemandsland. Die Russen hinter ihnen schossen wie irrsinnig. Kriechend arbeiteten sie sich weiter vor. Dann belferten auf einmal vor ihnen zwei deutsche MG 42. Das hektische Stakkato der »Knochensägen« hallte dem Oberleutnant wie Musik in die Ohren.

Dort waren die eigenen Linien! Was sie niemals zu hoffen gewagt hätten: dort vorn lag das Ziel und die fast nicht mehr erwartete Rettung für sie!

»Weiter, nicht auseinanderziehen! Wir müssen uns gegenseitig hinüberholen.«

Maria Magierowna sah das Ziel ebenfalls vor sich. In einem sekundenlangen Wachtraum sah sie ihren Sohn Igor. Wie er mit seinen künstlichen Beinen vor ihr auf und ab stolzierte und wie sein Gesicht in einem glücklichen Lächeln strahlte.

In diesem Augenblick geschah es! Igor, der sich kriechend neben seiner Mutter nur mit den Händen vorwärts bewegte, geriet auf eine alte russische Kastenmine. Es krachte grell. Ein Feuerstoß peitschte von der deutschen Seite zu dieser Stelle herüber und traf den sich aufbäumenden jungen Russen noch einmal.

»Nicht schießen!« schrie Feldwebel Berke.

»Nicht schießen, wir sind deutsche Soldaten!« brüllten Brückner und Berke im Chor.

Das MG-Feuer verstummte abrupt. Sie krochen weiter, erreichten die vorgeschobenen Stellungen einer Vorpostenkompanie und wurden in den Graben hinuntergezogen.

»Menschenskinder, wo kommt ihr denn her?« fragten die Landser überrascht.

»Herr Hauptmann, Herr Hauptmann!« rief eine Stimme ins Dunkel der Gräben hinein.

Ein hochgewachsener Offizier, das Ritterkreuz im Halsausschnitt, kam durch einen Verbindungsgraben angelaufen.

»Was geht hier vor?« fragte er.

Richard Brückner erhob sich halb, soweit es der Graben zuließ, und wollte melden. Dreimal mußte er zum Sprechen ansetzen, ehe er es herausbrachte:

»Oberleutnant Brückner mit einem Wachtmeister, einem verwundeten Gefreiten, zwei Schwestern und zwei Russen auf dem Rückmarsch von Bobruisk, Herr Hauptmann!«

Die Landser hatten sich bereits des Verwundeten und der beiden Frauen angenommen.

Brückner blickte sich um.

»Wo ist Maria Magierowna?« fragte er überrascht, als er die Russin und ihren Sohn nirgends entdecken konnte.

Es war, als sei diese Frage das Stichwort gewesen. Brückner überlief es eiskalt, als er die Russin im Geflacker der vielen Mündungsfeuer kommen sah. Er bemerkte die Ausschußwunde, die ihre Brust aufgerissen hatte. Damit konnte sie doch nicht mehr weiterleben. Sie mußte doch längst tot sein.

Doch sie hielt ihren toten Sohn dem Hauptmann entgegen, der sie vor dem nächsten russischen Feuerstoß in die Deckung hinunterriß.

»Die neuen Beine für Igor!« flüsterte sie gurgelnd, und bei jedem Wort traten schaumige Blutbläschen auf ihre Lippen. »Gebt Igor die neuen Beine! Ihr habt es doch versprochen; wir sind doch deshalb mitgegangen. Er hat es sich so gewünscht.«

Und als habe allein dieser Auftrag, den sie sich selbst gegeben hatte, sie aufrecht gehalten, stürzte sie röchelnd nach vorn, und der tote Junge fiel aus ihren Armen.

Als Irina Perewitsch die Russin vorsichtig umdrehte, blickte sie in die Augen einer Toten, die zu den Sternen gerichtet waren.

Aber die Gestirne der Nacht verfinsterten sich nicht angesichts dieser unendlichen Tragödie. Sie standen hoch über ihnen, unbekümmert um diese Bilder des Grauens leuchteten sie und strahlten, wie seit Anbeginn aller Zeiten.

Feldwebel Berke und Gustav Kneisel lagen schwer atmend auf der Grabensohle. Sie hörten wie durch einen dicken Nebel die Stimme des Hauptmanns.

»Sie und Ihre Leute haben aber Schwein gehabt, Herr Brückner! Morgen mittag setzen wir uns auf eine Linie nördlich von Brest ab. Nur einen Tag später, und es wäre aus gewesen.«

Im Morgengrauen wurden sie bis ins Feldlazarett von Biala Podlaskaj zurückgefahren.

Mit jedem Kilometer, den sie an deutschen Truppen vorbeikamen, wurden sie freier. Aber erst, als sie in ihren Betten lagen, atmeten sie auf. Erst jetzt war ihre Odyssee wirklich zu Ende.

Bevor er in einen Schlaf tiefer Erschöpfung fiel, erblickte Brückner an der Wand des Lazarettsaales einen Kalender. Er zeigte den 27. Juli 1944 an.

An diesem 27. Juli 1944 griffen die Divisionen der 28. und 70. Sowjetarmee Brest von zwei Seiten an. Der Kampf um diese Festung, um die schon im Juni 1941 tagelang gekämpft worden war, der Platz, an dem die deutsche Wehrmacht vor drei Jahren die ersten großen Verluste erlitten hatte, fiel am nächsten Tage. Damit hatte die russische Operation »Bagration« das erstrebte Ziel um ein Vielfaches überschritten. Ganz Weißrußland war wieder frei. Aber der Sturm ging weiter. Endgültiges Ziel war die deutsche Grenze. Ziel war ganz Deutschland und — Berlin.

Die Gruppe Vielwerth schaffte es ebenfalls. Sie brauchte von Paritschi bis zur deutschen Front jenseits der Memel bei Schaki 54 Tage. Aber Vielwerth hatte sein Versprechen wahrgemacht, das er dem Hamburger Studenten gegeben hatte.

Die letzten Reste der Sturmgeschützbrigade 190 erreichten ebenfalls am 27. Juli 1944 beim Polizeiregiment 31 die deutschen Linien. Sie hatten mit ihren Geschützen rund 900 Kilometer zurückgelegt. Teile von ihnen waren im Raume Brest-Litowsk noch in den Abwehrkampf eingeschaltet worden und hatten es mit ermöglicht, daß die Front hier so lange hielt, wie die Gruppe Brückner brauchte, um die rettenden deutschen Linien zu ereichen.

Die Kampfgruppe unter Oberst Arthur Jüttner überrannte feindliche Sperrkommandos, sie stürmte zielstrebig — in kleine und kleinste Gruppen aufgespalten – nach Westen. Am 18. August 1944 erreichte Oberst Jüttner mit den letzten Überlebenden bei Augustowo die russische HKL. Dort stellten sich die Sowjets gerade zum Großangriff bereit.

Diese Stunden des Durcheinanders nutzte Jüttner aus. Noch einmal trat er mit den wenigen Grenadieren und Panzergrenadieren zum Sturm an. Es gelang ihnen, die feindlichen Linien in der Nacht zu durchbrechen. Mit drei Offizieren und acht Mann – das war alles, was von der 2000-Mann-Kampfgruppe übriggeblieben war – erreichte Jüttner die deutschen Stellungen. Alles andere blieb im Kessel, wurde getötet, geriet in Gefangenschaft oder gilt seit dieser Zeit als vermißt.

Am 18. Oktober 1944 erhielt Arthur Jüttner für seine und seiner Kampfgruppe Abwehrleistungen als 622. deutscher Soldat das Eichenlaub zum Ritterkreuz.

Die große russische Offensive des Sommers 1944 war zu Ende. Sie wurde zum Cannae der Heeresgruppe Mitte und bedeutete für 400 000 deutsche Soldaten den Schlußstrich unter einer tödlichen Rechnung.

Generalissimus Stalin hatte sein Ziel erreicht. Die deutsche Wehrmacht war am Ende. Die Fronten näherten sich Deutschland, und keine der verlorengegangenen 28 deutschen Divisionen konnte je wieder ersetzt werden.

Für die fünf Menschen der Gruppe Brückner aber waren diese Wochen der Flucht eine einzige Strapaze gewesen. Der nicht endenwollende Weg, der Tod so vieler Freunde und die Hilfe, die sie einander in schlichter soldatischer Zuverlässigkeit und Selbstaufopferung gaben, band sie zu einer verschworenen Gemeinschaft.

Eine Odyssee lag hinter ihnen, deren Weg mit Toten besät und mit vielen Tränen – geweinten und ungeweinten – benetzt war. Ein Weg durch Hölle und Fegefeuer zugleich. Ein Weg, an dessen Ende es nur für sie fünf ein neues Morgen gab.

Ein Weg, dessen tiefstes Grauen ungesagt bleiben muß.

DIE RUSSISCHE KRÄFTEVERTEILUNG VOR »BAGRATION«, JUNI 1944*

An der 1100 Kilometer langen Front vom Nestscherdo-See bis Werba standen der deutschen Wehrmacht vier sowjetische Fronten gegenüber: die 1. Baltische und die 1., 2. und 3. Weißrussiche Front.

Die 1. Baltische Front lag in dem etwa 160 Kilometer breiten Abschnitt zwischen dem Nestscherdo-See bis nördlich von Witebsk.

Der Abschnitt der 3. Weißrussischen Front reichte aus dem Raum nördlich von Witebsk in südlicher Richtung bis nach Bajewo und hatte eine Ausdehnung von etwa 130 Kilometern.

In dem 160 Kilometer breiten Abschnitt zwischen Bajewo und Selez-Cholopejew stand die 2. Weißrussische Front.

Von Selez-Cholopejew bis Mosyr schloß sich der rechte Flügel der 1. Weißrussischen Front an; zwischen Mosyr und Werba lagen das Zentrum und der linke Flügel dieser Front.

Damit war der 1. Weißrussischen Front ein Abschnitt von 650 Kilometern anvertraut. Ihre Hauptkräfte standen jedoch auf beiden Flügeln, einmal mit Stoßrichtung auf Bobruisk, zum anderen auf Kowel – Lublin. In der Mitte dieses gewaltigen Abschnittes stand lediglich die 61. Armee, die damit einen 350 Kilometer breiten Abschnitt besetzt hielt, der von der Mündung des Ptitsch bis Ratno, im schwer zugänglichen Polessje am Südufer des Pripjet, reichte.

---

* Siehe Telpuchowskij: a. a. O.

DIE VIER RUSSISCHEN FRONTEN:

Vertreter für die Koordinierung der Kampfhandlungen der Fronten:

Für die 1. Baltische und die 3. Weißrussische Front:
Marschall A. M. Wassilewski

Für die 1. und 2. Belorussische Front:
Marschall G. K. Shukow

Vertreter des Hauptquartiers für die Fliegerkräfte:
Hauptmarschall A. A. Nowikow
und Marschall F. J. Falalejew

Fernfliegerkräfte für alle vier Fronten:
Marschall A. J. Golowanow

1. Baltische Front:

Oberbefehlshaber:	Armeegeneral I. Ch. Bagramjan
Mitglied des Kriegsrates:	Generalleutnant D. S. Leonow
Chef des Stabes:	Generalleutnant W. W. Kurassow
6. Gardearmee:	Generalleutnant I. M. Tschistjakow
1. Panzerkorps:	
22. Garde-Schützenkorps:	Generalmajor A. I. Rutschkin
43. Armee:	Generalleutnant A. P. Beloborodow
60. Schützenkorps:	
4. Stoßarmee:	
3. Luftarmee:	Generalleutnant N. F. Papiwin
Vom STAWKA später zugeführt:	
2. Gardearmee:	Generalleutnant P. G. Tschandschibadse
51. Armee:	Generalleutnant J. G. Kreiser

1. Weißrussische Front

Oberbefehlshaber:	Armeegeneral K. K. Rokossowski
Mitglied des Kriegsrates:	Generalleutnant N. A. Bulganin
Chef des Stabes:	Generaloberst M. S. Malinin
Rogatschower Gruppe:	
3. Armee:	Generalleutnant A. W. Gorbatow
9. Panzerkorps:	Generalmajor B. S. Bacharow
48. Armee:	Generalleutnant Romanenko
Bobruisker Gruppe:	
65. Armee:	Generalleutnant P. I. Batow
1. Garde-Panzerkorps:	Generalmajor M. F. Panow
18. Schützenkorps:	

28. Armee:	Generalleutnant A. A. Lutschinski
Kavallerie-mechanisierte Gruppe:	Generalleutnant I. A. Plijew
16. Luftarmee:	Generaloberst Rudenko
Dnjeprflottille (unterstellt):	Kapitän z. See W. W. Grigorjew
Vom STAWKA zugeführt:	
2. Panzerarmee:	Generalleutnant S. I. Bogdanow
ab 23. Juli 1944:	Generalmajor A. I. Rudsijewski

2. Weißrussische Front:

Oberbefehlshaber:	Generaloberst G. F. Sacharow
Mitglied des Kriegsrates:	Generalleutnant L. S. Mechlis
Chef des Stabes:	Generalleutnant A. N. Bogoljubow
49. Armee:	Generalleutnant I. T. Grischin
69. Schützenkorps:	Generalmajor N. N. Multan
33. Armee:	Generalleutnant W. D. Krjutschenkin
50. Armee:	Generalleutnant I. W. Boldin
121. Schützenkorps:	Generalmajor D. I. Smirnow
4. Luftarmee:	Generaloberst Werschinin

mit 230. und 233. Schlachtfliegerdivision

3. Weißrussische Front:

Oberbefehlshaber:	Generaloberst I. D. Tschernjachowski
Mitglied des Kriegsrates:	Generalleutnant W. J. Makarow
Chef des Stabes:	Generalleutnant A. P. Pokrowski

Nördliche Stoßgruppe:

5. Armee:	Generalleutnant N. I. Krylow
39. Armee:	Generalleutnant I. I. Ljudnikow
5. Garde-Schützenkorps:	
31. Armee:	Generalleutnant W. W. Glagolew
Kavallerie-mechanisierte Gruppe:	Generalleutnant N. S. Oslikowski

Südliche Stoßgruppe:

11. Gardearmee:	Generalleutnant K. N. Galitzki
2. Garde-Panzerkorps:	Generalmajor A. S. Burdeiny
5. Artilleriekorps:	
5. Garde-Panzerarmee:	Marschall P. A. Rotmistrow
1. Luftarmee:	Generaloberst T. T. Chrjukin

mit 4 Fliegerkorps und 2 Fliegerdivisionen

1. Garde-Bombenfliegerkorps:	Generalleutnant W. A. Uschakow

Zugeführt: Jagdgeschwader »Normandie« (franz. Freiwilligenverband)

Nach sowjetischen Angaben verfügten die vier Fronten am 20. Juni 1944 über:

166 Divisionen (darunter 6 Kavalleriedivisionen)
9 Schützenbrigaden und mehrere befestigte Räume
31 000 Geschütze und Werfer ab Kaliber 7,6 cm
5 200 Panzer und Selbstfahrlafetten
6 000 Flugzeuge

(Siehe dazu: IML Moskau, Nr. 17 970, S. 42)

GLIEDERUNG DER HEERESGRUPPE MITTE:

Oberbefehlshaber:	Generalfeldmarschall Busch
ab 28. Juni 1944:	Generalfeldmarschall Model
Chef des Generalstabes:	Generalleutnant Krebs
Ia:	Oberst i. G. von der Groeben

2. Armee:

Oberbefehlshaber:	Generaloberst Weiß
Chef:	Generalmajor von Treskow
VIII. Armeekorps:	General der Infanterie Höhne
XX. Armeekorps:	General der Artillerie Frhr. von Roman
XXIII. Armeekorps:	General der Pioniere Tiemann

9. Armee:

Oberbefehlshaber:	General der Infanterie Jordan
später:	General der Infanterie von Vormann
Chef:	Generalmajor Staedtke
XXXV. Armeekorps:	General der Infanterie Wiese
später:	Generalleutnant von Lützow
6. Infanteriedivision:	Generalmajor Heyne
45. Infanteriedivision:	Generalmajor Engel
296. Infanteriedivision:	Generalleutnant Kullmer
383. Infanteriedivision:	Oberst Hirth
XXXXI. Panzerkorps:	General der Artillerie Weidling
später:	Generalleutnant Hoffmeister
36. Infanteriedivision (mot.):	Generalmajor Conrady
134. Infanteriedivision:	Generalleutnant Philipp
LV. Armeekorps:	General der Infanterie Herrlein
Armeereserve:	
20. Panzerdivision:	Generalleutnant von Kessel
707. Infanteriedivision:	Generalmajor Gihr

4. Armee:

Oberbefehlshaber:	General der Infanterie von Tippelskirch
Chef:	Oberst i. G. Dethleffsen
XII. Armeekorps:	Generalleutnant Vinzenz Müller
18. Panzergrenadierdivision:	Generalleutnant Zutavern
267. Infanteriedivision:	Generalleutnant Drescher
57. Infanteriedivision:	Generalmajor Trowitz
XXXIX. Panzerkorps:	General der Artillerie Martineck
später:	Generalleutnant von Saucken
110. Infanteriedivision:	Generalleutnant von Kurowski
337. Infanteriedivision:	Generalleutnant Schünemann
Armeereserve:	
60. Panzergrenadierdivision »Feldherrnhalle«:	Generalmajor von Steinkeller
14. Infanteriedivision:	Generalleutnant Flörke
12. Infanteriedivision:	Generalleutnant Bamler
31. Infanteriedivision:	Generalleutnant Ochsner
XXVII. Armeekorps:	General der Infanterie Völkers
78. Sturmdivision:	Generalleutnant Traut
260. Infanteriedivision:	Generalmajor Klammt

3. Panzerarmee:

Oberbefehlshaber:	Generaloberst Reinhardt
Chef:	Generalmajor Heidkämper
VI. Armeekorps:	General der Artillerie Pfeiffer
197. Infanteriedivision:	Oberst Hahne
256. Infanteriedivision:	Generalmajor Wüstenhagen
299. Infanteriedivision:	Generalleutnant Moser
IX. Armeekorps:	General der Artillerie Wuthmann
252. Infanteriedivision:	Generalmajor Melzer
95. Infanteriedivision:	Generalmajor Michaelis
LIII. Armeekorps:	General der Infanterie Gollwitzer
206. Infanteriedivision:	Generalleutnant Hitter
246. Infanteriedivision:	Generalmajor Müller-Bülow
4. Luftwaffen-Felddivision:	Generalleutnant Pistorius
5. Luftwaffen-Felddivision	Generalleutnant Peschel
Kampfkommandant Bobruisk:	Generalmajor Hamann
Luftflotte 4:	Generaloberst Ritter von Greim

(am 22. Juni 1944: 40 einsatzbereite Jagdflugzeuge)

Von Feldmarschall Model herangeschaffte Reserven:

5. Panzerdivision:	Generalleutnant Decker
4. Panzerdivision:	Oberst Betzel (m. d. F. b.)
12. Panzerdivision:	Generalleutnant Frhr. von Bodenhausen
28. Jägerdivision:	Generalleutnant Heistermann v. Ziehlberg
132. Infanteriedivision:	Generalleutnant Wagner
170. Infanteriedivision:	Generalmajor Sander
212. Infanteriedivision:	Generalmajor Reymann

QUELLENANGABE

Alman, Karl	Panzer vor! (Rastatt 1966)
Bauer, Prof. Eddy	Der Panzerkrieg (Bonn 1965)
Buttlar, Frhr. von	Ehrenbuch der deutschen Wehrmacht (Stuttgart 1954)
Carell, Paul	Verbrannte Erde
Churchill, Sir Winston	Der Zweite Weltkrieg, Bd. VI/1 (Stuttgart 1954)
Dahms, Helmuth G.	Geschichte des Zweiten Weltkrieges (Tübingen 1965)
Denzel, Egon	Die Luftwaffen-Felddivisionen 1941—45 (Neckargemünd 1963)
Dixon, Cecil Aubrey, und Heilbrunn, Otto	Partisanen (Frankfurt/Main 1956)
Erickson, John	The Soviet High Command (London 1962)
Folltmann, Josef, und Möller-Witten, Hans	Opfergang der Generale (Berlin 1952)
Fretter-Pico, Maximilian	Mißbrauchte Infanterie (Frankfurt/Main 1957)
Gackenholz, Hermann	Dokumentation zum Zusammenbruch der Heeresgruppe Mitte im Sommer 1944 (Vierteljahreshefte für Zeitgeschichte 1955)
Görlitz, Walter	Der zweite Weltkrieg 1939—1945, Bd. I u. II (Stuttgart 1951/52)
Grossmann, H.	Geschichte der 6. ID (Bad Nauheim 1958)
Heidkämper, Otto	Witebsk (Heidelberg 1954)
Istorija Velikoj Otecestvennoj SSSR 1941—45 (Moskau 1960—1965)	
Jacobsen, Dr. H. A.	Der zweite Weltkrieg in Chroniken und Dokumenten (Darmstadt 1959)
ders. und Rohwer, Dr. Jürgen	Entscheidungsschlachten des Zweiten Weltkrieges (Frankfurt/Main 1960)
Jüttner, Arthur	Einsatz im Mittelabschnitt Sommer 44 (i. Ms.)
Kalinov, Kyrill	Sowjetmarschälle haben das Wort (Hamburg 1950)
Keilig, Wolf	Das deutsche Heer 1930—1945 (Bad Nauheim 1956)
Karov, D.	Die Partisanenbewegung in der Sowjetunion (München 1954)
Kirjuchin, Semen P.	Die 43. Armee in den Operationen bei Witebsk (Moskau 1961)
Kollatz, Karl	Generalfeldmarschall Walter Model

ders.	Obergefreiter Arndt
ders.	Oberfeldwebel Erich Vielwerth
ders.	General der Panzertruppe von Knobelsdorff (alle Rastatt 1960—67)
Kurowski, Franz	Deutsche Offiziere in Staat, Wirtschaft und Wissenschaft (Herford 1967)
ders.	Grenadiere, Generale, Kameraden (Rastatt 1968)
Kardel, Hennecke	Geschichte der 170. ID (Bad Nauheim 1953)
Kneppers, F. W.	Taten und Schicksal der 197. ID (Wiesbaden o. J.)
Ljudnikov, Ivan	Pod Vitebskom (Moskau 1962)
Maculenko, Viktor Antonovic	Die Zerschlagung der Heeresgruppe Südukraine (Berlin 1959)
Manstein, Erich von	Verlorene Siege (Bonn 1955)
Melzer, Walter	Geschichte der 252. ID (Bad Nauheim 1960)
Merker, Ludwig	Das Buch der 78. Sturmdivision (Tübingen 1956)
Minassjan, M. M.	Die belorussische Operation 1944 (Berlin 1958)
Müller, Vinzenz	Ich fand das wahre Vaterland (Berlin 1963)
Munzel, Oskar	Die deutschen gepanzerten Truppen (Herford 1965)
Payk, Ernst	Geschichte der 206. ID (Bad Nauheim 1952)
Philippi, A., und Heim, F.	Der Feldzug gegen Sowjetrußland (Stuttgart 1962)
Ploetz, A. G.	Geschichte des zweiten Weltkrieges (Würzburg 1960)
Pottgiesser, Hans	Die Reichsbahn im Ostfeldzug (Neckargemünd 1960)
Redelis, Valdis	Partisanenkrieg (Neckargemünd 1958)
Röhricht, Edgar	Probleme der Kesselschlacht (Karlsruhe 1958)
Sevenich, Friedrich	Geschichte der 296. ID in Dokumenten (i. Ms.)
Shilin (Herausgeber)	Geschichte des großen Vaterländischen Krieges der Sowjetunion (Berlin 1965), Bd. 4
Schuler, E.	Zusammenbruch der Heeresgruppe Mitte (Zs. 1964)
Steinkeller, Friedrich Carl von	Mit der 60. PzGrenDiv. FHH im Einsatz (i. Ms.)
Telpuchowski, Boris S.	Die sowjetische Geschichte des Großen Vaterländischen Krieges 1941—1945 (Frankfurt/Main 1961)
Teske, Hermann	Die silbernen Spiegel (Heidelberg 1952)
Tippelskirch, Kurt von	Geschichte des zweiten Weltkrieges (Bonn 1951)

Tornau, Gottfried, und Kurowski, Franz	Sturmartillerie — Fels in der Brandung (Herford 1965)
Tress, Karl, u. a.	Das Infanterie- und Sturmregiment 14 im Zweiten Weltkrieg (Konstanz 1959)
Vielwerth, Erich	Einsatz im Mittelabschnitt (i. Ms.)
Warlimont, Walter	Im Hauptquartier der deutschen Wehrmacht (Frankfurt 1962)
Werth, Alexander	Rußland im Krieg (München 1965)

Es wurden viele Zeitungen des In- und Auslandes ausgewertet. Dazu Berichte von Mitkämpfern, Tagebücher und Einsatzmeldungen. Allen ehemaligen Soldaten und Schwestern sei an dieser Stelle für ihre Hilfe gedankt. Ohne sie hätte dieses Buch nicht geschrieben werden können.

Der Zentralbibliothek der Bundeswehr ist der Verfasser für die ihm erwiesene große Hilfsbereitschaft zu besonderem Dank verpflichtet.

Auf den Spuren des „ELBE-KOMMANDOS“ RAMMJÄGER

Dietrich Alsdorf

Rund 129 Rammjäger des „Kommando ELBE“ sta teten am 7. April 1945 zu ihrem einzigen Einsat Ihr Auftrag bestand darin, die an diesem Tag in de norddeutschen Raum einfliegenden Bomber der US-Luftflotte durch gezieltes Rammen zum Abstur zu bringen.

Im Großraum Hannover kam es zur letzten groß Luftschlacht des Zweiten Weltkrieges über Deutsch land, die ein Großteil der Rammjäger mit dem Lebe bezahlte. Ihre Spuren verlieren sich in den Moore und Wäldern Niedersachsens...

Was ist nach über einem halben Jahrhundert vo diesem „Kamikaze-Einsatz“ übrig geblieben? D Autor besuchte Einsatzplätze, Absturzstellen, befra te Augenzeugen und Ausgräber.

Eine faszinierende Spurensuche...

Format A4 • 96 Seiten • 120 Abb.
Pappband • ISBN: 3-7909-0746-4 **18,41 EU**

Der legendäre PANTHER
Eine Dokumentation in Bildern

Horst Riebenstahl

Der Autor Horst Riebenstahl war in der Wehrmacht von 1941 bis 1945 Angehöriger der Panzertruppe im Panzerregiment 1 (Friedensstandort Erfurt). Mit diesem Regiment erlebte er den Zweiten Weltkrieg bis Kriegsende - zuletzt Unteroffizier - als Panzerfahrer, hierbei im Panther von 1943 bis 1945 im Süden der Ostfront. Nach dem Krieg begann Horst Riebenstahl, Fotos von der Panzertruppe - mit dem Schwerpunkt Panzerregiment 1 - zu sammeln. Aus diesem großen Fundus setzt sich dieses Buch zusammen.

Die 140 Fotos sind - von wenigen Ausnahmen abgesehen - sämtlich Einsatzbilder, die überwiegend hier zum ersten Mal veröffentlicht werden. Diese einmaligen, seltenen Fotos vom Einsatz und Kampf machen den Wert dieser packenden Dokumentation aus !

Gegliedert ist das Buch in die Abschnitte: Die Ausführungen des Panthers, Panther-Befehlswagen, in der Ausbildung, Kampfeinsätze, Tarnanstriche, Panther in der Werkstatt. Durch die im Buch wiedergegebene Größe und die starke Aussage der Abbildungen über den legendären Panther liegt hiermit ein einzigartiges Werk vor!

Format A4 • 80 Seiten • 140 Fotos • Pappband
ISBN: 3-7909-0751-0 **19,43 EUR**